Robin Hood

New Collection

4

고등학교 영어로 다시 읽는 세계명작

로빈 후드

넥서스콘텐츠개발팀 엮음

넥서스

고등학교 영어로 다시 읽는 세계명작
New Collection 14
로빈 후드

엮은이 넥서스콘텐츠개발팀
펴낸이 안용백
펴낸곳 (주)넥서스

초판 1쇄 발행 2013년 5월 10일
초판 2쇄 발행 2013년 5월 15일

출판신고 1992년 4월 3일 제311-2002-2호
121-840 서울시 마포구 서교동 394-2
Tel (02)330-5500 Fax (02)330-5555

ISBN 978-89-6790-279-7 14740
 978-89-5797-462-9 14740 (세트)

저자와 출판사의 허락 없이 내용의 일부를
인용하거나 발췌하는 것을 금합니다.

가격은 뒤표지에 있습니다.
잘못 만들어진 책은 구입처에서 바꾸어 드립니다.

www.nexusbook.com

머리말

어릴 적 즐겨 읽었던 『이상한 나라의 앨리스』나 『작은 아씨들』을 이제 영어로 만나 보세요. 지난날 우리들을 설레게 했던 명작들을 영어로 읽어봄으로써, 우리말로는 느끼지 못했던 또 다른 재미와 감동을 느낄 수 있습니다. 또한 친숙한 이야기를 영어로 바꿔 읽는 것은 그 어느 학습 자료보다도 효과적입니다. 자신이 알고 있는 이야기를 떠올리며 앞으로 전개될 내용을 상상하며 읽어 나가면, 낯선 내용을 읽을 때만큼 어렵거나 부담스럽지 않기 때문입니다.

『중학교·고등학교 영어로 다시 읽는 세계명작 시리즈 New Collection』은 기존에 나와 있는 명작 시리즈와는 달리, 소설책을 읽듯 추억과 감동에 빠져들 수 있도록 원서의 느낌을 최대한 살렸습니다. 또한, 영한 대역 스타일을 탈피하여 우리말 번역을 권말에 배치함으로써 독자 여러분이 스스로 이야기를 이해하는 연습을 할 수 있도록 하였습니다. 더불어 원어민 성우들이 정확한 발음과 풍부한 감성으로 녹음한 MP3 파일은 눈과 귀로 벅찬 감동을 동시에 경험하며, 최대의 학습 효과를 얻을 수 있도록 제작되었습니다.

'순수하고 가슴 뭉클한 그 무엇'이 절실한 요즘, 주옥같은 세계명작을 다시금 읽으며 잠시나마 마음의 여유를 갖고 영어소설이 주는 감동에 빠져 보세요.

넥서스콘텐츠개발팀

이 시리즈의 특징

1 읽기 쉬운 영어로 Rewriting

한국인이 가장 좋아하는 세계명작만을 엄선하여, 원문을 최대한 살리면서 중고등학교 수준의 쉬운 영어로 각색하였다. 『중학교 영어로 다시 읽는 세계명작 시리즈 New Collection』은 1,000단어, 『고등학교 영어로 다시 읽는 세계명작 시리즈 New Collection』은 2,000단어 수준으로 각색하고, 어려운 어휘는 별도로 설명하여 사전 없이도 읽을 수 있다.

2 학습 효과를 배가시키는 Summary

각 STORY 및 SCENE이 시작될 때마다 우리말 요약을 제시하여 내용을 추측하면서 읽을 수 있기 때문에, 원서의 부담을 덜면서 더 큰 학습 효과를 얻을 수 있다.

3 학습용 MP3 파일

전문 원어민 성우들의 실감나는 연기가 담긴 MP3 파일을 들으면서, 읽기와 함께 듣기 및 말하기까지 연습할 수 있다.

4 독자를 고려한 최적의 디자인

한 손에 쏙 들어오는 판형, 읽기 편한 서체와 크기 등 독자가 언제 어디서나 오랜 시간 즐겁게 읽을 수 있도록 최상의 편집 체제와 세련된 디자인으로 가독성을 높였다.

추 천 리 딩 가 이 드

step 1 **청해** 들으면서 의미 추측하기
책을 읽기에 앞서 MP3 파일을 들으며 이야기의 내용을 추측해 본다.

step 2 **속독** 빨리 읽으면서 의미 추측하기
STORY 및 SCENE의 영문 제목과 우리말 요약을 읽은 다음, 본문을 읽으면서 혼자 힘으로 뜻을 파악해 본다. 모르는 단어나 문장이 나와도 멈추지 말고 전체적인 흐름을 파악하는 데 주력한다.

step 3 **정독** 정확히 읽으면서 의미 파악하기
어구 풀이와 권말 번역을 참고하면서 정확한 의미를 파악한다.

step 4 **낭독** 소리 내어 읽으면서 소리와 친해지기
단어와 단어가 연결될 때 나타나는 발음 현상과 속도 등에 유의하면서 큰 소리로 또박또박 읽어 본다.

step 5 **섀도잉** 따라 말하면서 회화 연습하기
MP3 파일을 들으며 원어민의 말을 한 박자 늦게 돌림노래 부르듯 따라 말하면서, 속도감과 발음 등 회화에 효과적인 훈련을 한다.

이 시리즈의 구성

우리말 Summary
이야기를 읽기 전에 내용을 짐작해 봄으로써, 편안한 마음으로 읽을 수 있도록 우리말 요약문을 제시하였다. 이를 힌트 삼아 보다 효과적인 내용 이해가 가능할 것이다.

> ### The Tortoise and the Ducks
> 세상을 구경하고 싶어 하던 거북은
> 어느 날 오리들의 도움으로 하늘을 날게 된다.
>
> The Tortoise's shell is his house. He has to carry it on his back all the time, so he can never leave home. This was a punishment from Zeus for being lazy, because he refused to go to Zeus's wedding.
> The Tortoise became very sad when

영문
부담스러워 보이지 않고 편안하게 술술 읽히도록 서체와 크기, 간격 등을 최적의 체제로 편집하였다.

> he saw other animals move about freely and swiftly. He wanted to see the world like they did, but the house on his back and his short legs made it impossible.
> One day the Tortoise told two ducks his sad story.
> "We can help you to see the world," said the Ducks. "Bite down hard on this stick with your mouth, and we will fly you high up in the sky so that you can see the world. No matter what happens, do not speak. Or you'll regret it very badly."
> The Tortoise was very pleased. He bit down on the stick as hard as he could, and the Ducks took hold of
>
> tortoise 거북 shell 껍질, 껍데기 back 등 punishment 벌, 처벌 lazy 게으른 refuse 거절하다, 거부하다 move about 돌아다니다 swiftly 빠르게 bite 깨물다; 물다 no matter what ~무엇이 ~일지라도 happen 일어나다, 발생하다 regret 후회하다 badly 몹시, 심하게 pleased 기쁜 take hold of ~ ~을 꽉 잡다, 쥐다

어구 풀이
이야기를 이해하는 데 도움이 되도록 어려운 어구를 순서대로 정리하였다. 이야기에 사용되는 의미를 우선순위로 하였으나, 2차적 의미가 중요하거나 불규칙 활용을 하는 경우도 함께 다뤄주어, 보다 풍부한 어구 학습이 되도록 배려하였다.

우리말 번역

문장 구성과 어구의 쓰임을 효율적으로 학습할 수 있도록 직역을 기본으로 하여 번역하였다. 가능하면 번역에 의존하지 말고 영문과 어구만으로 이야기를 이해하도록 하며, 번역은 참고만 하도록 한다.

페이지 표시

영문을 읽다가 해결되지 않는 부분이 있을 때 그에 대응하는 번역 부분을 손쉽게 찾을 수 있도록 해당 영문 페이지의 번호를 표시해 놓았다.

MP3 파일
www.nexusbook.com에서 다운로드

전문 원어민 성우들의 생생한 연기를 귀로 들으며, 바로 옆에서 누군가가 동화책을 읽어주는 것처럼 더욱 흥미롭고 효과적으로 학습할 수 있다.

작품 소개

로빈 후드 이야기는 14세기 후반에 등장한 것이 가장 오래된 것이다. 15세기 후반 이후 로빈 후드는 대중에게 많은 사랑을 받으며 의적 이야기의 전형적인 인물이 되었다.

로빈 후드는 11세기 영국 셔우드 숲을 근거지로 활동했다는 전설적인 의적과 그 일당에 관한 이야기다. 즉, 그들이 무리를 이루어 당시 지배층이던 잔인한 관리, 탐욕스러운 귀족, 부패한 성직자들의 재물을 빼앗아 가난한 사람들을 돕는다는 영웅담이다. 이는 우리나라의 홍길동전이나 전우치전과도 흡사한 설정과 구조다.

주인공인 로빈 후드가 원래는 귀족 출신이지만 모함을 받아 관직과 재산을 모두 빼앗긴 후 힘없는 서민을 돕는 의적이 된다는 설정이 영웅담의 기본적인 요소를 갖추기에 충분했다. 또한 신기에 가까운 활솜씨를 지녔다는 점 때문에 그의 매력은 더욱 극대화되었다. 여러 번 위기의 순간을 넘기며 활약하는 로빈 후드와 그의 부하들의 무용담은 박진감을 주었다.

한편 로빈 후드가 실존 인물이라는 설은 아주 오래 전부터 제기되어 왔다. 실제로 몇몇 실존 인물이 로빈 후드의 모델로 거론되기도 했다. 가장 많이 제기되는 설에 따르면 헌팅던 백작이란 인물이 영국에 있었는데, 그는 국법을 어기고 부하들과 함께 셔우드 숲 속에 숨어 지내며 귀족이나 성직자를 습격하여 재물을 빼앗아 가난한 사람들에게 나누어 주었다고 한다.

또 다른 이야기에 따르면 로빈 후드는 1262년 버크셔에서 무법자로 활동한 로버호드라는 인물일 가능성도 있다. 이러한 주장이 사실이라면 로빈 후드 이야기는 13세기 중반 이후에나 민간에 퍼졌다는 사실을 추론할 수 있다.

하지만 이 이야기의 배경이 된 당시 영국에는 로버트나 로빈이라는 이름이 아주 많았고, 두건을 의미하는 후드라는 성도 많이 볼 수 있었다. 따라서 문헌에 등장하는 로버트 후드나 로빈 후드가 이 이야기 속의 로빈 후드와 동일 인물이라고 단정 지을 수 있는 확실한 근거는 없는 것으로 보는 것이 타당하다.

여기에 실존했던 많은 무법자들의 이야기들이 뒤섞여 로빈 후드와 그의 부하들에 대한 특징적인 성격이 부여되었다. 또한 로빈 후드와 마리안의 사랑 이야기는 13세기 프랑스 문학에서 영향을 받은 것으로 보인다.

역사적 관점으로 볼 때 로빈 후드 이야기는 당시 왕족과 귀족, 성직자들에게 착취와 억압을 받고 사는 평민들의 바람이 담긴 민담이기도 하다. 이 때문에 대중들은 의적이라는 이름으로 가진 자의 재산을 빼앗아 가난한 사람들에게 나누어 준다는 이야기를 들으며 심리적 해방감을 느꼈을 것임이 분명하다.

Contents

Chapter 01　How Robin Hood Became an Outlaw　14
로빈 후드가 무법자가 된 이야기

Chapter 02　How Robin Hood Met Little John　35
로빈 후드가 리틀 존을 만난 이야기

Chapter 03　How Robin Hood Turned Butcher　42
로빈 후드가 푸주한으로 분한 이야기

Chapter 04　How Little John Entered the　50
Sheriff's Service
리틀 존이 주 장관의 하인으로 들어간 이야기

Chapter 05　How the Sheriff Lost Three Good　61
Servants and Found Them Again
주 장관이 세 명의 훌륭한 하인을 잃었다가 그들을
다시 찾은 이야기

Chapter 06　How Robin Hood Met Will Scarlet　73
로빈 후드가 윌 스칼렛을 만난 이야기

Chapter 07　How Robin Hood Met Friar Tuck　83
로빈 후드가 수도사 터크를 만난 이야기

Chapter 08　How Allan-a-Dale's Wooing　96
Succeeded
앨런 아 데일의 구애가 성공한 이야기

Chapter 09　How the Widow's Three Sons Were　107
Rescued
과부의 세 아들이 구출된 이야기

Chapter 10　How a Beggar Filled the Public Eye　117
거지가 세간의 이목을 충족시킨 이야기

Chapter 11	How Robin Hood Fought Guy of Gisborne	124
	로빈 후드가 기스본의 가이와 싸운 이야기	
Chapter 12	How Maid Marian Came Back to Sherwood Forest	138
	마리안이 셔우드 숲으로 돌아온 이야기	
Chapter 13	How the Outlaws Shot in King Henry's Tourney	149
	무법자들이 헨리 왕의 승자 진출전에서 활을 쏜 이야기	
Chapter 14	How Robin Hood Made a Fool of the Tinker	167
	로빈 후드가 땜장이를 웃음거리로 만든 이야기	
Chapter 15	How Robin Hood Was Tanned by the Tanner	180
	로빈 후드가 가죽 무두장이에게 무두질당한 이야기	
Chapter 16	How Robin Hood Met Sir Richard of the Lea	188
	로빈 후드가 리아 성의 리처드 경을 만난 이야기	
Chapter 17	How the Bishop Dined sith the Outlaws	202
	주교가 무법자들과 식사한 이야기	
Chapter 18	How the Bishop Went Outlaw-hunting	209
	주교가 무법자 사냥을 하러 간 이야기	

- Chapter 19 **How the Sheriff Held Another Shooting Match**   219
  주 장관이 또 한 번 활쏘기 대회를 연 이야기

- Chapter 20 **How Will Stutely Was Rescued**   229
  윌 스튜틀리가 구출된 이야기

- Chapter 21 **How Sir Richard of the Lea Repaid His Debt**   242
  리아 성의 리처드 경이 그의 빚을 갚은 이야기

- Chapter 22 **How King Richard Came to Sherwood Forest**   248
  리처드 왕이 셔우드 숲에 온 이야기

- Chapter 23 **How Robin Hood and Maid Marian Were Wed**   258
  로빈 후드와 마리안이 결혼한 이야기

- Chapter 24 **How Robin Hood Met His Death**   266
  로빈 후드가 죽음을 맞은 이야기

Robin Hood

Chapter 01

How Robin Hood Became an Outlaw

셔우드 숲과 바네스데일 숲의 삼림관장 휴 피츠우스는
사악한 주 장관과 주교의 음모로 직위에서 쫓겨난다.
성인이 된 로빈은 주 장관이 여는 활쏘기 대회에 가던 중
못된 삼림관장을 죽이고 셔우드 숲의 무법자가 된다.

In the days of good King Henry the Second of England, there were special forests in the North Country in which only the King could hunt. If any other man was caught hunting there, he was killed. These forests were guarded* by the King's Foresters.*

Among the greatest royal* forests were Sherwood and Barnesdale Forests near the two towns of Nottingham and Barnesdale. For a few years, Hugh Fitzooth was Head Forester with his good wife and son Robin.

The boy had been born in Lockesley town in the year 1160. He was handsome and strong. When he was old enough, he went hunting with his father. At a very young age, he learned to shoot a bow* and arrow.* He loved learning how to make arrows and hearing stories of outlaws* who illegally* hunted in the King's forests.

But his mother wanted to see her son become a priest* or professor.* She taught him to read and to write and to be honest* and good to both the poor and the rich. But the boy was happiest when he was out

---

guard 지키다; 보초, 경비 **forester** 산림관 **royal** 왕실의 **bow** 활 **arrow** 화살 **outlaw** 무법자, 악당; ~의 법적 효력을 잃게 하다 **illegally** 불법으로 **priest** 성직자, 사제 **professor** 교수 **honest** 정직한

hunting.

Robin had two good friends when he was young. One was Will Gamewell, his father's brother's son, who lived at Gamewell Lodge.* The other was Marian Fitzwalter, only child of the Earl of Huntingdon. Robin secretly* met her in the forest because he could not go to her father's castle.

His father and her father were enemies.* Some people whispered that Hugh Fitzooth was the rightful* Earl of Huntingdon and not Marian's father. But Robin or Marian didn't care about* that.

Robin's father had two other enemies besides* Fitzwalter. One was the Sheriff* of Nottingham and the other was the fat Bishop* of Hereford.

These three enemies one day convinced* the King that Hugh Fitzooth was no good. He was removed* from his post* as King's Forester. He and his wife and Robin, then age nineteen, were chased out of* their house one cold night without warning.*

Even though Hugh was innocent,* the Sheriff arrested Hugh for* treason* and carried him to Nottingham jail.* Robin and his mother had to go to their relative,* Squire* George of Gamewell, who kindly let them stay at his house.

Robin's mother had been sick before this. The shock of losing her husband and home caused her to die two months later. Robin felt as though his heart were broken. Early that spring, Robin's father died in jail.

Two years passed by. Robin's cousin

---

lodge 오두막, 산장 **secretly** 몰래 **enemy** 적, 원수 **rightful** 올바른, 정당한 **care about** ~에 대해 신경 쓰다 **besides** ~ 외에도 **sheriff** 보안관, 주 장관 **bishop** 주교 **convince** 설득하다, 납득시키다 **remove** 해임하다, 없애다 **post** 직, 직위 **be chased out of** ~에서 쫓겨나다 **warning** 경고 **innocent** 죄 없는, 결백한 **arrest A for B** A를 B의 죄로 체포하다 **treason** 반역, 불충 **jail** 감옥 **relative** 친척 **squire** 대지주

Will was away at school. Marian's father, who had learned of her friendship with Robin, had sent his daughter to the court* of Queen Eleanor.

So these years were lonely ones. His uncle was kind to him, but he did not know how to help Robin. The truth is that Robin missed his old life in the forest as much as he missed his mother and father.

"I have news for you, Robin, my boy!" His uncle told him one morning in a deep, loud voice.

"What is it, Uncle Gamewell?" asked the young man.

"Here is a chance to exercise* your good long bow and win a pretty prize. There is a fair* in Nottingham, and the Sheriff announced* an archer*'s tournament.* The best archers will become one of the King's Foresters. The one who shoots straightest of all will win a golden arrow.

Wouldn't that be a nice gift for that girl you like?"

Robin's eyes sparkled.* "I would love to give her that gift! I have always wanted to be one of the King's Foresters. Will you let me try?"

"Of course! I know your mother wanted you to be a clerk,* but I know what makes you really happy. Good luck!"

The young man thanked his uncle for his good wishes, and prepared for* the journey.*

One fine morning, a few days after, Robin was passing through Sherwood Forest. He walked full of hope and excitement.* He whistled,* and he suddenly met a group of Foresters laughing and joking* under the branches*

---

court 궁, 왕실 exercise (실력 등을) 발휘하다 fail 장, 박람회 announce 발표하다 archer 궁수 tournament 시합, 대회 sparkle 반짝이다 clerk (영국 국교회의) 성직자, 사제 prepare for ~을 준비하다 journey 여행 excitement 흥분 whistle 휘파람 불다 joke 농담하다 branch 나뭇가지

of an oak tree.* They were eating a huge meat pie. The leader of the band* was the man who had taken his father's position as Forester. But Robin didn't want to fight or say anything.

"Oh, look at this little boy who thinks he's an archer!" the leader called to Robin. "Do you think you can win with that bow at the Nottingham Fair?"

The others laughed. Robin turned red.

"My bow is as good as yours," he answered.

They laughed again loudly at this.

"Show us some of your skill, and if you can hit the mark,* here are twenty silver pennies* for you. But if you do not hit it, we'll beat you," said the leader.

"Pick your own target,*" responded* Robin. "You can kill me if I miss."

"It shall be as you say," answered the Forester angrily.

Now a herd* of deer came walking by in the distance.* They were King's deer, but at that distance, they seemed safe from any harm.* The Head Forester pointed to them.

"If you can hit one of those deer, I'd shoot with you."

"Done!" cried Robin.

He tied the string* of his long bow, took out an arrow, and drew it to his ear. He let go, and the arrow whistled through the air. In another moment, the lead* deer was on the ground, bleeding.*

The Foresters were amazed.* Suddenly the leader became angry.

"Do you know what you just did?" he said. "You have killed a King's deer, and by the laws of King Henry, you should be

---

oak tree 참나무 band 무리 mark 과녁, 표적 penny 페니 (영국의 화폐 단위) target 표적 respond 응답하다 herd 떼, 무리 in the distance 멀리에서 harm 해; 해를 입히다 string 끈 lead 선두 bleed 피 흘리다 amazed 깜짝 놀란

killed. Get out of here, and do not ask me for money."

"I have seen you too often already, my fine Forester. You took my father's place."

Robin turned away from the others and began to walk away.

The Forester, full of anger, readied* an arrow and shot it at Robin. Luckily, the Forester tripped,* so the arrow just barely* missed.

"Ha!" said Robin. "You can't shoot as straight as me!"

Robin shot an arrow straight at the Forester's heart. He cried and fell on the ground, dead. Robin ran as fast as he could through the forest before the others could begin to chase* him. He was now an outlaw. As he ran deep into the forest, it seemed to welcome him home.

At the end of the same day, Robin paused* hungry and weary* at the cottage of a poor widow* who lived in the forest. Now this widow had often greeted* him kindly in his boyhood days.* So he boldly* entered her door. The old woman was glad to see him and baked him cakes. She had him rest and tell her his story. Then she shook her head.

"There is evil* in Sherwood," she said. "The poor have nothing, and the rich ride over their bodies. My three sons have been outlawed for shooting King's deer to keep us from* starving.* They now hide in the woods. And they tell me that at least forty men are in hiding with them."

"Where are they, good mother?" Robin said eagerly.* "I will join them."

"My sons will visit me tonight. Stay here

---

ready 준비시키다 **trip** 걸려 넘어지다 **barely** 가까스로, 간신히 **chase** 쫓다, 추격하다 **pause** 잠깐 멈추다 **weary** 지친 **widow** 과부, 미망인 **greet** 인사하다 **in one's boyhood days** ~의 어린 시절에 **boldly** 대범하게, 용감하게 **evil** 악, 해악 **keep A from -ing** A가 ~하는 것을 막다 **starve** 굶어 죽다 **eagerly** 간절히

and see them if you must."

So Robin stayed to see the widow's sons that night, because they were men like him. And when they found that he was like them, they made him swear an oath of* loyalty.* They told him where they stayed in the woods.

"But our band has no leader. So we have agreed that he who can go to Nottingham, an outlaw, and win the prize at archery, shall be our leader."

Robin sprang to his feet.*

"I was already going there! Nothing will stop me from* winning that prize!"

He looked so strong at that moment that all three brothers grabbed* his hands.

"If you win the golden arrow, you shall be leader of outlaws in Sherwood Forest!" they cried.

So Robin began to plan how he could disguise* himself to go to Nottingham town.

The Sheriff of Nottingham posted* a reward* of two hundred pounds for the capture, dead or alive, of Robert Fitzooth, an outlaw. And the crowds in the streets on that busy fair day often paused to read the notice* and talk together about the death of the Head Forester.

However, because of the fair, there were so many other things to talk about. So the reward was forgotten for most people. Only the Foresters and Sheriff's men watched the gates for Robin.

The great event of the day came in the afternoon. It was the archer's contest for the golden arrow, and twenty men stepped forward to shoot. Among them was a beggar* man. He had a brown scratched* face and hands. He wore a hood* over his head. Slowly, he limped* to his place in the line. The crowd yelled* at him! How could he win this contest?

Next to Robin—for it was him in a beggar's disguise—stood a muscular* man with one eye. The crowd also hated him, but he ignored* them. A great crowd had gathered to watch the contest. In the center box was the evil Sheriff, his wife, who wore many jewels, and their daughter. She hoped the winner of the contest would give her the arrow so she could be queen of the fair.

Next to the Sheriff's box was one occupied* by the fat Bishop of Hereford. On the other side was a box in which a girl with dark hair and eyes sat. It was Maid Marian! She had come up for a visit from the Queen's court in London. Seeing her there made Robin even more determined* to win the arrow. He was so nervous* that his whole body began to shake.

Then the trumpet sounded. Those who could hit the first target were allowed to shoot the second one, which was placed further away. The third target was to be moved farther until the winner was found. The winner was to receive the golden arrow and a place with the King's Foresters. Who he gave the arrow to would also be crowned* the Queen of the day.

The trumpet sounded again, and the archers prepared to shoot. The crowd smiled and whispered about him. But when the first man shot, they became silent.

The target was not so far, but only

---

hood 두건, 쓰개 **limp** 절뚝거리다 **yell** 폭소하다, 포복절도하다 **muscular** 근육질의 **ignore** 무시하다 **occupy** 차지하다 **determined** 결심한, 단호한 **nervous** 긴장한 **crown** ~에게 왕관을 씌우다

twelve out of the twenty contestants* reached its inner circle. Robin shot sixth in the line and his arrow landed close to the bull's eye.* The man with one eye seemed happy. He shot next and his easily landed in the bull's eye. The crowd cheered.* The trumpet sounded again, and a new target was set up further away.

The first three archers again hit the inner circle. They were general* favorites and expected to win. The fourth and fifth archers barely hit the center. Robin fitted his arrow quietly and with some confidence* hit the bull's eye.

The crowd became very excited and cheered. Then the one-eyed man shot and hit the bull's eye. Again the crowd cheered wildly.* The trumpet sounded for the third round,* and the target was put further away.

"You shoot well, my friend," said the

one-eyed man to Robin.

"If I don't win, I hope you may keep the prize from those others," Robin said. The man nodded* to the three other archers who were the favorites of Sheriff, the Bishop and the Earl, and then he looked at Maid Marian's booth.* She looked away from him quickly.

"She's pretty," the one-eyed man said with a smile. "She is more worthy of* the arrow than the Sheriff's arrogant* daughter."

Robin looked at him swiftly* and saw only kindness in his face.

"You are a wise man, and I like you well," he said.

Now the archers prepared to shoot again. The first three barely hit the inner

---

contestant 경쟁자 **bull's eye** 과녁의 정중앙 **cheer** 환호하다 **general** 일반적인 **confidence** 확신, 자신감 **wildly** 난폭하게, 격렬하게 **round** (시합의) 회전, 라운드 **nod** 고개를 끄덕이다 **booth** 자리 **worthy of** ~의 가치가 있는 **arrogant** 거만한, 오만한 **swiftly** 날쌔게, 빠르게

circle.

Robin was nervous. The wind was not good. He looked at Maid Marian. She smiled at him. And in that moment, he felt that she knew him despite* his disguise. He drew his bow firmly* and launched* the arrow straight and true across the range* to the center of the target.

"The beggar!" yelled the crowd, who suddenly liked him.

The last archer smiled and got ready. He drew his bow with ease* and grace* and released* the winged arrow. It landed just next to the center and Robin's arrow. The one-eyed man seemed surprised. But then he realized that he had not thought about the wind.

"I hope we may shoot again," he said to Robin. "I don't care about the golden arrow. I just dislike the Sheriff. Now give it to the lady of your choice." And turning suddenly, he was lost in the crowd.

One of the Sheriff's men told Robin to go to the Sheriff's box and to receive the prize.

"You are strange, but you shoot well. What is your name?" asked the Sheriff coldly.

Marian was listening.

"I am called Robin the Stroller,* my lord Sheriff," said the archer.

Marian leaned back* and smiled.

"Well, Robin the Stroller, will you become one of my Foresters?"

"Robin the Stroller has always been a free man, my Lord, and desires* no job."

The Sheriff looked angry.

"Robin the Stroller, here is the golden arrow," he said. "Give it to a worthy*

---

despite ~에도 불구하고 **firmly** 단단하게 **launch** 발사하다 **range** 사격장, 조준 범위 **with ease** 편안하게 **with grace** 우아하게 **release** 놓아 주다, 날려 보내다 **stroller** 방랑자 **lean back** 뒤로 기대다 **desire** 바라다 **worthy** 적당한, 손색 없는

young lady."

The Sheriff's servant tried to push him toward the Sheriff's daughter. Robin took the arrow and walked to Maid Marian.

"Lady, please accept* this arrow from a man who would serve you."

"My thanks to you, Robin in the Hood," she replied with a smile. She placed the shining arrow in her hair.

The Sheriff glared* furiously* upon this archer. He would have spoken, but his proud daughter stopped him. He called to his guards and told them to watch the beggar. But Robin had already entered the crowd and was walking toward the town gates.

That same evening, forty men wearing green sat eating deer meat in the forest. Suddenly, they heard footsteps.*

"I look for the widow's sons," a clear voice said.

Instantly,* the three men stepped forward.

"It's Robin!" they cried. And all the men came and greeted him, for they had heard his story. They had all agreed to make him their leader.

"What news do you bring from Nottingham town?" asked one of the widow's sons, Stout Will.

Robin laughed and told him the story of that day's contest. At first, the men seemed to doubt* his story.

Then a tall man stepped away from the others. Robin recognized* him as the one-eyed man from the contest. But now both eyes were uncovered and both were good.

"Robin in the Hood, I know your story is true. You shamed* the Sheriff as I had

---

accept 받아들이다, 수락하다   glare 노려보다   furiously 분노하여
footstep 발자국   instantly 즉시   doubt 의심하다   recognize 알아보다
shame 창피하게 하다

hoped to do. In the future, we will see who the best archer is. But here I, Will Stutely, declare* that I will serve no other leader than you."

Then the others followed him and swore to serve Robin loyally.* They decided to call him Robin Hood. And he accepted that name because Maid Marian had said it. They gave Robin Hood a horn* upon which he was to blow to summon* them. They swore that they would take money from the rich to help the poor and that they would harm no woman.

And that is how Robin Hood became an outlaw.

How Robin Hood Met Little John

노팅엄으로 향하던 로빈은 물웅덩이를 건너려다
이를 저지하는 거구의 존 리틀과 봉 싸움을 한다.
한바탕 신나게 싸움을 벌인 후 존 리틀은
로빈의 무법자 무리에 합류하고 이름을 리틀 존으로 바꾼다.

All that summer, Robin Hood and his merry* men roamed* in Sherwood Forest. They became famous. The Sheriff of Nottingham's traps* failed to catch the

---

declare 주장하다, 선언하다 **loyally** 충성스럽게 **horn** 뿔피리 **summon** 소환하다, 불러 모으다 **merry** 즐거운, 유쾌한 **roam** 배회하다, 돌아다니다 **trap** 덫, 함정

outlaws. At first, the poor people were afraid of them. But they soon learned that Robin and his men were stealing from the rich and giving to the poor, so they grew to like them. By the end of the summer, eighty men were loyal* to Robin.

"I feel restless,*" said Robin one morning. "I want to see what is happening in Nottingham. But you stay in the forest. I will call you with my horn if I need you."

Then he began to walk toward Nottingham.

As he was walking along the highway to town, he decided to stop at a stream.* As he approached* the stream, he saw that it had become bigger because of recent rains. The log footbridge* was still there, but at one end there was a puddle.*

Robin began to run to leap over the big puddle. But he saw a tall stranger coming from the other side. Robin began to run more quickly and so did the stranger. They met and were running next to each other.

"I will get there first!" roared* Robin.

The stranger smiled. He was almost a head taller than Robin.

"No! You have to show me you are faster!"

"I will show you a faster and better man!"

"I have been looking for that better man my whole life! Show me!"

"I will!" Robin stopped running and put down his bow and arrows. He found a large oak staff.* "Get your own staff, and we will see who is better."

The stranger found his own staff and prepared to fight Robin.

"One, two…," Robin began counting.

---

loyal 충성하는   **restless** 불안한, 가만히 있지 못하는   **stream** 시내, 개울
approach 다가가다   **footbridge** 보행자 전용 다리   **puddle** 웅덩이   **roar**
고함치다, 으르렁대다   **staff** 막대기, 봉

"Three!" roared the giant stranger and immediately* struck with his staff.

Luckily, Robin was quick. He dodged* the blow* and got ready to strike! The stranger blocked* his blow with his stick!

The fight became fast and furious.* It was strength against cleverness,* and the match was fun. The mighty* blows of the stranger went whistling around Robin's head. Robin's swift blows hit the stranger in the stomach. However, each stood firmly in his place not moving backward or forward a foot for a good half hour. The giant's face was getting red, and his breath was like a bull's. Finally, the stranger got ready for one final blow. Robin dodged and hit him in the ribs.*

The stranger nearly fell off the bridge on which they were fighting.

"By my life, you can hit hard!" he gasped.*

This blow was a lucky one. He expected that the giant would fall. He rested for a few seconds when the giant hit him hard on his head. Robin saw stars and fell right into the stream.

The water woke him up again, but he was too dizzy* to swim properly.* The stranger laughed at him and then offered him help. He put the end of his staff down near Robin.

"Grab onto this!"

Robin grabbed the staff and the stranger pulled him out of the water. He lay down for a few moments and then he sat up.

"You hit me so hard! My head hums* like a hive* of bees on a summer morning."

Then he grabbed his horn and blew three times. After a moment of silence, he

---

immediately 즉시　**dodge** 날쌔게 피하다　**blow** 일격, 타격　**block** 막다
furious 격렬한, 사나운　**cleverness** 영리함　**mighty** 강력한　**rib** 갈비뼈
gasp 숨을 헐떡이다, 숨을 멈추다　**dizzy** 어지러운　**properly** 제대로, 적절하게
hum 윙윙거리다; 윙윙거리는 소리　**hive** 벌집

heard moving bushes and leaves. Almost forty men appeared,* all wearing green, like Robin. The good Will Stutely and the widow's three sons were first to appear.

"What happened?" cried Will Stutely. "Why are you wet?"

"This man would not let me cross the bridge! He hit me hard on the head, and I fell in the water."

"Get him, boys!" cried Will.

"No, let him go free," said Robin. "The fight was a fair* one. I suppose* that is okay with you?" he continued, turning to the stranger.

"I am content,*" said the other. "Anyway, I like you well, and would like to know your name."

"My men and even the Sheriff of Nottingham know me as Robin Hood, the outlaw."

"Then I am sorry that I beat* you,"

exclaimed* the man. "I was on my way to seek you and to try to join your merry company.* I fear you must hate me now."

"No! I am glad I met you!"

The two men laughed and shook hands.

"But you haven't yet told us your name," said Robin.

"Men call me John Little," said the tall man. "I promise to be loyal." The men laughed long and loud at his name.

The men found a great oak tree. Under this tree, they chatted* together and ate. And Robin was pleased with the day's adventure. It was not every day that one could meet someone like Little John.

---

appear 나타나다 **fair** 정정당당한 **suppose** 추정하다 **content** 만족하는
beat 이기다, 때리다 **exclaim** 외치다 **company** 무리, 일행 **chat** 떠들다

Chapter 03

How Robin Hood Turned Butcher

며칠째 연락이 끊긴 리틀 존을 찾기 위해
로빈은 푸주한으로 변장하고 노팅엄 시로 간다.
주 장관이 여는 푸주한들을 위한 연회에 간 로빈은
그곳에서 하인으로 일하는 리틀 존을 보고 깜짝 놀란다.

The next morning, the weather was bad, so Robin Hood's band stayed close to their dry and friendly cave. On the third day, a group of the Sheriff's men came to look for Robin and his men. A fine deer had been killed by one of Will Stutely's men. He and others had come out from the forest to get it. Twenty bowmen* from Nottingham appeared at the end of the forest.

Will's men ducked* from the arrows they shot at them. Then from behind the trees, they shot arrows back at the men. Two of the Sheriff's men were wounded* in their shoulders.

Four days later, Little John was missing. One of his men said that he saw him talking with a beggar but he did not know where they had gone. Two more days passed. Robin grew uneasy.* He hoped that the Sheriff's men had not caught him.

At last, Robin decided to go to Nottingham. He had seen a butcher* further down the road with his horse.

"Hello!" called Robin. "Where do you come from and where are you going with your load* of meat?"

---

bowman 궁수, 활잡이   duck 몸을 숙이다   wound 상처 입히다   uneasy 불편한   butcher 푸주한, 백정   load 짐

"Hello," returned* the butcher, politely. "I am just a butcher. I am going to sell my meat at the fair in Nottingham. But where are you from?"

"I am a farmer, from Lockesley town. Men call me Robin Hood."

"I have heard of you!" he answered, terrified.* "I am just a poor butcher. Do not take my money."

"Relax, my friend. I will not steal from you. But I would like to make a bargain* with you. I want to be a butcher today and sell meat at Nottingham town. Could you sell me your meat, your cart, and your horse for five marks*?"

"Of course I can!" the butcher said happily and got down from his horse.

"I need one more thing. We must change clothes. Take mine and hurry home."

So the men switched* clothes and Robin

rode the horse to Nottingham.

When he came to Nottingham, he led his horse to the place where the butchers had their stalls.* He had no idea how much he should charge* for his meat. He acted silly and began to call to the crowd.

"Come, boys and girls, buy my meat! Three steaks for a penny! One steak for a kiss!"

The people crowded* around him because he really did sell three times as much for one penny as was sold by the other butchers. One or two girls even gave him kisses. Robin heard the other butchers complain, but he only laughed merrily and sang his song the louder. His laugh made the people laugh also and crowd around his cart closely.

---

return 대답하다, 응대하다 **terrified** 겁먹은 **bargain** 거래 **mark** 마르크 (영국의 옛 화폐 단위) **switch** 바꾸다 **stall** 진열대, 판매대 **charge** 청구하다, 값을 매기다 **crowd** 모여들다

"Come, brother butcher, if you want to sell meat with us, you must join our guild* and follow the rules of our trade,*" one of the other butchers told Robin.

"We dine* at the Sheriff's mansion* today, and you must come with us," said another butcher.

"Of course I will join my brothers!" said the jolly* Robin.

It was the Sheriff's custom to have dinner with various* guilds of different trades, from time to time.* Now the Sheriff made Robin sit next to him. The other butchers had whispered to him that he was a little crazy. A clever man could easily trick* him out of all of his money.

The Sheriff was glad to have someone entertaining* at the feast. The Sheriff joked with him. Robin was in a good mood, and he made the whole table laugh with his jokes.

"Drink and eat well, men!" Robin said after the prayers.* "I will buy you many drinks!"

"Cheers!" shouted the butchers.

"That is very kind and jolly, but I'm paying for the feast," said the Sheriff. "You must have so much land and animals to spend your money so freely."

"I do," returned Robin. "I have five hundred beasts,* but I have not been able to sell any of them. That is why I have become a butcher. But I do not know how, and would gladly sell the whole herd, if I could find a buyer."

"If you cannot find a buyer, I will buy them myself," he said, feeling greedy.*

Robin began to praise* the Sheriff's kindness.

---

guild 조합 **trade** 장사, 상업 **dine** 정찬을 먹다, 식사하다 **mansion** 저택 **jolly** 유쾌한, 명랑한 **various** 다양한 **from time to time** 때때로 **trick** 속이다 **entertain** 즐겁게 하다, 접대하다, 환대하다 **prayer** 기도 **beast** 짐승 **greedy** 탐욕스러운 **praise** 칭찬하다

"No, no," said the Sheriff, "Bring your herd tomorrow to the marketplace,* and you shall have money."

"That I can't easily do because they are all scattered* around. But they are over near Gamewell, not more than a mile from here. Will you come and choose your own beasts tomorrow?"

"I will. Stay with me overnight,* and I will go with you in the morning."

Robin didn't like the idea of staying overnight at the Sheriff's house. He had hoped to arrange* a meeting place for the other, but now saw that this might make the Sheriff doubt him.

"Agreed," said Robin, and the door opened and a serving man entered with a tray of wine. At sight* of the man's face, Robin jumped a little. The other also saw him, stood still a moment, and then turned around and left the hall.

It was Little John.

What was Little John doing in the Sheriff's house? Why had he not told the band? But Robin knew that Little John was faithful* and true. He began to amuse* the party guests again. Little John reappeared, with other servants, and refilled* the cups. He came up to Robin.

"Meet me in the pantry* tonight," Little John whispered to him.

Robin nodded, and sang loudly. Finally everyone decided to go to bed.

The Sheriff made a servant show Robin to his room, and he promised to see him at breakfast the next day. Robin kept his word* and met Little John that night.

What had Little John been doing?

---

marketplace 시장 scatter 흩어지다 overnight 밤을 새는 arrange 정하다 sight 보기, 봄 faithful 믿을 만한, 신실한 amuse 재미있게 하다, 웃기다 refill 다시 채우다 pantry 식품 창고 keep one's word 약속을 지키다

Chapter 04

How Little John Entered the Sheriff's Service

리틀 존은 유명한 싸움꾼 에릭과 겨뤄 이기고
활쏘기 대회에서도 신궁의 실력을 보여
주 장관으로부터 하인으로 들어오라는 제의를 받는다.
그 집에서 리틀 존은 요리사 머치를 친구로 사귄다.

There was another fair at Nottingham town, and people crowded there by all the gates. People were selling all kinds of things and stages were set up for different shows. There was a man, Eric of Lincoln, who was thought to be the finest man with the staff. He offered to fight anyone to challenge* him. Several men challenged, but he always won.

A beggar sat against Eric's stage and grinned* every time there was a fight. He was dirty and rude. Eric saw the beggar watching him when he was waiting for someone to challenge him.

"Hey you! Why are you staring at* me? If you don't stop, I'll beat you up! I'll teach you better manners.*"

"I am afraid that you cannot teach me any manners," the beggar said with a grin.

"Come up and fight me!" roared Eric.

"I will! You brag* too much and deserve* to lose. Will someone lend me a staff?"

At this, many of the men took out staffs to lend him. They were too afraid to fight Eric, but they wanted to see someone else

---

challenge 도전하다 **grin** 씩 웃다; 씩 웃는 웃음 **stare at** ~을 응시하다
manners 예의범절 **brag** 우쭐대다, 호언장담하다 **deserve** ~ 받을 만하다

do it. The beggar chose the heaviest staff. He climbed awkwardly* upon the stage, and he was a full head taller than Eric. He looked so clumsy* that the crowd laughed.

Now each man took his place and looked the other up and down, watching for* an opening. Eric waited only a moment and then he ran at the beggar and hit him hard on the shoulder. The beggar moved quickly and looked like he might drop his staff because of the pain. The crowd roared and Eric raised himself for another blow. But just then, the awkward* beggar came to life.* He knocked Eric with a strong blow. Eric suddenly fell on the ground and the people laughed.

But Eric jumped up again and moved to his side of the ring. He cautiously* prepared to attack* the beggar. Eric tried again and again to hit the beggar, but his blows were always blocked. The beggar stood sturdily* and only blocked the attacks. Eric began to grow nervous. Finally, Eric became angry and began striking the beggar fiercely,* but the blows were still blocked.

Then at last the beggar saw his chance and changed his way of fighting. With one upward stroke* he sent Eric's staff flying through the air. With another, he hit Eric on the head; and, with a third swing, he knocked Eric off of the stage.

Now the people danced and shouted so loudly that everyone ran to see what was happening. The victory of the strange beggar made him immensely* popular. Eric had been a great bully,* and many had suffered* defeat* and insult* at his hands.

People offered him money and food all

---

awkwardly 서툴게, 꼴사납게   **clumsy** 꼴사나운   **watch for** ~을 기다리다, 기대하다   **awkward** 어색한, 서투른   **come to life** 소생하다, 기운을 차리다   **cautiously** 주의 깊게, 조심스럽게   **attack** 공격하다; 공격   **sturdily** 억세게, 힘차게   **fiercely** 사납게, 맹렬하게   **stroke** 일격   **immensely** 굉장히, 엄청나게   **bully** 약한 사람을 괴롭히는 사람, 싸움 대장   **suffer** 경험하다, 겪다   **defeat** 패배   **insult** 모욕, 창피

day. There was an archery contest that day, and to it the beggar went with some of his new friends. It was held in the same arena* that Robin had formerly* entered. Again, the Sheriff and lords and ladies attended.*

When the archers stepped forward, the rules of the game were explained. Each man should shoot three shots. The man who shot the best shot would receive a prize of cattle. A dozen bowmen were there, and among them were some of the best archers in the Forester's and Sheriff's companies. Down at the end of the line was the tall beggar man.

"Who is that ragged* man?" asked the Sheriff.

"It is the man who defeated Eric of Lincoln," was the reply.

The shooting began. Last of all came the beggar's turn.

"If it is all right, I would like to make

a challenge," he said. He found a tiny sapling* and pointed to it. "Will any man try to shoot it?"

But no archer would risk* his reputation* on so small a target.

Then the beggar drew his bow carelessly and split* the sapling in half.

"Long live the beggar!" yelled the crowd.

"This man is the best archer," said the Sheriff, and he called him to come over. "My good man, what is your name, and in what country were you born?"

"In Holderness I was born," the man replied. "Men call me Reynold Greenleaf."

"You are a sturdy* fellow, Reynold Greenleaf, and deserve better clothes than what you are wearing now. Will you work for me? I will give you twenty marks a year,

---

arena 경기장 **formerly** 이전에 **attend** 참석하다 **ragged** 남루한, 초라한
sapling 묘목 **risk** 위험을 무릅쓰다 **reputation** 평판 **split** 가르다, 쪼개다
sturdy 힘센, 건장한

and three good suits of clothes."

"Three good suits? Then I will gladly enter your service, because I have been poor for a long time."

Then Reynold turned to the crowd and shouted.

"I am working for the Sheriff now, so I do not need the cattle prize. Take them and have a feast."

At this, the crowd shouted more merrily than ever. Of course, Reynold was Little John. So he went to the Sheriff's house, and started working for him. But it was a sorry day for the Sheriff when he got his new man. Two days passed by. Little John did not make a good servant. He insisted on* eating the Sheriff's best bread and drinking his best wine. However, the Sheriff still loved him and talked about taking him hunting.

It was now the day of the banquet* to

the butchers, about which we have already heard. The banquet hall was not in the main house, but connected* with it by a hallway.* All the servants were running about making preparations for* the feast, except* Little John. He was lying down all day. But he presented himself at last, when the dinner was half over.

When he entered the banqueting hall, whom should he see but Robin Hood himself. They were surprised, but they kept their secrets, and arranged to meet each other that same night. Meanwhile,* the proud Sheriff had no idea that he had two outlaws under his roof.

After the feast was over, Little John remembered that he had eaten nothing all that day. He went to the pantry to look for

---

insist on ~을 고집하다 banquet 연회 connect 연결하다 hallway 복도 make preparations for ~을 준비하다 except ~을 제외하고 meanwhile 한편, 그사이

something to eat. The steward* was there, locking everything up.

"Good Sir Steward, please give me something to eat," said Little John.

The steward shook his head.

"The master is sleeping," he said. "It is too late to eat. You have already waited this long to eat, so you can eat in the morning."

"Now I can't do that! You might be fat enough to sleep through the winter like a bear, but I need food."

Saying this, he pushed past the steward and tried to open the pantry door. It was locked. The steward laughed and rattled* his keys. John was so angry that he punched* a hole into the door of the pantry. The steward hit him with his keys. Little John turned and hit the steward so hard that he fell on the ground.

So Little John ate and drank as much

as he would. Now the Sheriff had in his kitchen a cook, a stout* and bold man, who heard the noise and came to see what happened. There sat Little John eating, while the fat steward was under the table.

"How can you act this way in our master's house?" cried the cook. He took out a sword.

"You have no right to come between me and my meat!" Little John shouted back. And he drew his own sword and crossed weapons* with the cook. Then back and forth they clashed.* They fought for a full hour, but neither man was able to hit the other.

"You are the best swordsman* that I have ever seen. Why don't we eat and rest for a bit? Then we can fight again."

"Agreed!" said the cook, and they both

---

steward 집사 **rattle** 달그락거리다 **punch** 뚫다 **stout** 풍채가 당당한, 살찐
weapon 무기 **clash** 쨍그랑 소리가 나다 **swordsman** 검객, 칼잡이

laid by their swords and happily ate the food. Then the warriors* rested a little and patted* their stomachs, and smiled across at each other like friends.

"And now good Reynold Greenleaf, shall we fight again?" said the cook.

"We might, but friend, why are we fighting?"

"We will fight to see who is the best swordsman."

"I would love to fight you later, but right now my master and I need you."

"Who is your master?" asked the cook.

"Me, and I am Robin Hood," he said as he entered the room.

Chapter 05

How the Sheriff Lost Three Good Servants and Found Them Again

리틀 존과 머치는 은 접시를 훔쳐 숲의 무리들과 합류한다.
푸주한으로 변장한 로빈은 헛된 기대를 품게 하여
주 장관을 셔우드 숲으로 유인하고
왕의 사슴으로 식사를 제공한 후 금품을 갈취한다.

"I have heard of your bravery,*" the cook said. "But who is this tall swordsman?"

"Men do call me Little John."

"Then Little John, or Reynold Greenleaf,

---

warrior 전사 **pat** 두드리다 **bravery** 용감함, 용맹

I like you well. On my honor as Much the miller*'s son, and you too, bold Robin Hood, I will gladly serve you."

"You are a good man!" said Robin. "I have to go back to bed. If you two run away from the house tonight, I will join you in the woods tomorrow."

"If you stay here overnight, you will die!" said the cook. "Come with us. The Sheriff has guards on all the gates, since it's fair week, but I know the warden* at the West gate and could bring us through safely."

"I can't! I have to take the Sheriff tomorrow. You two go tonight. In the borders* of the woods, you will find my merry men. Tell them to kill two deer tomorrow night."

And Robin left them as suddenly as he had come.

"Comrade,* let's go," said Little John.

"But first, let's take the Sheriff's silver plate."

The two men stole many silver plates, and into the friendly shelter* of Sherwood Forest, they escaped. The next morning, the servants woke up late. Robin Hood met the Sheriff at breakfast. The Sheriff was very cheerful that morning. Robin seemed so silly and foolish that the Sheriff was sure he would have his cattle soon.

They began walking. Out of Nottingham town, through gates open wide, they walked, and took the hill road leading through Sherwood Forest. And as they went on, Robin began to whistle.

"Why are you so happy?" asked the Sheriff, feeling nervous.

"I am whistling to keep my courage up," replied Robin.

---

miller 방앗간 주인   warden 감시원, 파수꾼   border 경계, 국경   comrade 동지, 동무   shelter 피난처

"What is there to fear when you have the Sheriff of Nottingham beside you?"

"They say that Robin Hood and his men are not afraid of the Sheriff," he said.

"Pooh!" said the Sheriff. "I wouldn't be worried."

"But Robin Hood himself was on this very road the last time I came to town," said the other.

The Sheriff looked around nervously.

"Did you see him?" he asked.

"Yes! He wanted to use this horse and cart to drive to Nottingham. He said he would pretend* to be a butcher. But see!"

As he spoke, he came to a turn in the road, and there before them stood a herd of the King's deer, feeding. Robin pointed to them.

"There is my herd of beasts, good Master Sheriff! How do you like them?"

"What is this? I didn't come to see this.

I'll go home and you should, too."

"No," laughed Robin, seizing* the Sheriff's horse's bridle.* "I have worked too hard to meet you to let you go. Besides,* I have eaten with your friends. Why don't you eat with mine?"

So saying, he put the horn on his lips and blew three merry notes.* The deer ran away. Out from behind the trees came forty men, dressed in green. They carried bows in their hands and short swords at their sides. The Sheriff sat still* from amazement.*

"Welcome to the greenwood!" said one of the leaders, bending* the knee to mock* the Sheriff.

The Sheriff glared. It was Little John.

"Reynold Greenleaf, you have betrayed*

---

pretend ~인 척하다 **seize** 붙잡다 **bridle** 고삐 **besides** 게다가, 더욱이
note 음 **still** 가만히, 조용히 **amazement** 놀라움 **bend** 구부리다 **mock** 조롱하다 **betray** 배신하다

me!"

"It is your fault. You didn't give me my dinner when I was at your house. But we shall give you a feast. We hope you will enjoy."

"Well spoken, Little John," said Robin Hood. "Take his bridle and let us do honor to the guest who has come to feast with us."

Then turning abruptly,* the whole company plunged into* the heart of the forest.

The men pulled the Sheriff's horse into an opening* in the woods with some large oak trees. Under the largest of these, there was a fire over which two deer were cooking. Forty more men were gathered around the fire. They all stood up and greeted their leader.

"I see that our new cook is preparing dinner. Let's play a few games for our guest of honor!" cried Robin.

Then the whole forest was filled with* the savory* smell of roasting* deer and vegetables. Robin Hood placed* the Sheriff beneath* the largest oak and sat down by him.

Two men stepped forward from the group and began to fight with staffs. The Sheriff, who loved a good game as well as any man, clapped* his hands, forgetting where he was.

The Sheriff then enjoyed watching the archers show off* their skill by gracefully* hitting a far target.

But his high mood was soon ruined.* The company sat down to eat, and the guest was treated to two more disturbing*

---

abruptly 갑자기, 불쑥 **plunge into** ~로 뛰어들다 **opening** 공터 **be filled with** ~으로 가득하다 **savory** 풍미 있는, 입맛을 돋우는 **roast** 굽다 **place** 앉히다, 두다 **beneath** ~의 아래에 **clap** 박수치다 **show off** 뽐내다, 과시하다 **gracefully** 우아하게, 멋있게 **ruin** 망치다 **disturbing** 성가신, 신경 쓰이는

surprises. The cook came forward to serve the food, and the Sheriff saw that he was his former* servant.

Much the miller's son grinned to answer the Sheriff's amazement, and served the plates, and placed them before the party. Then the Sheriff was filled with rage.* The food was served on the silver plates from his house.

"You terrible thieves!" he shouted. "You stole my servants and my plates! I will not touch your food!"

"Servants come and go, in merry England. The plates were brought to honor you. Now sit down again and be happy."

So the Sheriff sat down again, with the best face he could make, and soon he was eating quickly. And they feasted royally* and clinked* each other's cups until the sun went down.

"I thank all you good men who have entertained me in Sherwood so well. I cannot promise how I will treat you in Sherwood because I work for the King. But it is getting late, and I must go," the Sheriff said finally.

Then Robin Hood and all his men arose* and drank to the Sheriff's health.

"If you must go at once* we will not stop you—except that you have forgotten two things."

"What are they?" asked the Sheriff, while his heart sank.*

"You forget that you came with me today to buy a herd of animals with horns. Also, he who dines at the greenwood Inn must pay the landlord.*"

"I only have a little money with me," he

---

former 이전의, 옛 **rage** 분노 **royally** 왕답게, 훌륭하게 **clink** 쨍그랑거리다
arise 일어나다 **at once** 당장 **sink** 가라앉다 **landlord** 지주, 집주인

began apologetically.*

"How much do you have?" asked Little John. "You also have to pay me my wage*!"

"And mine!" said Much.

"And mine!" smiled Robin.

"Aren't all these silver dishes worth* anything?" said the Sheriff.

The outlaws laughed at this.

"All right! You do not owe* us those wages because we took the plates. And we will keep the herd of beasts free for our own use—and the King's. But this little tavern* bill* should be settled*!"

"I have only those twenty pieces of gold, and twenty others," said the Sheriff truthfully.*

"Count it, Little John," said Robin Hood.

Little John turned the Sheriff's wallet* inside out.*

"It's true," he said.

"Then you shall pay no more than* twenty pieces for your entertainment," said Robin. "Right, men?"

"Good!" said the others.

"The Sheriff should promise that he will not bother* us," said Will Stutely.

"So be it, then," cried Little John, approaching the Sheriff. "Now swear by your life."

"I will swear it by St. George, who is England's saint,*" said the Sheriff. "I will never disturb* or distress* the outlaws in Sherwood."

"But let me catch any of you out of Sherwood!" he thought to himself.

Then the twenty pieces of gold were paid, and the Sheriff once more prepared

---

apologetically 미안해하며　**wage** 보수, 급여　**worth** ~의 가치가 있는
owe 빚지다　**tavern** 술집, 여인숙　**bill** 계산서　**settle** 셈을 치르다, 정산하다
truthfully 정직하게, 성실하게　**wallet** 지갑　**turn ~ inside out** ~을 뒤집다
no more than 다만, 겨우　**bother** 괴롭히다, 성가시게 하다　**saint** 성인
disturb 성가시게 하다, 괴롭히다　**distress** 괴롭히다, 걱정시키다

to depart.*

"Now take care, good Sheriff," Little John said. "The next time you hurt a poor man, remember this time. And when you next employ a servant, make certain* that he is not employing* you."

The Sheriff went on the road to Nottingham.

And that is how the Sheriff lost three good servants and found them again.

Chapter 06

How Robin Hood Met Will Scarlet

머리부터 발끝까지 주홍색으로 차려입은 데다
부유해 보이는 점잖은 청년이 셔우드 숲에 들어온다.
로빈은 그 청년에게 싸움을 걸었다 된통 혼난다.
청년은 무법자 무리에 합류하러 온 로빈의 사촌 윌 게임웰이다.

One fine morning, Robin Hood and Little John went strolling* down a path through the woods. It was not far from the footbridge where they had fought their memorable* battle.* They both decided to

---

depart 떠나다 **certain** 확실한 **employ** 고용하다 **stroll** 한가로이 거닐다
memorable 기억할 만한 **battle** 싸움, 전투

drink from the stream there. They knew that the day was going to be hot.

On each side of them were broad* fields of young corn. The great oak trees in the forest stood very high over the tiny violets* at their feet. Over on the far side of the stream floated* three lily pads.* The two friends relaxed and enjoyed the beautiful day.

They heard someone whistling happily while walking through the woods.

"Listen," Robin said quietly. "Who is coming? Does he have money we can steal?"

So they lay still, and in a minute more up came a stranger dressed in scarlet* and silk and wearing a hat with a rooster feather in it. His whole costume* was scarlet, from the feather to the silk on his legs. A good sword hung at his side. His hair was long and yellow and hung at his shoulders.

Little John laughed at how the man was dressed.

"But even though he's pretty, he looks strong!" whispered Little John. "Look at the muscles* on his arms and legs! I bet he can use a sword well."

"No," replied Robin. "He will run away* as soon as he sees me use a weapon. Wait here while I take his money."

Robin Hood stood in the way of the scarlet stranger. The stranger did not walk slower or faster. He continued walking straight ahead and never once looked at Robin.

"Stop! What are you doing walking through these dangerous woods?"

"Why should I stop?" said the stranger

---

broad 드넓은, 광대한 violet 제비꽃 float 뜨다, 떠다니다 lily pad 수련의 잎 scarlet 주홍색 costume 복장 muscle 근육 run away 도망치다, 달아나다

in a smooth* voice, and looking at Robin for the first time.*

"Because I told you to," replied Robin.

"And who are you?" asked the other.

"It doesn't matter what my name is. I am a tax collector* for the poor. Your purse* has too much money and they have none. Kindly hand it over* to me."

The other smiled sweetly.

"You are funny. Keep talking for I am in no hurry this morning."

"I have said everything I need to. Now give me your purse."

"I am deeply sorrowful* that I cannot show my purse to every tough guy that asks to see it. Please move out of my way."

"I will not."

"I listened to you patiently,*" he sang and tried to leave. "Now it's time for me to go."

"Stop or I will cut off your pretty hair!"

And he swung his staff threateningly.*

"Alas*!" moaned* the stranger, shaking his head. "Now I shall have to kill this man with my sword! And I hoped to be a peaceful man!" And sighing* deeply, he drew his shining sword.

"Put away* your weapon," said Robin. "Get a stick like mine, and we will fight fairly,* man to man."

The stranger thought a moment with his usual* slowness, and looked at Robin from head to foot. Then he put his sword on the ground and walked over to the oak trees. He found a root* that he liked and he slowly and easily pulled it from the ground.

"Wow!" Little John thought. "I would

---

smooth 부드러운   for the first time 처음으로   collector 세금원, 징수원
purse 지갑, 손가방   hand over 넘기다   sorrowful 슬퍼하는, 유감으로
여기는   patiently 인내심 있게   threateningly 위험적으로   alas 아아
moan 한탄하다, 신음하다; 신음 소리   sigh 한숨을 쉬다   put away 치우다
fairly 정정당당하게   usual 보통의, 평상시의   root 뿌리

not want to be Robin Hood right now!"

Whatever Robin thought upon seeing the stranger's strength, he did not say a word and did not move.

The stranger was strong and cool, but Robin matched* his strength. Robin found the stranger very hard to hit. Little John laughed quietly with joy.

Back and forth,* the fighters tried to strike each other. Back and forth, they jumped, kicking up a cloud of dust.* Robin hit the stranger three times with blows that would have knocked down a weaker man.

Only twice did the scarlet man hit Robin, but the second blow was likely to* finish him. The first had been on his knuckles* and it broke Robin's fingers. So he could not easily raise his staff again. And while he was dancing about* in pain, the other's staff came swinging through dust and struck him under the arm.

Down went Robin. But despite the pain, he was jumping up again. Little John suddenly interrupted.*

"Stop!" he said, jumping out of the bushes* and grabbing the stranger's weapon.

"No," answered the stranger quietly. "I would not hit him when he was down. But if there are more of you hiding in the woods, I will fight you all."

"You are a good man and a gentleman. I'll fight no more with you. You have hurt me badly.* My men will not bother you either."

Robin was covered in dirt and sweat. He did not look good.

"I will dust your coat for you," said Little John.

---

match 필적하다, 쌍벽을 이루다 back and forth 앞뒤로 dust 먼지 be likely to ~할 것 같다 knuckle 손가락 관절 dance about 날뛰다 interrupt 끼어들다, 방해하다 bush 덤불, 덤불숲 badly 몹시

"No, that's all right," he said and went to the stream and drank deeply and washed his face and hands.

All this while, the stranger had been watching Robin and listening to his voice as though he was trying to remember it.

"Aren't you that famous outlaw, Robin Hood of Barnesdale?"

"You are right."

"Why didn't I know that before, Robin, my boy? Have you ever been to Gamewell Lodge?"

"Ha! Will Gamewell! My dear old friend, Will Gamewell!" shouted Robin, throwing his arms about the other. "I am sorry I didn't recognize you! You changed a lot."

"You look different, too!"

"But why were you seeking me?" asked Robin. "You know I am an outlaw and with dangerous company. How is my uncle? Have you ever heard anything of Maid Marian?"

"I saw Maid Marian not many weeks after the great fair in Nottingham when you won the golden arrow for her. It is her favorite thing. Maid Marian told me to tell you that she must return to Queen Eleanor's court. My father is still healthy, but he is getting older. He is sad you are an outlaw, but he is secretly proud because he hates the Sheriff.

"For him, I am now an outlaw like you. He has had a steward who tricked my father and acted like he owned our house. But when I came back, it annoyed* me to see him act that way. One day, I heard him yelling at my father and calling him an old fool. I became very angry and I hit the man. I did not mean to,* but I killed him. I

---

annoy 화나게 하다　**mean to** ~하려고 의도하다

knew that the Sheriff would use this as an excuse* to hurt my father, so I decided to run away and find you."

"Wow! For a man running from the law, you seem so cool! You look like a rich man."

"This is true," laughed Will. "Is this Little John the Great? Shake hands with me! We should fight one day!"

"I will!" answered Little John happily. "What is your last name again?"

"He must change it like we all do. Welcome to the woods, Will Scarlet!"

How Robin Hood Met Friar Tuck

로빈은 우수한 기술을 가진 사람들을 맞아들이려고 힘쓴다.
활쏘기와 봉 싸움을 잘하는 수도사를 찾아 길을 떠난 로빈은
시냇가에서 이상한 수도사를 만나 한바탕 싸움을 벌인다.
그가 바로 수도사 터크였고 그는 로빈의 무법자 무리에 합류한다.

In summertime, Robin and his men wanted to play. Some would leap and some would run and some try archery and some practice their staff and sword. They practiced every skill and became famous in

---

excuse 구실, 핑계

all England.

Whenever Robin heard of a man with great skill, he would seek the man and test him. This did not always end happily for Robin. And when he had found a man he liked, he offered him service with the men of Sherwood Forest. One day, Little John shot a deer five hundred feet away.

"I would travel a hundred miles to find one who could shoot as well as you!"

At this, Will Scarlet laughed.

"There is a friar* in Fountain's Abbey,* named Tuck, who can beat both him and you," he said.

"I'll neither eat nor drink till I see this friar," said Robin.

He began to prepare for his adventure. He wore a suit of chain mail armor* and prepared a sword, a bow, and some arrows. Then, he happily went off on his journey. He walked until he found a pasture* with a stream. It was pleasant and flowed* slowly because it was quite deep at its center. Robin stopped for a few moments to rest and decide where to go.

He sat down against one of the trees and heard the sound of two men arguing very seriously about* whether pudding or meat pie was a better meal.

He looked behind the willows* and he laughed. It was not two men who had done all this singing and talking, but one. It was a friar who wore a long cloak* over his fat body, tied with a cord* in the middle. On his head was a knight*'s helmet, and in his hand was a huge pasty.* His argument* was finished. The meat pie had won!

But first, the friar took off his helmet to

---

friar 수사, 수도사 abbey 대수도원 chain mail armor 사슬 갑옷
pasture 초원 flow 흐르다 argue about ~에 대해 논쟁하다 willow 버드나무 cloak 긴 외투, 망토 cord 끈, 밧줄 knight 기사 pasty 고기 파이
argument 말싸움, 언쟁

cool his head. His head was as round as an apple, and just as smooth. He was going bald,* but his remaining hair was black and curly. His cheeks also were smooth and red and shiny. His little gray eyes danced with a funny air. You would not have blamed* Robin Hood for wanting to laugh if you had seen and heard this funny man. He looked fat and funny but also strong. His short neck was thick like a bull and his shoulders and arms looked as strong as oak trees.

Robin could see that the man carried a sword. Robin was not worried about his weapons. Instead, Robin was worried about the pie that the friar was quickly eating.

Then, Robin seized his bow and got an arrow ready to shoot.

"Hey, friar!" Robin shouted at the friar. "Carry me over the water, or else I will shoot you."

The other jumped and saw Robin had an arrow pointed at him.

"Put down your bow, and I will bring you over the stream," the friar returned. "We must help each other. I can see that you are a man skilled with a bow."

So the friar got up seriously, put down his pie and weapons, and he crossed the stream. Then he took Robin Hood upon his back and spoke neither good word nor bad till he came to the other side.

"I owe you, good father," Robin said to the friar as he jumped off his back.

"You owe me?" the friar asked and drew his sword. "I want to go across the stream. I serve the church. If you serve me, you also serve the church. In short,* my son, you must carry me back again."

---

bald 대머리의 **blame** 탓하다 **in short** 간단히 말해서, 요약하면

The friar had drawn his sword so quickly that Robin had no time to prepare his own weapon.

"Good father, I would get my feet wet," he began.

"Are your feet any better than mine?" said the other. "I am already wet."

"I am not so strong as you," continued Robin. "Your armor and your weapons look so heavy."

"Promise to carry me across, and I will lay aside* my weapons and armor," said the friar.

"Agreed," said Robin. The friar took off his armor and got on Robin's back.

Now the stones at the bottom of the stream were round and slippery,* and the current* was strong in the middle. Moreover,* Robin had a heavier burden* than the other had carried. So he clumsily crossed. He continued tripping and nearly fell a few times. But the fat friar hung on tightly to Robin as though he were a horse. Poor Robin breathed heavily and sweat dripped down* his brow,* but finally he made it to the other side.

As soon as he put the friar down, he seized his own sword.

"Now friar! I do not care what church you serve. You must carry me back over the stream or I will cut you!"

"You are clever, my son," he said. "I see that you are spirited* too. Once more I will bend my back and carry this arrogant young man."

So Robin mounted* again happily, and carried his sword in his hand, and got prepared to fight on the other side. But while he was thinking of what to do, he felt

---

lay aside 옆에 두다 **slippery** 미끄러운 **current** 물살 **moreover** 더욱이, 더구나 **burden** 짐 **drip down** 뚝뚝 떨어지다 **brow** 이마 **spirited** 용기 있는, 혈기 왕성한 **mount** 올라타다

himself slipping off* the friar's back. He tried to hang on tightly, but he couldn't because he carried his weapon. So down he went with a loud splash* into the middle of the stream.

"There! Choose, my good man, whether you will sink or swim!" And he climbed to the other side of the stream while Robin tried to swim. Robin grasped* a willow branch and finally pulled himself out of the stream. Then Robin became furious, and he took his bow and arrows and shot one shaft* after another at the friar. But they bounced harmlessly* off his steel armor, while he laughed.

"Keep shooting, young man!" the friar laughed. "You will not hurt me."

So Robin shot until all his arrows were gone.

"You bloody villain*!" shouted he. "Come here and fight me with your sword!

I don't care if you are a friar or not. I will kill you!"

"You are acting real tough! Words don't mean anything. If you really want to swordfight,* meet me halfway* in the stream."

The friar walked halfway into the stream and Robin met him there.

Then began a fierce and mighty battle. Up and down, in and out, back and forth they fought. The swords flashed* in the rays* of the setting sun. They hit each other many times but because of their armor, they could not cut each other. Still, their ribs ached* at the force of the blows. Once and again they paused and caught breath* and looked hard at the other, for never had they ever met so strong a man.

---

slip off 미끄러져 내리다 **splash** 풍덩 하는 소리 **grasp** 움켜잡다 **shaft** 공격 **harmlessly** 해를 끼치지 않고 **villain** 악당 **swordfight** 검으로 싸움하다, 칼싸움하다; 칼싸움 **halfway** 중간에서 **flash** 번뜩이다, 섬광이 번쩍하다 **ray** 광선 **ache** 아프다 **catch breath** 숨을 죽이다, 헐떡이다

Finally, Robin's foot stepped on a rolling stone, and he went down upon his knees. But the friar waited until Robin could get upon his feet.

"You are the fairest swordsman that I have met in a long time," cried Robin. "I want to ask a favor of you."

"What is it?" said the other.

"Let me get my horn and blow three notes."

"I will let you blow till you can't blow anymore."

Then Robin Hood put his horn to his mouth and blew. Fifty of his men came out of the woods to meet him.

"Whose men are these?" said the friar.

"These men are mine," said Robin Hood, feeling that his time to laugh had come at last.

"I gave you a favor, so give me a favor. Let me whistle three times."

"I am polite, so I will let you do that," replied Robin.

The friar whistled three loud and piercing* notes. Fifty dogs came running out of the woods to meet the fifty men that had just come from the woods.

The men began to shoot arrows at the dogs on the other side of the stream, but the dogs, which were taught by the friar, dodged the arrows cleverly. They ran and fetched* them back again, just as the dogs of today catch sticks.

"I have never seen anything like this!" cried Little John, amazed.

"It must be magic," said another man.

"Send your dogs away, Friar Tuck!" shouted Will Scarlet, who was laughing.

"Friar Tuck!" exclaimed Robin, astounded.* "Are you Friar Tuck? Then I

---

piercing 날카로운, 꿰뚫는 듯한 **fetch** 가지고 오다 **astounded** 몹시 놀란

am your friend, because you are he I came to seek."

"I am a poor friar," said the other, whistling to his pack* of dogs. "My name is Friar Tuck of Fountain's Dale. For seven years I have lived here. I have not yet met the knight or soldier or farmer that could beat me in a swordfight. But you are very good. I would like to know you."

"He is Robin Hood, the outlaw," said Will Scarlet glancing at* the two opponents* wet clothes.

"Robin Hood!" cried the good friar. "Are you really that famous outlaw? Then I like you well. Had I known you earlier, I would have both carried you across and shared my pie with you."

"It was that same pie that led me to be rude. Bring your pie and your dogs to us in the woods. We need you. We will build you a church in Sherwood Forest, and you shall keep us from evil ways. Will you not join our band?"

"I will!" cried Friar Tuck happily. "Once more I will cross this stream, and go with you to the good woods!"

---

pack (개 등의) 무리   glance at ~을 흘긋 보다   opponent 맞수, 상대

Chapter 08

How Allan-a-Dale's Wooing* Succeeded

로빈은 노래하는 앨런 아 데일의 슬픈 연애사를 듣는다.
앨런 아 데일의 연인의 정략 결혼식에 쳐들어간 로빈 일당은
신랑이 될 뻔한 늙은 기사와 주례를 맡은 주교를 벌하고
앨런 아 데일과 그의 연인의 결혼을 성사시킨다.

Friar Tuck and Much the miller's son soon became friends over the steaming* stew they together prepared for the merry men that evening. Tuck was pleased when he found a man in the forest who could make pasties and who had cooked for the Sheriff. Much was amazed at the friar's knowledge of herbs* and woodland* things, which helped the stew taste great. From that day on, the friar made them pray on Sundays.

So Robin walked into the woods that evening with his stomach full and his heart was full of love for other men. He did not try to fight anyone. Instead, he stepped behind a tree when he heard a man singing, and waited to see the singer.

Like Will, this man was dressed in scarlet, though he did not look as rich as Will. Even so, he was a sturdy man with an honest face and a voice far sweeter than Will's. He seemed to be a traveling singer, because he had a harp in his hand, which he played. He sang about a woman he was going to marry tomorrow.

Robin let the singer pass. His song made

---

wooing 구애 **steam** 김이 모락모락 나다 **herb** 풀, 약초 **woodland** 삼림지대

him think of Marian. So Robin went back to his camp, where he told of the singer.

"If any of you see him, bring him to me," said Robin. "I want to talk to him."

The very next day, Little John and Much the miller's son were out together when they saw the same young man. But now he came sadly along the way. His nice scarlet clothes were ruined.

"Hey you! Stop crying!" Little John called to him.

As soon as the man saw them, he got an arrow ready in his bow.

"Who are you? What do you want from me?"

"Put away your weapon," said Much. "We will not harm you. But you must come to see our master."

So the singer put down his bow and let himself be led to Robin Hood.

"Are you the same man I heard singing

about his girl last night?" Robin asked him.

"I have the same body, but my spirit feels different," he answered sadly.

"Tell me your tale,*" said Robin.

"Yesterday, I was engaged* to a young lady. But she has been taken from me and is to become an old Knight's bride* this very day. I can't go on living without her!"

"Cheer up!" said Robin. "How did the old Knight get her?"

"This Norman Knight wants my lady's land. Her brother wants her to marry a nobleman,* so he agreed...."

"You must be able to do something," began Robin.

"I tried to fight him, but he wouldn't fight me."

"This is awful*!" said Little John.

"Does she love you?" asked Robin

---

tale 이야기　engage 약혼하다　bride 신부　nobleman 귀족　awful 지독한, 심한

Hood.

"Of course! I have the ring she gave me seven years ago."

"What is your name?" asked Robin Hood.

"My name is Allan-a-Dale."

"What will you give me, Allan-a-Dale, to get your true love back*?"

"I have no money," said Allan. "Aren't you Robin Hood?"

Robin nodded.

"Then you can help me! I promise that if you get my love back, I will serve you forever.*"

"Where is this wedding to take place,* and when?" asked Robin.

"At Plympton Church, five miles from here, and at three in the afternoon."

"Then to Plympton we will go!" cried Robin. Then he gave out orders* like a general.* "Will Stutely, send twenty-four men to Plympton Church by three in the afternoon. Much, good fellow, cook up some porridge for this young man! Will Scarlet, get him some better clothes and weapons. And Friar Tuck, pray for our good luck."

The fat Bishop of Hereford was there that day at Plympton Church. The church itself was decorated* with flowers for the ceremony.* There was food and drink for everyone attending the party. Already the guests were beginning to come, when the Bishop saw a singer dressed in green. It was Robin Hood, who had borrowed Allan's harp for the time.

"Who are you?" asked the Bishop.

"I am very sorry to bother you! I am known as the best harpist* in all of North

---

get back 되찾다, 돌려받다 forever 영원히 take place 일어나다, 열리다
give out an order 명령을 내리다 general 장군 decorate 꾸미다,
장식하다 ceremony 예식, 의식 harpist 하프 연주자

Country. If it would please you, can I play at this wedding?"

"What can you play?" demanded* the Bishop.

"I can play well enough to heal* a broken heart. I can make a lady leave her lover. I can play one song that makes people fall in love."

"Then welcome, good singer," said the Bishop. "I love music. Let's hear a song!"

"No! It is bad luck to sing before the bride and groom come."

"Fine! But they are coming now."

Then came the old Knight with ten archers wearing scarlet and gold. The Knight was so old that he walked with a cane.*

And after them came a sweet young woman leaning on her brother's arm. Her hair shined like gold, and her eyes were like blue violets. She looked as though she had been weeping. But now she walked with a proud air.* She had but two ladies with her.

"This is the worst matched pair* that I've ever seen!" cried Robin.

The Bishop got ready to meet the couple.

But Robin ignored him. He walked next to the bride.

"Courage,* lady!" he whispered. "Another singer waits for you near here."

The lady looked frightened* at first, but she saw that Robin was honest and kind. So she smiled at him gratefully.*

"Stand aside, fool!" cried the brother.

"No, I am giving the bride good luck," said Robin laughing.

"Play your music now!" ordered the Bishop.

---

demand 다그치다 **heal** 치유하다 **cane** 지팡이 **air** 태도 **pair** 짝
courage 용기 **frightened** 겁먹은 **gratefully** 고맙게

"I gladly will! But I will play the horn instead of the harp!"

He took out his horn and played three notes loudly that rang through the church.

"Seize him!" yelled the Bishop. "He must be Robin Hood!"

The archers tried to catch Robin, but men who had been watching the wedding now stood and blocked them. Meanwhile, Robin had leaped over to the altar.*

"Do not come any closer!" he shouted, drawing his bow, to the crowd. "Everyone stay in your seats. We will have a wedding today, but the bride shall choose her own man!"

Twenty-four good archers came marching in with Will Stutely. And they seized the ten other archers and the bride's brother. Then in came Allan-a-Dale, dressed handsomely, with Will Scarlet for best man.*

"Now, maiden, before this wedding continues, whom will you have as a husband?" asked Robin. The maiden smiled and walked over to Allan and hugged* him.

"That is her true love," said Robin. "Young Allan instead of the old Knight. Now my lord Bishop, proceed* with the ceremony!"

"I will not do it!" answered the Bishop.

"Fine!" said Robin. "I also see a friar in this church who could marry these two lovers. My lord Bishop shall sign the papers,* but do you, good friar, bless this pair with book and candle?"

So Friar Tuck, who had been back in one corner of the church, came forward, and Allan and his lady knelt* before him.

"Who gives this woman?" the friar

---

altar 제단 best man 신랑 들러리 hug 안다 proceed 계속하다, 나아가다
paper 서류 kneel 무릎을 꿇다

asked.

"I do! I, Robin Hood of Barnesdale and Sherwood!"

So, the friar declared them husband and wife. The couple kissed. Then the lady kissed each of Robin's men on the cheek.

How the Widow's Three Sons Were Rescued

주 장관의 부하들이 기습을 벌여 과부의 세 아들을 사로잡는다.
순례자 복장을 한 로빈은 노팅엄 시로 들어가고
주 장관에게 그들의 사형 집행인이 되겠다고 청한다.
사형이 집행되려는 순간, 로빈 일당이 그들을 구한다.

Robin Hood's men left the Bishop and the archers tied up and locked in the church. The bride's brother was let go, but he was told to leave his sister alone. The rusty* old Knight was forced to climb a

---

rusty 닳은, 모양새가 낡은

high tree.

The townspeople* were afraid to rescue* the men until the next day because of Robin Hood. The Bishop and the old Knight quickly went to the Sheriff to complain. The Sheriff himself was not anxious to* try to challenge Robin in the open.* But the others swore that they would go straight to the King, if he did not help them, so he finally agreed.

A force* of a hundred men from the Royal Foresters and swordsmen was gathered together and marched into the greenwood. There, they surprised some outlaws hunting, and instantly chased them. They could not catch up with* them. The outlaws made it into the forest, where they shot their arrows. They hit the Sheriff's hat and some of the men in the arms.

One outlaw stumbled* and fell, and

two others instantly stopped and helped to put him on his feet again. They were the widow's three sons—Stout, Lester, and John. The Sheriff's men surrounded* them. The three sons killed three men and injured* two others. The Foresters were about to kill them.

"Stop! Don't kill them! We will bring them to Nottingham, and there we will hang* them."

So they bound* the widow's three sons and carried them back to Nottingham. Now Robin Hood did not realize what had happened. But that evening, while returning to the camp, he was met by the widow herself, who was weeping.

"What's wrong, good woman?" asked Robin.

---

townspeople 마을 사람들   rescue 구하다: 구출   be anxious to 몹시 ~하고 싶어 하다   in the open 집 밖에서   force 힘, 군사력   catch up with ~을 따라잡다   stumble 발이 채어 넘어지다, 비틀거리며 걷다   surround 둘러싸다   injure 상처 입히다   hang 목매달다, 교수형에 처하다   bind 묶다

"The Sheriff has my three sons! He will hang them!"

"That cannot be! When will they be hanged?"

"Tomorrow at noon," replied the lady.

"I will save* your brave sons. Trust* me, good woman!"

The old widow hugged Robin and thanked him.

Then Robin Hood went to the forest camp, where he heard about how the three sons had been captured.*

"We must rescue them, my men!" said Robin.

The band began to think of a plan. Robin walked away, feeling troubled.* He met a beggar pilgrim* who asked him for money.

"What news do you bring?" Robin asked him first.

"Three men are condemned to* die

tomorrow," he answered.

Then Robin had an idea.

"Come, change your clothes with me, old man," he said. "I'll give you forty shillings* in good silver."

"Why would you want my clothes? You shouldn't mock an old man."

"I am not mocking you. I will give you twenty gold shillings."

So the pilgrim was persuaded,* and Robin put on the old man's hat, and his cloak, and his pants, and his shoes. While he put on the pilgrim's old and patched* clothes, he made many jokes that caused the pilgrim to laugh. The men looked very different when they departed from each other that day. No one could have recognized Robin.

---

save 구하다 trust 믿다 capture 사로잡다, 포획하다 troubled 마음이 불편한, 근심하는 pilgrim 순례자 be condemned to ~하기로 선고 받다 shilling 실링 (영국의 화폐 단위) persuade 설득하다 patch 천 조각을 대고 깁다

The next morning, the whole town of Nottingham was awake* early, and as soon as the gates were open, country-folk* began to come in. Everyone wanted to see three men hang. Robin Hood, in his pilgrim's disguise, was one of the first ones to enter the gates, and he strolled up and down and around the town. He came to the marketplace, and saw three gallows* for the hanging.

"Who are these built for, my son?" he asked a rough* soldier standing by.

"For three of Robin Hood's men," answered the other. "It's not Robin, because he is too smart to go near the Sheriff again."

"They say that he is a bold fellow," he whined.*

"Ha!" said the soldier. "He may be bold in the woods, but Nottingham is another story."

"Who is to hang these three poor men?" asked Robin.

"I don't know. But the Sheriff is coming now." The soldier greeted the Sheriff who had come to inspect* the gallows.

"Sheriff, I am so blessed to meet you today! What would you give a man to do the hanging today?"

"Who are you?" asked the Sheriff sharply.

"I am just an old pilgrim."

"Very good," said the other. "I can pay you thirteen pence. And I will give you some new clothes."

"God bless you!" said Robin. And he went with the soldier to the jail to prepare his three men for execution.* Just before the stroke* of noon, the doors of the

---

awake 깨어 있는　**country-folk** 시골 사람들　**gallows** 교수대　**rough** 거친, 험한　**whine** 투덜대며 말하다, 우는 소리를 하다　**inspect** 점검하다, 검사하다　**execution** 처형　**stroke** 종소리, 일격

prison* opened and the three men and guards came through the town. Down through the long lines of packed people, they walked to the marketplace. Robin was in the lead* and the soldiers were on either side.

At the gallows, they stopped. Robin whispered to them, as though he was offering them last words to comfort* them. Then Robin stepped to the edge* of the stage. Suddenly, Robin's voice became strong and he stood up straight.

"Listen, proud Sheriff! I was and will never be a hangman.* Curse those who come to see people hang! I have but three more words to say. Listen to them!"

He took his horn from his robe* and blew three notes. Then he took out his knife and freed* the widow's sons. They stole weapons from the guards and prepared to fight.

"Seize them!" screamed* the Sheriff. "It's Robin Hood!"

"I'll give two hundred pounds to the man who catches them!" roared the fat Bishop.

Robin and his three men jumped down from the stage. The guards had surrounded them, but then they heard the voices of Will Stutely and Little John. Eighty men in green pushed through the crowd. With swords drawn, they attacked the guards from every side at once.* The guards were soon defeated,* and Robin began to leave the city with his men.

"Seize them!" shrieked* the Sheriff. "Close the gates!"

But Will Scarlet and Allan-a-Dale had already knocked out the guards at the

---

prison 감옥   in the lead 선두에   comfort 위로하다   edge 언저리, 가장자리   hangman 교수형 집행인   robe 사제복, 길고 헐거운 겉옷   free 풀어주다   scream 비명을 지르다   at once 동시에   defeat 패배시키다   shriek 새된 소리로 말하다, 악을 쓰다

gates. So the gates stood wide open, and toward them the band of outlaws headed.*
So they all escaped into the woods.

Chapter 10

How a Beggar Filled the Public Eye*

로빈은 혼자서 바네스데일로 향하던 중
두둑한 지갑을 가진 거지에게 시비를 걸다가 호되게 당한다.
로빈은 부하 셋에게 그를 잡아 오라고 하지만
그의 부하들 역시 거지의 무예와 기지에 창피를 당한다.

One bright morning, Robin wandered* alone down the road to Barnesdale. All was still and serene* and peaceful. No one was on the road except for a beggar on his way in Robin's direction.*

---

head ~ 쪽으로 향하다, 나아가다　**public eye** 세간의 이목　**wander** 돌아다니다, 배회하다　**serene** 고요한, 맑은　**direction** 방향

The beggar saw Robin but continued to walk and whistle while carrying his staff. The man looked strange, so Robin decided to stop and talk with him. The man was dressed strangely, and around his neck, he carried a fat wallet. The fellow looked so fat and hearty,* and the wallet seemed so well filled.

"This man should share some of his money with me!" thought Robin.

He walked out in front of the traveler.

"Hey! Why are you walking so fast?" said Robin. "I want to talk with you."

The beggar pretended not to hear him.

"Where are you going? Stop!"

"I obey* no man in all England, not even the King himself. So let me pass on my way, because it's growing late, and I have still far to go."

"You do not look like you need a rest. Lend me some of your money."

"I have no money to lend," said the beggar. "I think you are young and can make your own money. So go your way, and I'll go mine."

"I will not go while I can fight you!"

"You can try to fight me! You don't worry me," he said smiling.

And with amazing quickness,* he swung his staff around and knocked Robin's bow out of his hand. Robin tried to grab his staff, but the beggar never gave him a chance.* The beggar hit him again. Robin ran into the forest and blew his horn loudly.

"Are you running away? We had just begun!"

But Robin ran to meet three of his men.

"What is wrong?" they asked.

"There is a beggar back there who tried

---

hearty 원기 왕성한, 건강한 **obey** 복종하다, 따르다 **quickness** 빠름, 민첩함
give ~ a chance ~에게 기회를 주다

to beat me! I couldn't talk with him!"

The men—Much and two of the widow's sons—laughed inside at the thought of Robin running from a beggar. But they kept their faces serious and asked their leader if he was hurt.

"No," he replied. "But you should get that beggar and bring him to me."

So the three men began to follow the beggar who was again peacefully walking.

"We need to surprise him," said Much. "Let's run up ahead and jump out in front of him."

The others agreed to this.

"Now!" said Much. The other two jumped quickly upon the beggar's back and took his staff from his hand. At the same moment,* Much drew his dagger.*

"Stop! A friend of ours wants to fight with you."

"Give me a fair chance, and I'll fight you

all at once."

But they would not listen to him. Instead, they took him into the forest.

"Why are you doing this? Let me go my way, and you shall have all that's in the bag."

"What do you say?" asked Much to the others. "Our master will be gladder to see this beggar's wallet than his sorry face."

The other two agreed, and the little party let go of the beggar.

"Count out your gold speedily,* friend," said Much.

"It shall be done," he said. "One of you lend me your cloak, and we will spread* it upon the ground and put the money upon it."

The cloak was handed to him, and he placed his wallet upon it as though it were

---

at the same moment 동시에 **dagger** 단검 **speedily** 빨리 **spread** 펼치다

very heavy. Then he crouched down* and began to untie* the bag. The outlaws also watched closely. He opened the bag and put his hand in it. From it, he drew handfuls* of thick dust which he threw into the eager* faces of the men around him.

While they gasped and choked,* the beggar stood up. Then he seized a stick near his feet and began to hit them upon their heads and shoulders.

"Villains!" he shouted as he hit them. "Fools!"

Whack*! Whack! Whack! Whack! Went the stick. They decided to run away, and they stumbled off blindly down the road. The beggar followed them, so he could hit them a few more times.

"Farewell*! Next time you should learn the difference between gold and* dust."

He departed while whistling again as

the outlaws stopped and got the dust from their eyes. As soon as they could look around, they saw Robin watching them with a smile while he leaned against a tree.

"What happened to you three?" he asked. "Did you meet that bold beggar?"

Much explained to Robin what had happened. Then Robin laughed and sat down.

"Four bold outlaws beaten by a sorry beggar!" he cried. "The same thing happened to me! But let's not tell anyone about this! It will be our secret."

Even though they all wished they could get that beggar, none of the four ever told of the adventure.

---

crouch down 웅크리고 앉다　**untie** 끈을 풀다　**handful** 한줌, 한 움큼
eager 열심인, 갈망하는　**choke** 질식하다　**whack** 탁 하고 때리는 소리
farewell 안녕　**the difference A and B** A와 B 사이의 차이점

Chapter 11

How Robin Hood Fought Guy of Gisborne

주 장관은 로빈에게 걸린 현상금을 높이고
왕실 군대의 기사인 기스본의 가이가 셔우드 숲으로 들어간다.
하지만 가이는 로빈에게 정체가 들통 나 살해당하고
로빈은 가이의 나팔을 불어 체포된 리틀 존을 구한다.

The Sheriff was now determined to* catch Robin and his men. The King in London had ordered him to catch Robin or lose his job. So the Sheriff tried every way to surprise Robin Hood in the forest, but always without success. And he increased* the price which put upon

Robin's head in the hope that the best men of the kingdom would try to capture him.

Guy of Gisborne, a Knight of the King's army,* heard of Robin and of the price upon his head. Sir Guy was one of the best men at the bow and the sword in the King's service. But his heart was black and treacherous.* He decided to meet with Sheriff in Nottingham.

"I have come to capture Robin Hood," he said.

"How many men do you need?" asked the Sheriff.

"None," replied Sir Guy. "I must go alone. Have your men ready at Barnesdale, and when you hear a blast* from this silver bugle,* come quickly."

"Very good," said the Sheriff. Guy went

---

be determined to ~하기로 결심하다   increase 증가시키다, 올리다   army 군대   treacherous 배반하는, 믿을 수 없는   blast 피리 소리, 부는 소리   bugle 군대에서 부는 나팔

to the woods in disguise.

Luckily, Will Scarlet and Little John had gone to Barnesdale that very day to buy green suits. They decided that it was safer for Will to go into town while John waited outside the gates.

Suddenly, he saw Will run through the gates and followed by the Sheriff and sixty men. Over the moat* Will jumped, through the bushes and briars,* across the swamp,* over stones, like a scared* rabbit. The men had a hard time* following him. Some fell and others stopped to catch their breaths and rest.

Little John watched as William-a-Trent, the best runner among the Sheriff's men, almost caught up with Will. He had come within twenty feet of Scarlet and was leaping upon him like a grayhound. John shot an arrow that killed the runner.

The others stopped to honor the dead

man. They saw John come out of the woods and then began to chase him. Meanwhile, Will Scarlet kept running. John decided to try to shoot one more arrow before he ran again. But his bow snapped* when he tried to shoot. John cursed and realized that soldiers were too close for him to try to run away. He prepared to fight.

The men were so tired because of climbing the hill that John stood on top of, that John could easily knock them out with one blow. But the archers began to shoot at John.

"I give up," said Little John.

So the Sheriff's men laid hold of* Little John and bound him.

"You will be hanged this day," the

---

moat 해자 briar 가시 있는 관목들, 들장미 swamp 늪 scared 겁먹은
have a hard time -ing ~하는 데 힘든 시간을 보내다 snap 탁 부러지다
lay hold of ~을 붙잡다

Sheriff told John.

"I would not be so sure."

The Sheriff's men took John back with them and met the men that had fallen while chasing Will. They were tired, but all were merry because the Sheriff had promised them extra* money and food.

A new rope was quickly tied to the gallows.

"Get up there. I won't give you time for any tricks," said the Sheriff.

The rope was placed around the prisoner's neck and the men prepared to watch him die.

"Are you ready?" called the Sheriff. "One... two...."

But before the "three" left his lips, the sound of a silver bugle came floating over the hill.

"That is Sir Guy of Gisborne's horn," thought the Sheriff. "He told me not to delay*!"

"We should hang the men together," suggested* one of the soldiers.

"That's a brave thought!" said the Sheriff. "Take the rascal* down and bind him to the gallows tree."

So Little John was tied to the gallows tree, while the Sheriff and all his men who could march went out to get Robin Hood and bring him in.

What had happened to Robin Hood?

In the first place,* he and Little John had argued that morning because they both had wanted to fight the same man. So that is why Little John had gone with Will.

Meanwhile, Robin approached the curious-looking stranger. He seemed to be a three-legged creature at first sight. But Robin realized that the stranger had made

---

extra 여분의 **delay** 미루다; 지연, 지체 **suggest** 제안하다, 권하다 **rascal** 악당 **in the first place** 우선

his clothing from the skin of a horse. The skin of the head made a helmet while the horse's tail made him look as though he had three legs.

"Good day!" Robin said to the stranger. "I guess that you are a good archer!"

"I am not bad. But I'm not thinking of that. I am lost!"

"I'll lead you through the woods," Robin said aloud.* "And you can tell me about yourself."

"Who are you to ask about me?" asked the other roughly.

"I am one of the King's Rangers,*" replied Robin.

"Since you are a Ranger, I must demand* your service. I am on the King's business and seek an outlaw. Men call him Robin Hood. Are you one of his men?"

"No, God forbid*!" said Robin. "Come with me, good man," said he. "I will show you where he lives later. Let's shoot some arrows together first."

The other agreed, and they made some targets to shoot at.

"You can take the first shot," said Robin.

"No, I will follow your lead."

So Robin carelessly shot his arrow and just barely missed the target. The man in the horse skin shot more seriously but also missed. On the second round, the stranger hit the top of the target, but Robin shot far better and split it half.

"It seems that you are better than Robin Hood himself. But you have not yet told me your name."

"I must keep it secret till you have told me your own."

"I am Guy of Gisborne. I search for that coward,* Robin Hood."

---

aloud 큰 소리로 **ranger** 왕실 삼림 관리원, 정찰대 **demand** 요구하다 **God forbid!** 원하건대 그런 일은 없기를! **coward** 겁쟁이

This he said with great pride.

"I have heard of you. Your job is bringing men to the gallows to be hanged?"

"Yes, but only outlaws such as Robin Hood."

"Has he ever taken anything from the rich that he did not give again to the poor? Does he not protect the women and children and take sides with* the weak and helpless? Isn't his greatest crime* the shooting of a few King's deer?"

"Are you one of his men?"

"I have told you I am not," said Robin briefly.* "But if I am to help you catch him, what is your plan?"

"Do you see this silver bugle?" said the other. "If I blow it, the Sheriff and his men will come running. And if you show him to me, I'll give you half of my forty-pound reward."

"I would not help hang a man for ten times forty pounds," said the outlaw. "I myself am Robin Hood of Sherwood and Barnesdale."

"Then let's fight!" cried the other. He drew his sword and suddenly attacked. Robin dodged and managed to* draw his own sword.

Then neither spoke more, but they fought for two full hours. The fighters glared at each other, the fires of hatred* burning in their eyes. Their blades shone in the sunlight and hissed like angry serpents.* Neither had yet touched the other, until Robin, stumbled over the root of a tree. Sir Guy, instead of giving him the chance to recover himself, as any polite knight would have done, wounded him in the left side.

---

take sides with ~의 편을 들다 **crime** 범죄 **briefly** 간단히, 짧게
manage to ~을 간신히 해내다 **hatred** 미움, 증오 **serpent** 뱀

"Ah, dear Lady in Heaven, do not let me die today!"

The Knight had raised his weapon high to give a final blow, when Robin lunged* his sword upward.* Guy fell backward* with Robin's sword through his throat.

He looked to his own wound. It was not serious, and he soon stopped the blood. Then he dragged the dead body into the bushes, and took off the horse's skin and put it upon himself. He placed his own cloak upon Sir Guy, and marked* his face so no one would know who he was.

The horse helmet hid most of his face. Robin seized the silver bugle and blew a long note. It was the blast that saved the life of Little John, over in Barnesdale. In twenty five minutes, twenty of the Sheriff's archers met Robin.

"Did you call us, Lord?" they asked, approaching Robin.

"Yes," said he, going to meet the Sheriff.

"What happened, Sir Guy?" he asked.

"Robin Hood and Guy of Gisborne had a fight. He who wears Robin's cloak lies under that tree."

"The best news I have heard in all my life!" exclaimed the Sheriff rubbing* his hands. "I only wish that I could have brought him to the hanging."

"The hanging?" repeated Robin.

"Yes. We managed to capture one of Robin's men and we were about to hang him when you called us."

"Who was the other?" asked the disguised outlaw.

"The best man in the woods, next to Robin Hood himself—Little John, Reynold Greenleaf!"

"Little John!" thought Robin. That was a

---

lunge 찌르다, 돌진하다 **upward** 위쪽으로 **backward** 뒤로 **mark** 흉터를 만들다 **rub** 비비다, 문지르다

lucky note from the bugle!

"But I see you are injured," continued the Sheriff. "Here, one of you men! Give Sir Guy of Gisborne your horse. Go bury* that man. The rest of us can go back to Nottingham to hang the other outlaw."

So they rode back to town. They together went to Little John.

"It's I, Robin!" he whispered to Little John.

Then Robin blew three loud notes upon his own horn. Before the Sheriff or his men could get their weapons ready, Robin shot arrows into the air.

Through the gates and over the walls came pouring* another bunch of arrows! Will Scarlet and Will Stutely had watched and planned a rescue ever since the Sheriff and Robin rode back down the hill. The Sheriff's men turned and ran. Robin and John then joined their comrades in the woods.

---

bury 묻다, 매장하다 **pour** 쏟아 붓다, 붓다

Chapter 12

How Maid Marian Came Back to Sherwood Forest

왕실 활쏘기 대회에 로빈을 데려오라는 왕비의 명을 받고
마리안은 남장을 한 채 셔우드 숲으로 들어간다.
로빈은 마리안에게 런던으로 가겠다고 약속하고
함께 갈 네 명의 부하를 고른다.

Robin decided to go hunting one day. He stained* his face with dirt and put on poor-looking clothes as a disguise in case* he met one of the Sheriff's men. The peaceful morning made him think of his childhood, playing with Maid Marian. He had thought of her very often lately,* and each time he increased desire* to hear her clear voice and musical laugh.

Presently,* he saw a deer grazing* peacefully, and instantly his mood changed. He got ready to shoot an arrow, when the beast fell suddenly, pierced* by an arrow from the other side of the forest. Then a handsome young man happily jumped out of the forest and ran toward the dying animal. This was plainly the archer, because he had a bow and sword.

Robin approached from the other side.

"How dare you shoot the King's beasts, boy?" he asked seriously.

"I have as much right to shoot them as the King himself," answered the boy haughtily.* "How dare you question me?"

Robin seemed to remember that voice.

---

stain 얼룩지게 하다, 오염시키다 **in case (that)** ~할 경우에 **lately** 최근에
desire 바람, 욕구 **presently** 얼마 안 있어, 곧 **graze** 풀을 뜯다 **pierce** 꿰뚫다, 관통하다 **haughtily** 오만하게, 건방지게

The boy looked back at him, unafraid.

"Who are you, my boy?" Robin said more politely.

"No boy of yours, and my name's my own."

"Be polite or I will teach you manners!" said Robin.

"Come, draw, and defend* yourself!" cried the boy as he took out his sword.

He swung his sword bravely. So Robin also drew his sword. The boy was quite good at swordfighting.

Robin only blocked his blows. He didn't want to use his full strength against the boy. So the fight lasted* for fifteen minutes and the boy began to grow tired.

The outlaw saw this, and to end the fight allowed himself to be cut slightly on the wrist.*

"Are you satisfied, mister?" asked the boy.

"Yes, honestly,*" replied Robin. "Now won't you tell me your name?"

"I am Richard Partington," answered the boy. "I serve Her Majesty, Queen Eleanor."

"Why did you come here alone, Master Partington?"

The boy thought about his answer.

"Forester, the Queen is searching for Robin Hood. Do you know where he is?" The boy pulled a cloth and a golden arrow out of his pocket.

Robin cried joyfully.

"Ah! I know you now! That is the trophy I gave you! You are Maid Marian!"

"You...are...?" gasped Marian, because it was she.

"Robin!" he said happily and he hugged the woman.

---

defend 방어하다 **last** 계속되다, 지속하다 **wrist** 손목 **honestly** 솔직히, 정직하게

"But Robin!" she exclaimed presently. "I knew you not, and was rude, and wounded you!"

"Don't worry," he laughed.

She looked over at his injured wrist and bound it with cloth and told him to get better. To him, everything looked better now that* Marian was here.

But she, while happy also, was uncomfortable.* He realized that she was ashamed of* wearing boy's clothes in front of him. He offered her his cloak and she felt more relaxed.

Then they began to talk of each other's lives and all the things that had happened to them. Many hours went by* and the sun began to set.

"I am a bad host*!" Robin said finally. "I did not invite you to my house yet."

"And I had forgotten that I was Richard Partington, and really did bring you a message from Queen Eleanor!"

"Tell me on our way home. You can stay with Mistress Dale. My men will get your deer."

So she told him, as they walked back through the forest, how his fame* had reached Queen Eleanor.

"I would love to see this man and his skill with his bow," the Queen had said.

And the Queen had promised to forgive* him of his crimes if he would shoot at the tournament* in London against the King's men.

"When I heard Her Majesty say she wanted to see you, I asked to go in search of you, saying I had known you once. The Queen gave me this gold ring to give to you."

---

now that ~이니까 **uncomfortable** 불편한 **be ashamed of** ~을 부끄러워하다 **go by** 흘러가다 **host** 집주인 **fame** 명성, 인기 **forgive** 용서하다 **tournament** 토너먼트, 승자 진출전

Then Robin took the ring and bowed*
his head and kissed it loyally.

"I will go to London," he promised.
By this time, they had come to the merry
men's home, and Robin presented*
Maid Marian to the band, who treated
her with the greatest respect. Will Scarlet
was especially* delighted to greet again
his old time friend. Allan-a-Dale and his
good wife made her welcome in their tiny
cottage.

That evening, after they had eaten the
deer that Marian had shot, Allan and the
others sang songs for the young woman.
She wore Robin's trophy* in her dark hair.

Then Robin had Marian repeat her
message from the Queen. After which the
men gave three cheers for* the Queen and
three more for Marian.

"The Queen wishes that I bring four
men with me. Therefore,* I choose Little

John, Will Stutely, Will Scarlet, my cousin, and Allan-a-Dale, our singer. Mistress Dale, also, can go with her husband and be company for Marian. We will depart early in the morning, wearing our finest clothes.

"Prepare well, my friends. You, Much, with Stout, Lester, and John, the widow's three sons, shall lead the band while we are away. Friar Tuck shall feed your souls and stomachs."

The next morning was a fine summer's day. His men all wore green, and he wore scarlet red. They all wore black hats with white feathers. The two ladies were also dressed well. Then the seven heroes said goodbye and went on their journey.

The journey to London town was made without trouble. At the gates of London,

---

bow 허리를 굽혀 절하다, 인사하다 **present** 소개하다 **especially** 특별히
trophy 트로피, 상품 **give three cheers for** ~을 위해 만세 삼창을 하다
therefore 그래서, 그리하여

they showed the Queen's ring and were allowed to enter the city. Once in London, they waited to see the Queen.

Now the King had gone that day to Finsbury Field, where the tourney* was soon to be held, in order to prepare for the event. The King had boasted* so arrogantly about the men he chose that the Queen wanted his men to lose. She had heard of the fame of Robin Hood and his men, as Marian had said.

Today, the Queen sat in her private* room chatting pleasantly with her ladies, when Mistress Marian Fitzwalter came in.

"Is this my lady Marian, or the boy, Richard Partington?" the queen asked with a smile.

"Both, Your Majesty. Richard found the man you sought, while Marian brought him to you."

"Where is he?" asked Queen Eleanor

eagerly.

"He, four of his men, and one lady are waiting to see you."

"Let them come in."

So Robin Hood and his little party entered the room.

Now the Queen had half-expected the men to look dirty and poor because of their wild life in the forest; but she was delightfully* disappointed. Marian was proud to see how the men impressed* the ladies.

Robin had not forgotten what he had learned from his mother. Will Scarlet and Allan were very handsome and Will and John looked strong. Mistress Dale was very charming.*

"Here I am, Robin Hood! I come with

---

tourney 토너먼트, 승자 진출전　**boast** 자랑하다　**private** 개인적인
delightfully 기쁘게, 즐겁게　**impress** 감동시키다, 깊은 인상을 주다
charming 매력적인

your ring because you called me! I will defend your honor with my life."

"You are welcome, Robin," said the Queen smiling. "You and your men came at a good time."

Then Robin presented each of his men in turn,* and each was greeted with kind words. And the Queen made everyone rest after their long journey. She had the servants bring fine food and drink. And as they ate and drank, the Queen told them more about the tourney to be held at Finsbury Field. She desired them to wear her colors and shoot for her. Before the tourney, they should hide in the palace and tell no one they were in London.

Chapter 13

How the Outlaws Shot in King Henry's Tourney

헨리 왕은 자신의 왕실 궁수들에 대해 자부심이 너무 강하다.
이를 못마땅하게 여긴 엘리노어 왕비는 로빈 일당을 고용하여
왕과 주교에게 내기를 하자고 제안하고
로빈 일당은 승리하여 40일간의 자유와 많은 상금을 탄다.

On the morning of the big tourney, everyone in London felt impatient* to see the contest. Everyone woke up and went to the field early. There were brightly colored tents set up for the King's archers.

---

in turn 차례대로   **impatient** 조급한, 참을성 없는

There were ten of these tents, each with different colors, twenty men, and a famous captain.*

Each captain's flag* had a special color and symbol.* First came the royal purple of Tepus. Then came the yellow of Clifton of Buckinghamshire, the blue of Gilbert of the White Han, the green of Elwyn the Welshman, and the white of Robert of Cloudesdale. After them came five other captains of bands. As the Queen had said, the King was mightily proud of his archers.

The people chatting sounded like the hum of bees in a hive. The royal party had not yet come to the field. But the crowd was already cheering for their favorite archer. Men were already selling the colors of the archers and cakes and drinks.

Suddenly, the gates at the far end, next to the tents, opened wide, and a man in scarlet and gold, riding a white horse, rode in blowing a trumpet at his lips. Behind him came six more men. Everyone cheered. King Henry had entered the arena. He rode a white horse and was dressed in a rich dark suit of velvet with satin* and gold. His hat had a long curling* ostrich* feather of pure white.

By his side rode Queen Eleanor, looking regal* and charming. Immediately behind them came Prince Richard and Prince John. Lords and ladies of England followed, and finally, the ten companies of archers.

The King and Queen got off their horses and walked into the special box in the stadium that contained* their seats. The lords and ladies also took their seats as

---

captain 우두머리, 대장 flag 깃발 symbol 상징, 표시 satin 공단
curling 말려 올라간 ostrich 타조 regal 당당한, 제왕다운 contain 담고
있다, 포함하다

boys ran back and forth taking orders. The audience* was hushed* as the archers lined up and prepared to be greeted by the King.

"Tepus, start setting up the targets," the King ordered the first archer.

"What is the reward?" asked the Queen.

"For first prize, we have offered a purse containing forty golden pounds. The second is a purse containing forty silver pennies. The third is a gold and silver bugle. Moreover, if the King's archers win, the winning companies shall receive the finest wine and deer."

Then Tepus bowed low, and set up ten targets, each bearing* the symbol of a different company. Anyone was welcome to enter the contest. Each man, also, of the King's archers should shoot three arrows at the target with the colors of his band, until the best bowman in each band was chosen. These ten chosen archers should then enter another contest and here any other bowman could enter and challenge them.

The people cheered as the King's archers got ready to shoot.

The shooting now began. So many arrows were being shot and the atmosphere* became very tense.* But the King was proud of his archers' skill. At last they found the best archers among the King's men. Tepus, as was expected, had the highest score, having shot the center six times. Gilbert of the White Hand followed with five, and Clifton with four. In the other companies, some of the captains' men had shot better than them.

New targets were set up even further away. The King announced that the tournament was now open. Any man

---

audience 관중 **hush** 입 다물게 하다, 잠잠하게 하다 **bear** 달다, 품다
atmosphere 분위기 **tense** 긴장한, 팽팽한

could now join and challenge the King's archers. Only twelve men stepped forward.

"These must be very brave men to challenge my archers!" said the King.

"Do you think that your ten archers are the best bowmen in all England?" asked the Queen.

"Yes! I will bet five hundred pounds that one of them will win the prize."

"I will take your bet, and I ask a favor of you."

"What is it?" asked the King.

"If I produce five archers who can out-shoot* your ten, will you grant* my men full forgiveness for their crimes?"

"Of course!" answered the King happily. "But no man can beat Tepus and Clifton and Gilbert!"

"I must see if there is anyone here to help me. Boy, call Sir Richard of the Lea and my lord Bishop of Hereford!"

The two men came to meet the Queen.

"Sir Richard, do you think I can find an archer that can beat Tepus and Gilbert and Clifton?"

"No, Your Majesty. But I have heard of some who hide in Sherwood Forest, who might be able to."

The Queen smiled and dismissed* him.

"Bishop, would you lend me some money to bet against the King?"

"No, Your Majesty," said the fat Bishop.

"But suppose I found men that you knew were masters at shooting," she said. "What if I found the men from Sherwood?"

The Bishop glanced nervously* around.

"Your Majesty, such tales are exaggerated.* I would bet with the King

---

outshoot ~보다 잘 쏘다　**grant** 들어주다, 인정하다　**dismiss** 해산시키다, 물러가게 하다　**nervously** 초조하게, 신경질적으로　**exaggerate** 과장하다

that his men are invincible.*"

"How much?"

"Here is my purse," said the Bishop uneasily. "It contains a hundred pounds."

"I'll accept both of your bets."

"Very good," said the King laughing. "But what has made you so interested in archery suddenly?"

"It is as I have said. I have found five men."

"Why don't we first find the five best of this round and then we match them against your five men?"

"Agreed," said the Queen. Then she called Marian to her and whispered something in her ear.

Now the ten chosen archers from the King's bands prepared to shoot against the other twelve men. The contest was close,* but the twelve men lost because they were nervous. Two men had tied for first prize and three more received honors for their shooting. The King announced the second contest. Now all these five were to shoot again, and they were to shoot against five other of the Queen's choosing.

The crowd began to whisper with astonishment and excitement. The gate at the far end of the field opened and five men entered with a lady upon horseback.* The lady was Mistress Marian of the Queen's household. Four of the men were dressed in green, while the fifth, who seemed to be the leader, was dressed in a brave suit of scarlet red. They each carried simply a bow, a sheaf* of new arrows, and a short hunting knife.

"Your Majesty, these are the men for whom you sent me to find," Marian told the Queen. "They have come now to wear

---

invincible 무적의, 이길 수 없는　**close** 막상막하인　**(up)on horseback** 말을 타고　**sheaf** 다발

your colors and serve you in the tourney."

The Queen leaned forward and handed them each a scarf of green and gold.

"Robin, I thank you and your men for this service," said the Queen. "Know that I have bet with the King that you can outshoot the best five whom he has found in all his bowmen."

"Who are these men?" asked the King.

The Bishop of Hereford was turning red.

"These men are outlaws. The man in scarlet is none other than Robin Hood himself. The others are Little John and Will Stutely and Will Scarlet and Allan-a-Dale."

"As my lord Bishop personally* knows!" added the Queen.

The King's face grew dark. He knew the name Robin Hood.

"Is this true?" he demanded.

"Yes, my Lord," responded the Queen. "But, remember that you promised me."

"I will keep that promise, but they will only be pardoned* for their crimes for forty days. After that, we will chase them again.

"You have heard, my men, that I bet with the Queen that you could defeat her archers. The men are outlaws from Sherwood Forest. If you win, I will give you gold and silver. But if you lose, I give the prizes, to Robin Hood and his men, according to my royal word."

"Robin Hood and his men!" Soon everyone in the audience knew who the men were.

Another target was now set up, at the same distance as the last, and it was decided that the ten archers should shoot

---

personally 개인적으로   **pardon** 용서하다, 사면하다

three arrows in turn. Clifton shot first. The arrow he shot landed on the black bull's eye, though not in the exact* center. Again he shot, and again he hit the black. The third shaft missed the black bull's eye. This was the best shooting Clifton had done that day.

Will Scarlet was chosen to follow him. His arrow flew wide and was even further away from the center than the worst shot of Clifton. Will decided to shoot differently for his next two shots. Each struck upon the bull's eye, and one even nearer the center than Clifton's arrow. However, Clifton had a higher total score. At this, Will Scarlet bit his lip, but said not a word.

The target was now cleared for the next two contestants—Geoffrey and Allan-a-Dale. Many of the ladies of the Queen's court boldly showed Allan's colors.

Geoffrey's three shots made a triangle around the rim* of the bull's eye. Allan accurately* shot his arrows in between Geoffrey's.

Amongst* Robin's men, they competed* for who was the best archer. Lately, Robin's shooting had become so good that he was definitely* the best. But the second place lay between Little John and Will Stutely. Elwyn the Welshman was the next shooter and his score was no better than Geoffrey's. But Stutely was careless,* and he shot badly for his first two shots.

"Think of the Queen and our forest!" Robin reminded him.

"Forgive me, master!" said Will, and his last arrow struck in the exact center.

But Elwyn's total was declared the better.

---

exact 정확한 **rim** 가장자리, 테두리 **accurately** 정확하게 **amongst** ~ 중에서 **compete** 경쟁하다 **definitely** 확실히, 분명히 **careless** 부주의한

"Two out of the three first rounds have gone to my men. Your outlaws will have to shoot better than that in order for you to win!" the King said to his Queen.

The Queen smiled gently.

"You forget that I still have Little John and Robin Hood."

"And you forget, my lady, that I still have Tepus and Gilbert."

Tepus was chosen to go next, and he fell into the same error with Will Scarlet. He held the string a moment too long, and both his first and second arrows missed the center. His last arrow hit the exact center. These two centers were the fairest shots that had been made that day; and loud was the applause* which greeted this second one.

Little John's first two shots were just slightly better than Tepus's. For his third shot, he knocked Tepus's shot out of the center and replaced* it with this. The King could not believe his eyes.

"The score is tied, my Lord," said the Queen. "We have still to see Gilbert and Robin Hood."

Gilbert now took his stand* and slowly shot his arrows, one after another, into the bull's eye. It was the best shooting he had ever done.

"Well done, Gilbert!" spoke up Robin Hood. Then Robin quickly shot his three arrows. His first two shafts had packed themselves into the small space left at the bull's eye. His third split the other two arrows in half, so the three arrows together looked like one big arrow.

Up rose the King in amazement and anger.

"You did not beat Gilbert! You both hit

---

applause 박수갈채   **replace** 대신하다   **take one's stand** ~의 자리(위치)에 서다

the bull's eye three times!"

Robin bowed low.

"As it pleases Your Majesty!" he said. "But may I be allowed to place the target for the second shooting?"

The King waved his hand. Then Robin found a willow branch and placed it on the ground instead of a target.

"There, friend Gilbert! Can you hit that?" he called.

"I can't see it from here," said Gilbert. "But, for the King's honor, I will try."

But his arrow landed just next to the branch. Then it was Robin's turn. The arrow sang as it flew through the air. The willow branch was split in two.

"Your bow must be magic!" cried Gilbert. "Because I did not believe such shooting possible."

"You should come to see our merry lads* in the woods," answered Robin.

"Because willow trees do not grow in London."

Meanwhile, the King, full of anger, did not say a word. The prizes were given to the archers as the King left the stadium. The archers dropped upon one knee as he passed, but he did not say a word.

Then the Queen called the outlaws to approach, and they did so and knelt at her feet.

"You have served me well. I am sorry for my King's anger. As to these prizes you have gained, I add the money I have won from His Majesty the King and from the lord Bishop of Hereford. Buy with some of this money the best swords you can find in London, for everyone in your band, and call them the swords of the Queen. And promise with them to protect all the poor

---

lad 총각, 청년

and the helpless and the women."

"We promise," said the five men.

Then the Queen gave each of them her hand to kiss, and arose and departed with all her ladies. And after they were gone, the King's archers came crowding around Robin and his men to greet them. The judges went to give them their prizes.

"We do not need the wine or deer! Now Gilbert and Tepus and their men have shot well. If they accept it, I want them to have it."

"Gladly," replied Gilbert grasping his hand. "You are all good men and great archers!"

Chapter 14

How Robin Hood Made a Fool of the Tinker

주 장관의 딸은 로빈에게 앙심을 품고 그를 체포할 궁리를 한다.
땜장이 미들은 로빈을 잡겠다고 호언장담하지만
오히려 로빈에게 전 재산을 빼앗기는 수모를 당한다.
로빈 일당에게 붙잡힌 미들은 그들의 일원이 되기로 한다.

King Henry kept his word. The five men left London and returned to Nottingham without Marian. No one harmed them for forty days. But after that, the Sheriff was ordered to capture them immediately. Stories of Robin and his men traveled around the country. Many men laughed at the Sheriff.

The Sheriff, each time with three hundred men, went into the forest to catch Robin and his men. Each time, he failed. Now the Sheriff's daughter had hated Robin Hood bitterly in her heart ever since the day he refused* to give her the golden arrow. So she tried to think of ways to catch him.

"We must meet his tricks with other tricks of our own," she suggested.

"I would if I could!" groaned* the Sheriff.

"Let me plan a while," she replied.

"Agreed, and if anything comes of your planning, I will give you a hundred silver pennies for a new gown, and a double reward to the man who catches the outlaws."

Now upon that same day, there came to the Mansion House a traveling tinker* named Middle. He talked loudly about what he would do if he could catch Robin Hood.

"I might be able to use this idiot* while I think of a better plan," thought the Sheriff's daughter.

And she called him to her. He was a big man with an honest face.

"You have boasted that you could catch Robin Hood. Would you like me to give you that chance?"

The tinker grinned broadly.*

"Yes, Your Ladyship,*" he said.

"Then here is a warrant* made out this morning by the Sheriff himself."

And she dismissed him.

Middle departed from the house mightily pleased with himself. He swung

---

refuse 거절하다　**groan** 끙끙거리다, 신음하다　**tinker** 땜장이, 양철 수선공
idiot 바보, 멍청이　**broadly** 노골적으로　**Your Ladyship** 영부인, 영애
warrant 증명서, 영장

his staff recklessly* and thought of catching Robin Hood. He left the town and proceeded toward Barnesdale. The day was hot and dusty. At noontime,* he paused at an inn to refresh* himself. He began by eating and drinking and sleeping.

The owner of the inn discussed* Robin Hood with Middle.

"They say that the Sheriff has sent many men into the forest but he never catches them."

"Of whom do you think?" asked the tinker.

"Of Robin Hood and his men," said the owner. "But go to sleep again. You will never get the reward!"

"And why not?" asked the tinker.

"If the Sheriff and Knights have failed, how will a tinker succeed?"

"I have to go! Do not be surprised if the next time you see me, I am with Robin

Hood!"

And he started walking toward Barnesdale.

He walked a quarter of a mile when he met a young man with curling brown hair and merry eyes. The young man only carried a light sword at his side.

"Good day to you!" said the young man to the tinker.

"Good day to you!" said the tinker.

"Where do you come from? Do you have any news?"

"My name is Middle. I'm a tinker from Barnsbury."

"I hear that two tinkers were hanged for drinking too much beer."

"If that is your news, I will beat you."

"Well, what news do you have?"

"All I have to tell is that I am seeking a

bold outlaw which they call Robin Hood."

"Who sent you?"

"I was sent by the Sheriff. If you can tell me where he is, I will share some of my money with you."

"Let me see the warrant," said the other.

"I will not," replied the tinker. "I will trust none with it."

He swung his staff in circles in the air.

The other smiled at the tinker's simplicity.*

"The middle of the road on a hot July day is not a good place to talk things over. If we can help each other, let's have a drink at the inn."

"Okay! I am feeling very thirsty! I will go with you."

So back he turned with the stranger and proceeded back to the inn.

The landlord raised his eyebrows* silently when he saw the two come in, but served them.

The two men ordered drinks and drank together. The young man suggested plans for catching Robin Hood. In the end,* the tinker fell asleep. Then the stranger opened the snoring* man's pouch,* took out the warrant, read it, and put it in his own wallet. Before the stranger left, he told the owner that the tinker would pay.

The stranger hid outside the inn and watched and waited for the tinker to wake up. Finally, the tinker woke up again.

"What were you saying, friend, about the best plan? Hello! Where's the man gone?"

He had looked around and saw no one with him at the table.

"Host! Where is the man who was supposed to* pay for my drinks?"

---

simplicity 단순함　**eyebrow** 눈썹　**in the end** 결국　**snore** 코 골다
pouch 주머니, 가방　**be supposed to** ~하기로 되어 있다

"I don't know," answered the landlord sharply. "Maybe he left the money in your purse."

"No, he didn't!" roared Middle, looking in. "Help! Help! I've been robbed*! Help me or I will arrest you too. I was robbed in your inn!"

"Stop yelling! What did you lose?"

"Oh, I lost one warrant for the arrest of Robin Hood! I lost three pieces of string! I lost three pieces of metal* and some pennies."

"Why would you like to arrest your friend, Robin Hood of Barnesdale? Weren't you just drinking with him?"

"What? That was Robin Hood?" gasped Middle with staring eyes. "Why didn't you tell me?"

"Because you told me that I would see you again with Robin Hood!"

"He lied to me! He robbed me...."

"Yes, yes," interrupted the host. "I know all about that. But pay me the bill for both of you."

"But I have no money. Let me go after that villain, and I'll soon get it out of him."

"Not so," replied the other. "If I waited for you to collect from Robin Hood, I would soon close up my shop."

"What is the bill?" asked Middle.

"Ten shillings, just."

"Then take here my working bag and my good hammer too. If I can get my money back from Robin Hood, I will take them back."

"Give me your leather* coat as well,*" said the host.

"I met two thieves today! If we were outside, I would knock you out."

"You are wasting your breath* and my

---

rob 강도질하다   metal 금속   leather 가죽   as well 또한, 역시   waste one's breath 함부로 지껄이다, 쓸데없이 떠들다

time," answered the owner. "Give me your things, and go after your man, speedily."

Middle thought this to be good advice, so he left the inn in a black mood.

When he had gone half a mile, he saw Robin Hood walking among the trees a little in front of him.

"Hey there, you villain!" roared the tinker. "Stop! I need to talk to you!"

Robin turned around with a surprised face.

"Who comes shouting after me?"

"Be an honest man! Give me back my money and my warrant!"

"Oh! Have you found Robin Hood yet?"

"It seems that I did!"

He swung his staff at Robin Hood.

Robin tried to draw his sword. When he did get it in hand, the tinker had hit him three times. Then he began to fight back with his sword. Robin thought that he could destroy* the staff with his fine sword, but the tinker had made his staff as strong as iron.* Also, because the staff was long, he could not reach the tinker with his shorter sword.

"Stop, tinker," he said. "I ask for a favor of you."

"I'd hang you on this tree before I gave you a favor."

When the tinker spoke, Robin found time to blow his horn three times.

"I'll finish you before your men get here!"

But Robin was able to defend himself before Will and John arrived with twenty men. Middle was seized, while Robin sat himself down to breathe.

"What is the matter?" asked Little John.

"That tinker has beat me pretty badly,"

---

destroy 파괴하다 **iron** 쇠

answered Robin.

"That tinker, then, should fight me," said John.

"Or me," said Will Scarlet.

"No, but it would have been better if I could have fought him with a staff. He had a warrant for my arrest which I stole from him."

"Also some pennies and some string!" added the tinker.

"Yes, I know," said the merry Robin. "I stood outside the landlord's window and heard you count over* your losses.* Here they are again, but now the silver pennies are gold. Here also, if you will, is my hand."

"I take it! I never met a man like you. I have to get my coat and my tools back. I promise to serve you as a tinker."

By this time, the whole band was laughing. So Middle promised to serve them and thought no more of the Sheriff's daughter.

---

count over 일일이 세다 **loss** (금전적인) 손해

Chapter 15

How Robin Hood Was Tanned by the Tanner

주 장관의 딸은 무두장이 아서 아 블랜드를 고용하여
로빈 후드를 잡아 오라고 시킨다.
그러나 그는 셔우드 숲에서 사슴을 사냥하는 데만 관심이 있다.
로빈과 대전한 아서 아 블랜드는 로빈의 무리에 합류한다.

The Sheriff's daughter waited to hear from the tinker, but she gave up after hearing nothing for a few days. She heard of another good man, Arthur-a-Bland, a tanner* who dwelt in* Nottingham. He was famous for his wrestling* and staff fighting. For three years he had beaten every man in wrestling until the famous Eric o' Lincoln broke one of his ribs. However, no one had ever beaten him in staff fighting.

"This is just the man for me!" thought the Sheriff's daughter to herself. She called him to the Mansion House and had him seek out Robin Hood. Arthur was happy with the warrant because it gave him an excuse to hunt deer in the King's Forest.

"I can finally shoot strong and quality deer! I can finally make good hides*!" he thought to himself.

So the tanner departed joyfully, but he was much more interested in the deer of the forest than in Robin Hood. In the past, the tanner had often secretly killed some of the deer in the forest. He also secretly envied* the free life of the outlaws.

---

tanner 무두장이 **dwell in** ~에 살다 **wrestling** 씨름 **hide** 짐승의 가죽
envy 부러워하다

The tanner brought his food, weapons, and drink into the woods to hunt deer.

Now that very morning Robin Hood had sent Little John to a neighboring* village to buy some green cloth to make clothes for everyone. Robin traveled with Little John part of the way. They stopped at the inn where Robin had met the tinker to get something to drink.

When Robin entered the edge of the woods, he saw Arthur-a-Bland hiding and watching deer. Robin and his men had hunted in the royal forests so long that they had felt as though they owned* the deer.

"Who is shooting my deer?" Robin thought to himself.

And then he crept* behind a tree, and then to another, stalking our friend Arthur as busily as Arthur was stalking the deer. Finally, the tanner got his bow ready to shoot. But just at this moment, Robin unluckily stepped on a twig* which snapped and caused the tanner to turn suddenly.

"Stop! Who are you? You look like a thief that has come to steal the King's deer."

"It doesn't matter. Who are you?"

"I am a keeper of this forest. The King knows that I am looking after his deer for him."

"One man alone cannot stop me."

"I have a good bow, also a sharp sword at my side. Get me a staff like yours and I'll show you not to shoot deer!"

"You do not need to yell at me. Get a staff and I will knock you out quickly."

"I will teach you more manners!"

Robin dropped his bow. With his

---

neighboring 이웃의   **own** 소유하다   **creep** 기다, 살금살금 걷다   **twig** 잔나뭇가지

hunting knife, he cut a new staff.

"Now come! I will beat you like I beat leather hides before I tan them."

"My staff is longer than yours. You will not be able to reach me."

"My staff is long enough."

The two men spat* on their hands, firmly held their staffs and began slowly circling around* each other.

It happened that Little John had finished his errand* quickly. So Little John, glad to get back to the cool shelter of the woods, hurried along the same road that Robin had taken.

He heard the sound of angry voices, one of which he recognized as Robin's.

"Has Robin been attacked by one of the King's men?" he thought.

So he cautiously made his way from tree to tree, till he came to the little open space where Robin and Arthur were.

"Ha! This looks interesting!" muttered* Little John to himself. He crawled under a bush and watched the fight secretly.

Indeed* it was both exciting and laughable.* The two men swung their tall staffs but were afraid to hit each other. At last, Robin could no longer wait, and his good right arm swung around like a flash.* He hit the tanner in the head. Then the tanner swung and hit Robin in the head. Then the battle was on, and it was furious.

Round and round they fought. Round and round, up and down, in and out for a full hour, each became more astonished every minute that the other was such a good fighter.

Finally, Robin saw his chance and slammed* his staff onto Arthur's head. But

---

spit 침을 뱉다 **circle around** ~ 주위를 맴돌다 **errand** 심부름, 용건
mutter 중얼거리다, 투덜대다 **indeed** 정말로 **laughable** 우스운, 재미있는
flash 번쩍임, 섬광 **slam** 쾅 닫다, 쳐서 맞히다

Arthur's cow skin helmet protected him. He had to keep himself from falling. Robin waited for him to regain* balance.* Arthur then smacked Robin in the ribs, and Robin fell to the ground.

"Stop!" roared Robin. "Stop, and I will let you hunt here."

"I may thank my staff for that—not you."

"Well, that may be true. But please tell me your name and trade. I like to know men who can hit that hard."

"I am a tanner," replied Arthur-a-Bland. "In Nottingham, I have worked. I will tan something for you for free.*"

"My own hide is tanned enough for the present.* But there are others that can fight as well as you. I would like you to join me, Robin Hood, and my men."

"I will join you! But, you know, I was asked by the Sheriff to capture you."

"So was a certain tinker, now in our service," said Robin smiling.

"So is that how you recruit* forces!" said the tanner laughing loudly. "But tell me, good Robin Hood, where is Little John? I want to see him, because he is a relative on my mother's side."

"Here I am, good Arthur-a-Bland!" said a voice and Little John literally* rolled out from under the bush.

As soon as the astonished tanner saw who it was, he gave Little John a mighty hug around the neck, and lifted him up on his feet.

---

regain 다시 찾다 **balance** 균형 **for free** 공짜로 **for the present** 당장은, 현재로서는 **recruit** 더하다, 보태다 **literally** 문자 글대로, 말 그대로

How Robin Hood Met Sir Richard of the Lea

로빈 일당은 숲으로 들어온 리처드 경을 데려와
그에게 식사를 제공하고 금품을 갈취하려고 한다.
그는 억울하게 주교에게 전 재산을 빼앗길 위기에 처한 기사였고
로빈 일당은 이를 불쌍히 여겨 기사에게 돈과 말을 빌려준다.

During the long winter, the men tried to stay warm around the fire and in their caves. The winter reached an end at last, and the blessed spring came and went. Another summer passed on, and still neither King nor Sheriff nor Bishop could catch the outlaws. The band had been increased from time to time by picked men such as Arthur-a-Bland and David of Doncaster, a cobbler.* It now numbered* one hundred and forty men.

The men were divided into* seven groups, each with their own captain. They continued to steal from the rich and give to the poor. King Henry passed away,* and Richard of the Lion Heart was proclaimed* as his successor.*

Then Robin and his men decided to meet this new king and ask to become Royal Foresters. So Will Scarlet and Will Stutely and Little John were sent to London with this message. The new King had gone on a crusade* to the Holy Land, and Prince John, his brother, was impossible* to deal with.* He was greedy

---

cobbler 구두 수선공   number 세다, 계산하다   be divided into ~로 나뉘다   pass away 죽다   proclaim 공포하다, 선포하다   successor 계승자, 후임자   crusade 십자군, 십자군 전쟁   impossible 불가능한   deal with ~와 교제하다, 관계하다

for land and money.

Marian's father had died. The King took away her land and planned to lock her away in a tower so she could not cause trouble or demand her land be returned. Robin did not know she had been locked away, but he had heard that she lost her land. So he worried about her safety.

One morning in early autumn, when the leaves were beginning to turn gold at the edges, Robin was walking along the edge of a small opening in the woods. He peacefully watched some deer eat.

But suddenly a male* deer, wild and furious, dashed* from among the trees, scattering the female deer. The vicious* beast saw the green-and-gold shirt of Robin, and, lowering its head, charged* at him. So sudden was its attack that Robin had no time to bend his bow. He jumped behind a tree while he seized his weapon.

A moment later, the wild deer crashed* blindly into the tree trunk* with a shock that sent the beast falling backward. The deer regained its balance and then it looked at the bushes to the left side of the opening. These were parted by a delicate* hand. It was Maid Marian!

She advanced,* not knowing that the deer watched her.

Robin could not shoot the deer without hitting Marian. Her own bow was slung across her shoulder, and her small sword would be useless against the beast's charge. She finally saw the beast.

The beast rushed at this new target. She had no time to defend herself. She sprang* to one side as it charged down upon her. Its antlers* hit her side and she

---

male 수컷의　dash 돌진하다　vicious 심술궂은　charge 돌진하다; 공격, 돌진　crash 부딪히다, 충돌하다　trunk 나무줄기　delicate 섬세한, 고운　advance 전진하다, 나아가다　spring 튀어 오르다　antler (사슴의) 뿔

was knocked on the ground. The stag* stopped, turned, and lowered its head preparing to kill her.

She was struggling to* rise and draw her sword. A moment more and the end would come. But the sharp voice of Robin rang through the forest.

"Down, Marian!" he cried, and the girl obeyed, just as the arrow from Robin's bow went flying close above her head and struck the center of the stag's forehead.

The beast stumbled and fell dead, across the body of the girl.

Robin was quickly by her side, and dragged the beast from off the girl. Picking her up in his strong arms, he brought her to a stream. He threw cool water upon her face until she finally opened her eyes.

"Where am I?"

"You are in Sherwood!"

She opened her eyes and sat up.

"You have rescued me from sudden danger, sir," she said.

Then she recognized Robin for the first time, and a radiant* smile came over her face, together, and her head sank upon his shoulder.

"Oh, Robin, it is you!" she murmured.

"It is I. Thank heavens! I swear, dear Marian, that I will not let you away from my care from now on."

Not another word was spoken for some moments while her head still rested on him.

"I make a poor nurse! I have not even asked if any of your bones were broken."

"No, not any," she answered, springing lightly to her feet to show him.

"Tell me of the news in London town, and of yourself."

---

stag 수사슴   struggle to ~하려고 애쓰다, 몸부림치다   radiant 눈부신, 찬란한

So she told him how the Prince John had seized upon her father's lands.

"That is why I dressed as a boy again to find you."

"By this sword which Queen Eleanor gave me!" he said impetuously.* "I make oath* that Prince John and all his armies shall not harm you!"

So that is how Maid Marian came to live in Sherwood. The men and Allan's wife welcomed her.

While Robin and Marian were meeting that deer, Little John, Much the miller's son, and Will Scarlet had been watching the highroad* leading to Barnesdale. They were looking for rich men to steal from.

They had watched the great road known as Watling Street which runs from Dover in Kent to Chester town for many minutes, when they saw a Knight riding by. He looked depressed.*

Little John came up to the Knight and politely asked him to stay in the forest for a little while.

"My master expects you to dine with him, today," he said.

"Who is your master?" asked the Knight.

"None other than Robin Hood," replied Little John.

Seeing the other two outlaws approaching, the Knight shrugged* his shoulders.

"I had other plans, but if you really want me to join you, I will," he answered with no emotion.*

So he let them lead his horse into the forest.

Marian had not had time to change her boy's clothes. She recognized their captive* as Sir Richard of the Lea, whom

---

impetuously 격렬하게   make (an) oath 맹세하다   highroad 큰길
depressed 낙담한   shrug 어깨를 움츠리다   emotion 감정   captive 포로

she had often seen at the castle. She was afraid he would recognize her, but Robin suggested it might be fun for her to keep pretending to be a boy.

"Welcome, Sir Knight," said Robin. "You came at a good time, because we were just preparing to sit down to eat."

"God save and thank you, good master Robin," returned the Knight.

So while his horse was cared for, the Knight took off his armor, washed his face and hands, and sat down with Robin and all his men to eat. And Marian stood behind Robin and filled his cup and that of the guest.

After eating heartily,* the Knight brightened up* greatly and said that he had not enjoyed so good a dinner for at least three weeks. He also said that if ever Robin and his men came to lands, he would try to give them as good a dinner.

But this was not exactly the sort of payment* which Robin had expected to receive. A rich man should not expect to eat for free.

"I have no money, Master Robin," answered the Knight frankly.*

"Money, however little, always jingles* merrily in our pockets," said Robin, smiling. "What do you have in your pockets?"

"I have ten silver pennies," said the Knight. "Here they are, and I wish they were ten times as many."

He handed Little John his pouch, and Robin nodded carelessly.

"What say you to the total, Little John?"

"It's true," responded Little John.

Marian poured more drinks for Robin

---

heartily 마음껏, 실컷   **brighten up** 기분을 밝게 하다, 명랑하게 하다
payment 보수, 지불 금액   **frankly** 솔직하게   **jingle** 짤랑짤랑 소리를 내다

and the Knight.

"What happened to you? I see that your armor is ruined and your clothes are torn.* How did you lose all of your money?"

"I have always lived a quiet life," the sorrowful guest replied. "I served King Henry before he died! My name is Sir Richard of the Lea, and I live in a castle near one of the gates of Nottingham, which has belonged to my father, and his father, and his father's father before him. I used to be rich, but now I have only these ten pennies of silver, and my wife and son."

"How did you lose your riches?" asked Robin.

"Through stupidity* and kindness," said the Knight sighing. "I went with King Richard upon a crusade, from which I only recently* returned. My son had grown up. He was only twenty, but he had already been trained as a Knight.

"But he accidentally* killed a man in the tournaments. To save the boy, I had to sell my lands and this was not enough. In the end I have had to borrow money. I had to borrow from the Bishop of Hereford."

"How much do you owe him?"

"Four hundred pounds," said Sir Richard. "The Bishop will take my castle if I do not pay him soon."

"Do you have any friends who would help you?"

"Not one. If good King Richard were here...."

Robin turned to whisper a word in Marian's ear. She nodded and drew Little John and Will Scarlet aside and talked with them.

"I wish you good health. I hope I can

---

torn 찢어진 stupidity 어리석음, 멍청함 recently 최근에 accidentally 사고로, 우연히

pay you better the next time I see you."

Will Scarlet and Little John told Marian's idea to the other outlaws. Then they went into the cave nearby* and returned bearing a bag of gold. This they counted out before the astonished Knight. There were four hundred gold pieces in it.

"Take this loan* from us, Sir Knight, and pay your debt* to the Bishop," said Robin. "You now owe us the money instead of the Bishop. Maybe we will be kinder to you."

There were actual* tears in Sir Richard's eyes. Much, the miller's son, came from the cave dragging some cloth. "The Knight should have a suit worthy of his rank*!"

"Give him a good horse, also," whispered Marian. "This is a worthy man. I know him well."

So the horse was given, also, and Robin told Arthur-a-Bland to ride with the Knight as far as his castle.

The Knight was sorrowful no longer. The next morning, he rode his new horse back home.

"We shall wait for you twelve months from today, here at this place," said Robin, shaking him by the hand. "Then you will repay* us the loan."

---

nearby 근처에 **loan** 대부금 **debt** 빚 **actual** 실제의, 정말의 **rank** 지위
repay 갚다, 상환하다

How the Bishop Dined with the Outlaws

주교가 숲을 지나갈 예정이라는 소식을 들은 로빈 일당은
주교를 잡으려고 길목을 지키고 식사 준비를 한다.
왕의 사슴으로 주교를 배불리 먹인 로빈은 식사값으로
주교가 리처드 경에게서 빼앗은 돈을 청구한다.

Not many days after Sir Richard of the Lea came to Sherwood Forest, word reached Robin Hood's ears that the Bishop of Hereford would be riding that way soon.

"Come, my men, kill a good fat deer. The Bishop of Hereford is to dine with me today, and he shall pay well for his cheer.*"

"Shall we prepare it here, as usual?" asked Much, the miller's son.

"No, we will prepare it by the highway side, and watch for the Bishop closely."

So Robin gave his orders, and most of his men went to different parts of the forest, under Will Stutely and Little John, to watch other roads. Robin Hood himself took six of his men, including* Will Scarlet, and Much, and posted* himself in full view of the main road. This little company had disguised themselves as shepherds. They had put old rags* over their clothes and dirt on their faces.

They quickly got a deer and made great preparations to cook it over a small fire. Soon, they saw the Bishop and ten men at arms. As soon as he saw the shepherds, he

---

cheer 음식물, 대접하는 음식　**including** ~을 포함하여　**post** 배치하다　**rag** 누더기

came straight toward them.

"Who are you, men, who are cooking the King's deer?" he asked sharply.

"We are shepherds," answered Robin Hood.

"You look pretty bad. Why aren't you eating sheep?"

"It's one of our feast days, so we decided to eat one of the many deer."

"The King shall hear of this. Who killed this beast?"

"Please tell us who you are first," replied Robin stubbornly.*

"It's my lord Bishop of Hereford!" said one of the guards fiercely. "Show some respect."

"You all have terrible manners. Come with me, and I will bring you to the Sheriff of Nottingham."

"As a man of the church, can't you have pity* on us?"

"I'll see you all hanged! Seize them!"

But Robin had already sprung away with his back against a tree. And from underneath* his ragged cloak, he drew his trusty* horn and played three notes.

The Bishop now knew who he was. The Bishop tried to run away, but Little John's men came from one side and Will Stutely's from the other. The worthy Bishop found himself a prisoner.*

"Let me go!" the Bishop cried.

"I will not let you go. But I will treat you better than you treated me. I have already planned that you shall dine with me today."

Robin and his band took charge of* the whole company and led them through the forest till they came to an open space near Barnesdale.

---

stubbornly 고집스럽게 pity 동정, 연민 underneath ~ 아래에서 trusty 믿을 만한 prisoner 죄수 take charge of ~의 책임을 맡다, 인수하다

Here they rested, and Robin gave the Bishop a seat. Much the miller's son began roasting the deer, while another fatter beast was cooked on the other side of the fire. The Bishop smelled the delicious odor.* The morning's ride had made him hungry. Robin gave him the best place beside himself.

"Our friar is not with us today. Will you be good enough to say grace* for us?"

The Bishop reddened,* but said grace in Latin quickly.

The men began to laugh and joke. Even the Bishop laughed at a few things. As the day passed by, the Bishop became more relaxed until dusk* came.

"It's late, and I fear the cost of this entertainment may be more than I have," the Bishop spoke to Robin.

"Well, I have enjoyed your company so much that I don't know how to charge for it," Robin answered.

"Lend me your purse, my Lord," said Little John, "and I'll tell you how much to pay." The Bishop shuddered.* He had collected* Sir Richard's debt only that morning, and was even then carrying it home.

"I have just a few silver pennies of my own," he whined. "As for the gold in my saddle* bags, it's for the Church. You wouldn't steal from the Church?"

But Little John had already opened the bags and poured the money out. It was four hundred pounds!

"Because this is Church money, I will use it for a good cause.* Our friend owes a churchman* a lot of money. We will use this money to help him."

---

odor 향, 냄새   grace (식전·식후의) 감사 기도   redden 붉어지다   dusk 땅거미, 황혼   shudder 몸을 덜덜 떨다, 오싹하다   collect 수금하다   saddle 안장   cause 대의명분   churchman 성직자

"No no. Didn't we eat the King's meat? Furthermore,* I am a poor man."

"You are the Bishop of Hereford, and does not the whole countryside speak of your oppression*? Who does not know of your cruelty* to the poor and ignorant*! You have stolen much more money from the people! You helped end my father's life! I take your money for all the people you stole from, and I will use it better than you have!"

Little John picked him up as though he were a log of wood and carried him to his horse. They tied him to the animal and sent him on the road to Nottingham.

Chapter 18

How the Bishop Went Outlaw-hunting

로빈 일당에게 돈을 빼앗긴 데 원한을 품은 주교는
숲으로 군인들을 이끌고 와 로빈을 사로잡으려고 한다.
위기에 직면해 과부와 옷을 바꾸어 입은 로빈은
주교를 속이고 줄행랑치게 만든다.

After his last meeting with the Bishop, Robin had become a little careless. He walked out on the highway alone. But he had gone only half a mile when he met the Bishop again.

---

furthermore 더욱이, 게다가　　**oppression** 압박, 압제　　**cruelty** 잔인함
ignorant 무지한

The Bishop had come with a large force of the Sheriff's men. This company was now chasing Robin. It was too late for Robin to retreat* by the way he had come, but quick as a flash he sprang to one side of the road, dodged under some bushes, and disappeared.*

"After him!" yelled the Bishop. "Some of you look in the woods around him, while the rest of us will keep on the main road and wait for him on the other side!"

About a mile away, on the other side of this neck of woods, was a cottage. It was where the widow lived. Robin remembered the cottage and saw his one chance to escape. He jumped through the bushes and looked into the cottage through the open window.

The widow, who had been at her spinning* wheel, rose up with a cry of alarm.*

"Quiet, good mother! It's I, Robin Hood. Where are your three sons?"

"They should be with you, Robin."

"The Bishop is chasing me with many of his men."

"I'll trick the Bishop and all!" cried the woman quickly. "Here, Robin, change your clothes with me, and we will see if my Lord knows an old woman when he sees her."

"Good!" said Robin. "Pass your gray cloak out the window, and also your spindle* and twine*; and I will give you my green coat and everything else down to my bow and arrows."

So, the two switched clothes.

The Bishop and his men arrived at the cottage and the old woman stopped. The

---

retreat 물러가다, 후퇴하다 disappear 사라지다 spin 돌리다 alarm 놀람, 공포 spindle 물렛가락 twine 꼰 실, 삼실

old woman was hobbling* along with difficulty, leaning heavily upon a stick and bearing the spindle on her other arm. The Bishop ordered one of his men to question her. The soldier laid his hand upon her shoulder.

"Don't touch me!"

"Come, come, my good woman," said the soldier. "I won't hurt you, but have you seen the outlaw, Robin Hood?"

"And why shouldn't I see him?" she whined. "Where's the King or law to prevent good Robin from* coming to see me and bring me food? That's more than my lord Bishop will do!"

"Peace, woman!" said the Bishop harshly. "We want none of your opinions.* But we'll take you to Barnesdale and burn you for a witch if you do not instantly tell us when you last saw Robin Hood."

"Robin is in my cottage now, but you'll

never take him alive."

"We'll see about that," cried the Bishop. "Enter the cottage, my men. Set it on fire* if you have to!"

The old woman, being released, went on her way slowly. But it might have been noticed that the farther she got away from the company and the nearer to the edge of the woods, the faster she walked. Once inside the shelter of the forest, she began to run.

"Who comes here?" thought Little John who was getting an arrow ready to shoot. "Never did I see witch or woman run so fast."

"Stop! It's I, Robin Hood. Summon the men and return with me speedily. The Bishop is here in the woods."

---

hobble 절뚝거리다 prevent A from -ing A가 ~하는 것을 막다 opinion 의견 set ~ on fire ~에 불을 지르다

When Little John could catch his breath from laughing, he blew his horn.

"Lead us to him! We'll follow you."

Meanwhile, back at the widow's cottage, the Bishop was growing more furious every moment. He and his men could not break down the sturdy door of the house.

"Break it down! Break it down!" he shouted.

At last the door crashed in and the men stood guard.* But not one dared enter for fear* a sharp arrow would meet him halfway.

"Here he is!" cried one soldier looking in. "I see him in the corner by the cupboard.* Shall we kill him?"

"No," said the Bishop. "Take him alive if you can. We'll make the biggest public hanging of this."

But the joy of the Bishop over his capture was short. Down the road came the old woman again. She was very angry when she saw that the cottage door had been battered* in.

"May all the devils* catch you for hurting an old woman's hut. Stop, I say!"

"Hold your tongue*!" ordered the Bishop. "These are my men and carrying out* my orders."

"Couldn't all your men catch one poor forester without this? Come! Get out of here this instant,* or I'll curse every one of you, eating and drinking and sleeping!"

"Seize the hag*!" shouted the Bishop, as soon as he could get in a word.* "We'll see about a witch's cursing. Back to town she shall go, alongside of Robin Hood."

"Not so fast, Your Worship*!" she retorted,* clapping her hands.

---

stand guard 보초서다　**for fear (that)** ~하지 않도록　**cupboard** 찬장　**batter** 난타하다, 쳐부수다　**devil** 마귀, 악마　**hold one's tongue** 입을 다물다　**carry out** 수행하다　**instant** 즉시, 순간　**hag** 노파　**get in a word** 말을 꺼내다　**Your Worship** 각하　**retort** 말대꾸하다, 응수하다

And at the signal,* men sprang out from all sides of the cottage, with bows drawn back threateningly. The Bishop saw that his men were trapped again. Still, he was determined to make a fight.

"If one of you moves, it shall be the death of your master, Robin Hood! My men have him here under their weapons, and I shall command* them to kill him without mercy.*"

"I would like to see the Robin you have caught," said a clear voice from under the widow's cape.* The outlaw took off the widow's cape and smiled. "Here I am, my Lord. So let us see whom you have been guarding so well."

The old woman who, in the garb* of Robin Hood, had been lying quiet in the cottage, jumped up. She came to the doorway* and bowed to the Bishop.

"Why are you here, my Bishop?" the

widow asked. "Have you come to give me money or blessings?"

"We shall see if his saddle bags contain enough to pay you for that battered door," answered Robin.

"I will never...," began the Bishop.

"Take care. They are all watching you," interrupted Robin. "Don't do anything against the church. Give me your purse so we can pay to repay this door."

"I'll see you hanged first!" raged* the Bishop.

"Stop!" retorted Robin. "See how we have you at our mercy.*" And aiming* a sudden arrow, he shot so close to the Bishop's head that it carried away his hat.

The priest turned as white as his shiny head. He thought he was dead.

---

signal 신호   **command** 명령하다; 명령   **mercy** 자비   **cape** 어깨 망토
garb 의상, 복장   **doorway** 문간   **rage** 격노하다, 발광하다   **at one's mercy** 처분대로   **aim** 겨냥하다, 조준하다

"Help! Murder!" he gasped. "Do not shoot again! Here's your purse of gold!"

And without waiting for further talk, he ran down the road. His men being left leaderless* could do nothing but retreat after him.

Chapter 19
How the Sheriff Held Another Shooting Match

주 장관은 또 한 번 활쏘기 대회를 열어
로빈 일당을 일망타진하고자 한다.
이날 로빈은 활쏘기 대회에서 우승하지만
운 나쁘게도 윌 스튜틀리가 주 장관에게 잡힌다.

Now the Sheriff was so greatly troubled in heart over the growing power of Robin Hood, that he did a very foolish thing. He went to London town to complain to the King and get another force of troops.*

---

leaderless 대장 없는 **troop** 군대, 군사

King Richard had not yet returned from the Holy Land, but Prince John heard him.

"Pooh!" said he, shrugging his shoulders. "What have I to do with all this? Isn't it your job to catch them? Don't let me see your face again until you catch them."

So away went the Sheriff, who was now more determined to catch Robin.

His daughter met him on his return. She yelled at him for being so foolish.

"Why don't we hold another shooting match at the fair this year?" suggested the daughter. "We could say the prize is to be pardoned for all crimes. We will open it to anyone who wants to join."

"And then Robin and his men will come! We can catch them before they join the tournament!"

So the Sheriff began to prepare for the fair. Furthermore, an arrow with a golden head and shaft of silver-white should be given to the winner. He would be known as the best archer in North Country.

"Come, everyone prepare," said Robin when he heard of the contest. "We'll all join the tournament!"

With that stepped forward the merry cobbler, David of Doncaster.

"Master, I am sorry to say, but I'm well informed* the match is a trap. I won't go with you."

"You sound like a coward. I will go to the tournament anyway."

"Let's all leave behind our green clothing. Instead, we should all wear different colored clothing so we will be harder to recognize," suggested Little John. So Maid Marian and Mistress Dale, assisted* by Friar Tuck, prepared some

---

inform 알리다 assist 돕다

various colored costumes, and dressed all one hundred and forty men differently.

They left for Nottingham, and on the highway they mixed with* other men coming from the countryside* to compete in the tournament. When they walked through the gates of the city, the guards looked for foresters, but they could not tell which men were Robin Hood's.

Finally, the shooting contest began. Robin had chosen five of his men to shoot with him, and the rest were to mingle with* the crowd and also watch the gates. These five were Little John, Will Scarlet, Will Stutely, Much, and Allan-a-Dale.

The other competitors* did well in the first round, especially Gilbert of the White Hand, who was present and never shot better. The contest later narrowed down* between Gilbert and Robin. The Sheriff was confused during the first part of the match. Where were Robin and his men?

"Soon we shall see whether Robin Hood is here or not!" he thought to himself.

Meanwhile, the shooting had continued, and Robin's men had done so well that the air was filled with shouts. They shouted the color of their jackets. Robin was wearing red, and people shouted for him the most.

Thus went the second round of the shooting, and thus the third and last, till even Gilbert of the White Hand was beaten. During all this shooting, Robin and his men acted like perfect strangers. But because of how well they shot, it was obvious* who they were.

The Sheriff thought he discovered,* in the winner of the golden arrow,

---

mix with ~와 섞이다 **countryside** 시골, 지방 **mingle with** ~와 섞이다
competitor 경쟁자 **narrow down** (범위 등을) 좁히다 **obvious** 명백한, 분명한 **discover** 발견하다

who Robin Hood was. So he sent word privately* for his soldiers to close around the group. But Robin's men also heard of the plan.

To keep up appearances,* the Sheriff summoned the crowd to form* a circle. After as much delay as possible, the arrow was presented. The delay gave enough time for the soldiers to close in.* As Robin received his prize, he bowed awkwardly and turned away. The Sheriff grabbed him around the neck and called upon his men to arrest the traitor.*

But the moment the Sheriff touched Robin, Little John hit him in the head.

"Ah, Greenleaf, I have you now!" he exclaimed.

"This is from another of your devoted* servants!" said a voice, which he knew to be that of Much, the miller's son. He slapped the Sheriff on the cheek and the man fell on the ground.

By this time, the fight had become bigger. The soldiers did not know whom to attack because the outlaws were dressed like common* people. The other outlaws in the back of the crowd attacked them and put them in confusion.*

For a moment, they fought fiercely. Then Robin blew his horn and ordered a retreat. The two guards at the nearest gate tried to close it, but they were shot dead. David of Doncaster threw a third soldier into the moat. The outlaws then ran to get out of the gate.

But the fight was not to go easily this day, because the soldiers fought well, and followed closely after the retreating outlaws. No less than five of the Sheriff's

---

privately 비밀스럽게, 긴밀히　**keep up appearances** 체면치레를 하다
form 형성하다　**close in** 궁지에 몰아넣다, 포위하다　**traitor** 반역자, 배신자
devoted 헌신적인　**common** 보통의, 평범한　**confusion** 혼동, 혼란

men were killed, and a dozen others injured. Four of Robin's men were bleeding from severe flesh* cuts.

Then Little John, who had fought by the side of his leader, suddenly fell forward with a slight moan. An arrow had pierced his knee. Robin seized the big man and carried him on his back. Eventually,* Arthur took his cousin from Robin and carried him into the woods. Once there, the Sheriff's men did not follow. They brought the injured men to Friar Tuck. Little John's hurt was the worst, but in two or three weeks, he would be able to walk again.

That evening, it was found that Marian and Will Stutely were missing. Robin was filled with dread.* He knew that Marian had gone to the fair, but he had thought she would have been safe. The Sheriff would hang Stutely speedily and without mercy, if he were captured.

The rest of the band shared their leader's uneasiness,* though they said not a word. They knew that if Will were captured, the battle must be fought over again the next day, and Will must be saved at any cost.*

That evening, while the Sheriff and his wife and daughter were at dinner, the Sheriff boasted of how he would make an example of* Stutely who he had captured.

"I now have Robin Hood's men on the run, and we shall soon see who is master in this forest. I am only sorry that we let them have the golden arrow."

As he spoke, an arrow flew through the window. It was the golden arrow with a message tied to it.

It read:

---

flesh 살 eventually 결국 dread 우려, 불안 uneasiness 불안, 걱정 at any cost 어떤 대가를 치르더라도 make an example of ~을 본보기로 삼다

"This is from one who will take no gifts from liars. I will show you no mercy. R. H."

Chapter 20
How Will Stutely Was Rescued

윌 스튜틀리의 처형식 날
마리안은 순례자 복장을 하고 노팅엄 시로 들어간다.
그녀가 윌을 위해 기도를 올리는 도중
로빈 일당이 윌을 구하고 리처드 경의 성으로 숨는다.

The next day was bright and sunny. The gates were not opened upon this day because the Sheriff was determined to have the hanging of Will Stutely undisturbed.* No man, therefore, was to

undisturbed 방해받지 않은

be allowed entrance* from outside until the hanging was finished at noon.

Early this day, Robin had brought his men to the road leading to the East gate. He wore red while his men dressed in green. They were armed with* broadswords,* and each man carried his bow and a full quiver* of new arrows.

"It's no good to* wait near the gates if they aren't open," said Robin.

"Look. There is a pilgrim. Should I ask him what is going on in town?" asked one of the widow's sons.

"Go," answered Robin.

So Stout Will went out from the band while the others hid themselves and waited. The pilgrim looked like a young, slim man.

"Excuse me, but can you tell me if they will hang the outlaw today?" he said.

"Yes," answered the pilgrim sadly. "I

couldn't bear seeing him die, so I left the city."

The pilgrim spoke lowly and had a hood over his head, so Stout could not tell what kind of man he was. Over his shoulder he carried a long staff. Stout noticed that his feet were very small and white.

"Who will pray for him if you leave?" he asked.

The question seemed to put a new idea into the pilgrim's head.

"Do you think that I should go back and pray for him?"

"I do indeed! Or who will do it? The Bishop may be there, but no one would say a prayer for his soul."

"But I am only a poor pilgrim," answered the pilgrim.

"Still, your prayers are as good as any

and better than some," replied Stout Will.

"I would gladly pray for him, but the gates are locked."

"Come with me," said Stout Will. "My master will see that you pass through the gates."

So the pilgrim pulled his cloak still closer about him and was brought before Robin Hood. He explained why he wanted to enter the city.

"My thanks, gentle pilgrim, your suggestion is good, and we will go to the gate upon the far side."

So the men marched silently but quickly until they were near to the West gate. Then Arthur-a-Bland was asked to go ahead as a scout.* Quietly, he made his way to a point under the tower by the gate. As these were times of peace, the moat was dry on this side. Arthur used a vine* to climb over the wall.

He crept through the window and in a moment he jumped on the guard and grabbed his throat. The guard had no chance to speak, and soon lay bound and gagged* upon the floor. Arthur-a-Bland dressed in his uniform and got hold of his keys.

He quickly opened the gate and the band quietly snuck* inside the town so quietly that none knew of their coming. Just at this moment, the prison doors had been opened for the march of the condemned* man, and every soldier had to stop working to see him pass along.

Out came Will Stutely. He looked eagerly to the right hand and to the left, but saw none of the band. Will's hands were tied behind his back. He marched between rows of soldiers, and the

---

scout 정찰병　**vine** 포도 덩굴　**gag** 재갈을 물리다　**sneak** 몰래 들어오다, 숨다　**condemned** 사형수의, 유죄 선고를 받은

Sheriff and the Bishop followed him on horseback. The Sheriff smiled, satisfied at the soldiers.

When they reached the stage for the hanging, Will stopped and looked at the Sheriff.

"My lord Sheriff, grant me one favor," Will Stutely asked. "Give me a sword and let me fight with your men to the death."

But the Sheriff would not listen to his request.* He would die a shameful* death and not a brave one. The Sheriff had them prepare the gallows for the hanging.

But at this moment came a slight interruption.* A boyish-looking pilgrim stepped forward.

"Your Excellency,* let me at least pray for this man's soul."

"No!" shouted the Sheriff. "Let him die a dog's death!"

"This is wrong," the monk* said firmly.*

"You, my lord Bishop, cannot stand by* and see this wrong done."

The Bishop hesitated.* Like the Sheriff, he wanted no delay, but the people watching were feeling uncomfortable and whispering. He said a few words to the Sheriff.

"Perform* your duty, Sir Priest, but be quick!" he said finally. "Watch this pilgrim," he commanded. "He is probably* helping these outlaws."

The pilgrim began to say his prayers. But he did not touch the ropes that tied him.

Then someone else moved in the crowd.

"I pray you, Will, before you die, say goodbye to all your friends!" cried out the familiar* voice of Much, the miller's son.

---

request 요구 (사항)　shameful 수치스러운　interruption 방해, 간섭
monk 수도사　Your Excellency 각하　firmly 단호하게　stand by 방관하다　hesitate 망설이다　perform 이행하다, 수행하다　probably 아마
familiar 친숙한

At the word, the pilgrim stepped back suddenly and looked to one side. The Sheriff also knew the speaker.

"Seize him!" he shouted. "It is one of Robin's men!"

"Not so fast, good master Sheriff," answered Much. "First, catch your man and then hang him. But meanwhile I would like to borrow my friend from you."

And with one stroke of his hunting knife, he cut the bonds* around the prisoner's arms, and Stutely jumped from the cart.

"Catch them!" shouted the Sheriff.

So saying, he charged forward on his horse with his sword and tried to cut off Much's head. But his former cook dodged.

"I must even borrow your sword for the friend I have borrowed," said Much.

He snatched* the weapon from the Sheriff's hand.

"Here, Stutely! The Sheriff has lent you his own sword. Let's fight together!"

Meanwhile, the soldiers had recovered* from their momentary* surprise and had begun to fight. Someone played a bugle loudly. Robin's men threw off their disguises and cloaks.

"A rescue!" shouted the people.

The fight began. The soldiers were determined not to let Much and Will go, so they packed closely together and would not let Robin's men get to them. Many people were injured. Some of the townspeople who had long hated the Sheriff began to help Robin's men.

Robin finally pushed through the soldiers and jumped on the stage. One soldier was about to stab* the pilgrim. Robin knocked his weapon out of his

---

bond 매듭 snatch 낚아채다, 빼앗다 recover 회복하다 momentary 순간의 stab 찌르다

hand.

"God save you, master!" cried Will Stutely joyfully. "I had begun to fear that I would never see your face again."

"A rescue!" shouted the people again. But the battle was not yet won. Robin's men pretended to run for the nearest gate, but then they headed toward the West gate, which was still guarded by Arthur-a-Bland. The soldiers thought they had the enemy trapped. Down they charged after them, but the outlaws soon got through the gate and over the bridge which had been let down by Arthur-a-Bland.

The soldiers followed so closely that Arthur had no time to close the gate again or raise the bridge. So he threw away his key and began to run away with the men.

On this side of town, the road leading to the forest was long and almost unprotected. Both sides shot arrows at each other. Stutely was with them. The pilgrim was there also. He stayed close by Robin's side.

Robin put his horn to his lips, when a flying arrow from the enemy pierced his hand. The pilgrim gave a little cry and jumped forward. The Sheriff, who followed close with the men on horseback, also saw the wound.

"Ha! You will shoot no more bows for a season, master outlaw!" he shouted.

"You lie! I have saved one shot for you all this day. Here, take it!"

Then he prepared the same arrow that had shot him and let it fly toward the Sheriff's head. The Sheriff tried to duck. The sharp point cut his scalp* deeply and almost killed him.

This gave Robin's man the chance

---

scalp 두피

to escape. The pilgrim took out a small white handkerchief and tried to stop Robin's wound as they went. At sight of the pilgrim's hand, Robin pushed back the other's hood.

"Marian!" he exclaimed.

It was indeed Maid Marian, who had helped save Will.

"I had to come, Robin," she said simply. "I knew you would not let me come, or else."

"We're trapped!" shouted Will Scarlet. He pointed to a castle on the top of a hill.

There, from out a gray castle poured more soldiers, armed with pikes* and axes.* They came running toward Robin's men. But then they recognized Sir Richard of the Lea. He was smiling now, and greatly excited. Robin's men ran up to greet their new friends. They were taken back to Richard's castle. After they entered, the bridge to Richard's castle was closed again, and the Sheriff and his men were locked out.

---

pike 창 **ax** 도끼

Chapter 21

How Sir Richard of the Lea Repaid His Debt

리처드 경은 로빈과 부하들에게 음식과 무기를 제공한다.
주 장관은 사자왕 리처드를 찾아가
로빈 일당과 리처드 경의 처벌을 요구하지만
리처드 왕은 사실 파악을 빌미 삼아 주 장관의 청을 보류한다.

"Open the gate!" shouted the Sheriff.

"Who are you?" Sir Richard answered.

"You know me well, traitor Knight!" said the Sheriff, "Now let me in."

"I answer only to the King. Get off my land."

"I also serve the King. If you do not give

up the outlaws, I will burn down your castle."

"First show me your warrants," said Sir Richard.

"My word is enough! Am I not Sheriff of Nottingham?"

"Without a warrant from the King, you have no power here."

The Sheriff only waited a few more moments and then left.

"King Richard has just returned from the Holy Hand," the Sheriff thought. "I will go get a warrant from him."

Meanwhile, the Knight had gone back to Robin Hood, and the two men greeted each other.

"I tried to repay my debt to you," Sir Richard said.

"And so you have," answered Robin.

"It was nothing," said the Knight. "I still need to pay you."

"It's been paid. The Bishop himself gave it to me."

"The exact sum*?" asked the Knight.

"The exact sum," answered Robin.

Sir Richard smiled, but said no more at the time. Robin and the others were made to rest, and their wounds were treated. At dinner, Sir Richard presented Robin to his wife and son. The lady was kind to Marian, whom she had known when she was a child.

The feast was a joyous* event. There were two long tables, and two hundred men sat down at them, and ate and drank and afterward* sang songs. The next morning, Robin and his men went on their way. Sir Richard tried to pay Robin four hundred pounds, but Robin refused.

Sir Richard thanked him and asked him and all his men to visit the armory* before they departed. They saw one hundred new bows there and silver and peacock feather arrows.

The Sheriff rode to London the next week to speak to the King. This time, he met with King Richard of the Lion Heart himself.

Then to him the Sheriff spoke at length* concerning* Robin Hood. For many months, the outlaws had defied* the King, and killed the King's deer. Robin had gathered about him the best archers in all the countryside. Then he finally told him about Sir Richard.

"I have heard of this same Robin Hood, and his men. Didn't these same outlaws shoot in a royal Tourney at Finsbury field?"

"They did, Your Majesty."

"How did they come to the last fair in

---

sum 금액, 총계 joyous 즐거운 afterward 나중에, 후에 armory 무기고
at length 장황하게, 길게 concerning ~에 관해 defy 무시하다

Nottingham? Secretly?"

"Yes, Your Majesty."

"Did you forbid* them to come?"

"No, Your Majesty."

"Speak out!"

"For the good of* the country, we declared that the winners would be pardoned of their crimes...."

"So you have broken your promise? Why are they still outlaws?"

The Sheriff kept silent out of fear and shame.

"Still, my lord Sheriff, we promise to look into* this matter. Those outlaws must be taught that there is but one King in England, and that he stands for* the law."

So the Sheriff was dismissed, with very mixed feelings, and went his way home to Nottingham town. Two weeks later, the King went to Lea Castle with a small party of knights. Sir Richard greeted his King, who was also his friend. They had traveled to the Holy Land together.

The King went into the castle with Richard. After the King had rested and ate, he spoke about Robin Hood.

"What is this, I hear about your helping outlaws?"

Sir Richard of the Lea explained his story to the King. The King liked the story. He asked other questions about Robin Hood and learned his life story.

"I must meet this man myself!" the King said to Sir Richard. "I will ride out into the woods to greet him!"

---

forbid 금하다 **for the good of** ~의 이익을 위해 **look into** ~을 자세히 살펴보다 **stand for** ~을 나타내다, 편들다

Chapter 22

How King Richard Came to Sherwood Forest

리처드 왕은 신분을 숨긴 채 셔우드 숲에 들어가
수도사 터크의 집에 묵으면서 친분을 쌓는다.
로빈 일당을 만난 사자왕은 그들의 활솜씨에 감탄하고
왕이 자신들을 보러 온 것을 알게 된 로빈 일당은 놀란다.

Friar Tuck had nursed Little John's wounded knee so skillfully that it was now healed. John had struggled through the treatment* because he had to lie down for so long. At last, he was allowed to walk again. They joined the rest of the band, and they ate together. It rained that night, and the friar went home to sit by the fire with his dogs. Suddenly, he heard a knock at the door. His dogs jumped up and began to bark.*

"Why are you coming here so late and ruining my dinner?" the friar said angrily.

"Open the door!"

"Go your way in peace*! I can do nothing for you. It's only a few miles to Gamewell, if you know the road."

"But I do not know the road! Let me inside."

So he let the visitor inside. He lit* a torch* and went to see who it was.

The figure* of a tall Knight wearing black armor stood before him.

"Do you have no supper, brother?" asked the Black Knight. "I must beg you to let me sleep here."

---

treatment 치료 **bark** (개가) 짖다 **in peace** 조용히, 평화롭게 **light** (불을) 켜다 **torch** 횃불 **figure** 형체, 형상

"I don't have a room nice enough for you."

"Please, I can smell that you are cooking good food. I will give some money to the church if you let me stay."

And without further talk, the Knight boldly walked past Tuck and his dogs and entered the house.

"Sit down, Sir Knight, and I will take care of your horse. Half, also, of my bed and house is yours, tonight. But do not order me."

"You know, I could fight you or pay gold."

The friar then put a table near the fire.

"Now, Sir Knight, why don't you take off your helmet?"

The Knight did as he was told. He was a handsome man with blue eyes and gold hair.

They began to eat together. It was clear

that the Knight had been very hungry. The wine and warmth* of the room had cheered them both. They were soon laughing and telling stories to each other. The Black Knight seemed to have traveled everywhere. He had been on crusades, had been in prison, and often in peril.* But now he spoke of it lightly, and laughed it off. So passed the time till late, and the two fell asleep.

In the morning, Friar Tuck awoke* to see that the Black Knight had already washed and was making breakfast.

"I am sorry I was rude last night," Friar Tuck said. "I do not need your gold. Where do you want to go?"

"How can I find Robin Hood? All day yesterday I looked for him, but I couldn't find him."

---

warmth 온기 **peril** 위험, 위태 **awake** 일어나다, (잠에서) 깨어나다

"I am a lover of peace, Sir Knight. I would not meet Robin and his men."

"I do not want to harm Robin Hood. I only need to speak to him."

"Well, if that is all, I can show you where he lives."

"I will go with you, brother," said the Black Knight.

So they went together into the forest.

The day was cool, clear, and bright. All the animals of the forest were awake with energy.

They had only gone three or four miles when they met a young man with curly hair.

It was Robin Hood. He had seen Friar Tuck. Tuck pretended not to know him.

"Stop!" cried Robin. "I am in charge of* the highway this day, and must collect some money."

"Who are you? I will not stop for one

man."

"Then you can stop for all of us," said Robin clapping his hands. Ten men came out of the woods.

"We are men of the forest, Sir Knight," continued Robin. "We have nothing because fat lords and churchmen take everything from us, so we must take some of it back from you."

"I am but a poor monk, good sir!" said Friar Tuck in a whining voice.

"Just stay a little while and then we will let you go," Robin said with a smile.

"But we are messengers of the King. His Majesty would like to talk with Robin Hood."

"I am devoted to the King. My only crime against him is eating some of his deer to survive.* My chief* war is against

---

in charge of ~의 책임을 지는　**survive** 생존하다, 살아남다　**chief** 주된, 주요한

the lords and bishops who take from the poor. So come join our men today."

"How much will this cost me?"

"How much money is in your purse?"

"I have no more than forty gold pieces," replied the Knight.

Robin took the forty pounds and counted it. One half he gave to his men and bade* them to drink to the King's health with it. The other half he handed back to the Knight.

"Sir, for your honesty, you should keep this."

"Lead me to your home."

So Robin went on one side of the Knight's horse, and Friar Tuck on the other, and they went to the caves of Barnesdale. Then Robin played three notes on his horn. The hundred and forty men came out of the woods. All of them wore green and greeted Robin Hood before sitting down.

A handsome dark-haired boy stood at Robin's right hand to pour his wine and that of the Knight.

"These men of Robin Hood's give him more obedience* than my men give to me."

At the signal from Robin, the dinner began.

"Let us honor the man who has come from the King!" said Friar Tuck.

The guest responded heartily to this toast.

After the feast was over, Robin turned to his guest.

"Now you shall see what life we lead so that you may report faithfully, for good or bad, to the King," said Robin.

So the men set up willow branch targets

---

bid 명령하다, 분부를 내리다   obedience 복종, 순종

and showed off their skill at archery.

"So you are Friar Tuck!" the Knight said after he saw him shoot.

"I didn't deny it," he answered. A garland* of flowers was set up at a faraway* tree. Each of the men tried to shoot an arrow in the middle of it, but they all failed.

At last came Robin's turn. He shot carefully, but he missed the garland by full three fingers. The men cheered because they rarely* saw Robin miss a target.

"That arrow was made badly!" Robin said angrily.

Then suddenly seizing his bow again, he shot three arrows as fast as he could, and they all went clean through the garland.

"I have never seen anyone shoot like that!" thought the King.

Suddenly, the men heard the noise of people approaching. Sir Richard had arrived with his men. When he saw the Black Knight, he bowed.

"Good day, Your Majesty," he said humbly.*

"It is the King!" cried Will Scarlet.

---

garland 화환 **faraway** 먼 곳의 **rarely** 좀처럼 ~ 않는 **humbly** 겸손하게

Chapter 23

How Robin Hood and Maid Marian Were Wed

리처드 왕은 로빈 일당의 죄를 특별 사면하고
그들에게 알맞은 지위와 재산을 나누어준다.
로빈과 마리안을 결혼시키자고 제안한 왕은
로빈 일당과 함께 노팅엄 시로 간다.

"Please pardon us from our crimes, sire*!" Robin Hood said, and he and all his men knelt. "We are not outlaws from choice alone," continued Robin, "but we became outlaws because of oppression. Grant us grace* and royal protection, and we will leave Sherwood Forest and follow the King."

Richard's eyes sparkled as he looked from one to another.

"Swear that you, Robin Hood, and all your men from this day on will serve the King!"

"We swear!"

"Arise, then," said King Richard. "I give you all free pardon.* It would be a pity to kill such good archers as you. But I cannot allow you to roam in the forest and shoot my deer. Therefore, I now appoint* you to be Royal Archers and my own special bodyguard. There is one or two matters to settle first, and I need your help. After that, half of you shall come back to these woodlands as Royal Foresters. Where, now, is that outlaw known as Little John? Stand forth!"

---

sire 전하   grace 기품, 은혜   give ~ free pardon ~을 특별 사면하다
appoint 임명하다

"Here, sire."

"Good master Little John, you are this day Sheriff of Nottingham. I trust you will make a better Sheriff than the man you replace."

"I shall do my best, sire," said Little John, astonished.

"Master Scarlet, I have heard somewhat of your tale, and that your father was the friend of my father. Now, therefore, accept the royal pardon and go back to your castle, for your father must be growing old."

Likewise,* the King called for Will Stutely and made him Chief of the Royal Archers. Then he summoned Friar Tuck.

"So what can I do for you in payment of last night's hospitality*?"

"I wish only for peace in this life. Give me a good meal, health, and enough money for the day, and I ask no more."

"I suppose that is between you and God. But if you need something, ask me. Which one of you is Allan-a-Dale? Do you have an excuse for stealing your bride?"

"Only that I loved her, sire, and she loved me," said Allan simply.

"I will give your lady back her lands from the Bishop." he continued. Then he turned to Robin Hood. "Did you not have a sweetheart who was once at my castle— Mistress Marian? Have you forgotten her?"

"No, Your Majesty," said the boy, coming forward. "Robin has not forgotten me!"

"So!" said the King, bending to kiss her small hand. "But are you not the only child of the late Earl of Huntingdon?"

"I am, sire, though there are some who

---

likewise 마찬가지로   hospitality 환대, 후대

say that Robin Hood's father was formerly the rightful Earl of Huntingdon. Either way, the Bishop has our land."

"Then it shall be returned to you!" cried the King. "It will be given to both of you. Come forward, Robin Hood."

Robin came and knelt before his king. Richard drew his sword and touched him upon the shoulder.

"Rise, Robert Fitzooth, Earl of Huntingdon! The first command I give you, my lord Earl is to marry Mistress Marian."

The King continued.

"The ceremony shall take place tomorrow, and this lady is willing to."

Then the King chatted with other foresters, and they ate and drank and played music all night. Robin was a little sad to think that it was the last night in the woods. They finally all fell asleep under the stars.

In the morning, the company woke up early and went on their way to Nottingham. First rode King Richard of the Lion Heart. Then came Sir Richard of the Lea with eighty knights. And after them came Robin Hood and Maid Marian riding upon milk-white horses. They were followed by Allan and his wife and the one hundred and forty men of the forest.

Outside the gates of Nottingham town they were stopped.

"Who comes here?"

"Open to the King of England!" came back the clear answer, and the gates were opened and the bridge let down.

Almost before the company had crossed the moat, the news spread through the town like wildfire.*

---

spread like wildfire 삽시간에 퍼지다

"The King is here! The King is here, and has taken Robin Hood!"

From every corner the people came to see the company pass.

The Sheriff hurried to meet the King.

"Sir Sheriff, I have come to rid* the shire* of outlaws, according to my promise. There are none left, because all have now sworn loyalty to their King. Master Little John is from now on Sheriff of Nottingham, and you will turn over* the keys to him."

The Sheriff bowed silently. Then the King turned to the Bishop of Hereford.

"You will give up the lands you stole, but we will talk about this later. This afternoon you marry two people with us."

The Bishop also bowed and departed.

In the afternoon, the way from the Mansion House to Nottingham Church was lined with cheering people as the wedding party passed by. Robin had now become very popular.

As people threw flowers and cheered, the only unhappy people seemed to be the Sheriff and his daughter. At last, the party reached the church. Will Scarlet was the best man and Mistress Dale was the Matron of Honor.* Within the church they found the Bishop and Friar Tuck.

The King gave away* the bride. Then Robin and Marian left the church, man and wife.

Out through the cheering streets they walked. Then the whole party went down to Gamewell Lodge, where the old Squire George wept for joy at seeing his son and the King and the wedding. That night, they spent there and feasted. So Robin and Marian began their new life.

---

rid 제거하다, 없애다 shire 주 turn over 넘기다 Matron of Honor 신부 들러리 give away (결혼식에서 신부를) 신랑에게 인계하다

How Robin Hood Met His Death

외국으로의 여행 도중 마리안이 전염병으로 죽고 나서
로빈은 예전의 자유로운 숲 속 생활을 그리워한다.
그러던 중 리처드 왕이 죽고 존 왕자가 즉위하자
로빈은 다시 무법자로 생활을 하다 열병에 걸려 죽음을 맞는다.

Years later, Robin Hood and his men, now the Royal Archers, went with King Richard of the Lion Heart through England settling certain private disputes* between different noble families.

The Royal Archers were now divided into two bands, and one-half of them were kept in London, while the other half returned to Sherwood and Barnesdale. Robin had to live in London, which he hated. He longed for* the fresh pure air of the woods. He saw some boys practicing archery and missed his woodland life.

Finally, he asked leave* to travel in foreign lands, and this was granted him. He took Maid Marian with him, and together they went through many strange countries.

Finally, in an Eastern land, she got sick with a plague* and died. They had been married only five years, and Robin felt as though all the light had gone out of his life.

He wandered around the world for a few months longer, trying to forget his grief, then came back to London. But unluckily, Richard was gone again upon

---

dispute 논쟁, 쟁의 **long for** ~을 간절히 원하다 **leave** 휴가 **plague** 역병, 전염병

his adventures, and Prince John had never been fond of* Robin.

"Why don't you go back to the woods and kill some more of my deer?" Prince John mocked him.

He answered Prince John angrily, and the Prince had his guards lock him up in the Tower.

After lying there for a few weeks, he was released by the faithful Stutely and the remaining Royal Archers, and all together they fled the city and made their way to the greenwood.* There, Robin blew the old familiar call.* Up came running the remainder* of the band, who had been Royal Foresters. They gave up working for Prince John and waited for Richard to return.

But King Richard died in a foreign land and John ruled instead. At this point, Little John lost his position as Sheriff. The King waged war* on the outlaws, so Robin and his men were forced to hide in a castle outside of the woods.

But in one of the last fights Robin was wounded. The cut did not seem serious and healed, but he soon had a fever. Daily his strength left him.

One day, as he rode along on horseback, he almost fainted.* He knocked on the gate of a nearby abbey, a place where nuns live. A woman answered.

"Who are you?" she said. "No men are allowed inside."

"I am Robin Hood, ill with a fever."

At the name of Robin Hood the woman was shocked, but she let him inside. She helped him wash and then she bled him to lower his fever and he passed out.* When

---

be fond of ~을 좋아하다   make one's way to the greenwood 무법자가 되다   call 호각, 나팔 소리   remainder 나머지   wage war 전투를 벌이다   faint 기절하다, 실신하다   pass out 기절하다

he awoke, he felt very weak because he had lost blood.

He called for help, but there was no response. He looked longingly* through the window at the green of the forest. He tried weakly blowing on his horn for help.

Little John was out in the forest nearby, and he jumped to answer the call.

"Woe! Woe!" he cried, "I fear my master is near dead; he blows so wearily*!"

So he came running up to the door of the abbey, and knocked loudly. Finally, he broke the door open and went to Robin's side.

"It seems that we have been betrayed! Let me burn this abbey to the ground."

"No, good comrade," answered Robin Hood gently. "We must forgive our enemies. Moreover, you know I never hurt a woman in all my life."

He closed his eyes and fell back, so his

friend thought him dying.

"Lift me up, good Little John. I want to smell the air from the good woods once again. Let me shoot one more arrow. Where this arrow shall fall, let them dig my grave,*" Robin said weakly.

And with one last mighty effort, he shot his arrow out of the open window, straight and true till it struck the largest oak of them. Then he fell back upon his devoted friend.

The band buried him where his last arrow had fallen.

So died the body of Robin Hood, but his spirit lives on through the centuries* in the deathless* ballads* which are sung of him, and in the hearts of men who love freedom.

---

longingly 간절히　**wearily** 힘들게, 지치게　**grave** 무덤　**century** 세기
deathless 불사의, 불멸의　**ballad** 담시, 민요

전문 번역

로빈 후드가 무법자가 된 이야기

p.14 영국의 훌륭한 왕 헨리 2세 시절에는 오직 왕만 사냥할 수 있는 특별한 숲들이 북부 지방에 있었다. 만약 누구라도 다른 사람이 그곳에서 사냥하다가 잡히면 그는 처형당했다. 이 숲들은 왕의 삼림관들이 지켰다.

p.15 가장 훌륭한 왕실 숲 가운데에는 노팅엄과 바네스데일이라는 두 개 도시 근처에 있는 셔우드 숲과 바네스데일 숲이 있었다. 수년 동안 휴 피츠우스가 삼림관장이었는데, 그에게는 착한 부인과 아들 로빈이 있었다.

아들은 1160년 록슬리 시에서 태어났다. 그 아이는 잘생기고 튼튼했다. 나이가 웬만큼 들자 아이는 아버지와 함께 사냥을 하러 갔다. 아주 어린 나이에 그 아이는 활로 화살을 쏘는 법을 배웠다. 아들은 화살 만드는 법을 배우는 것과 왕의 숲에서 불법으로 사냥한 무법자들의 이야기를 듣는 것을 좋아했다.

하지만 그 아이의 어머니는 아들이 성직자나 교수가 되는 것을 보고 싶어 했다. 어머니는 아들에게 읽기와 쓰기, 가난한 사람들과 부자들에게 똑같이 정직하고 바른 사람이 되라고 가르쳤다. 하지만 소년은 밖에서 사냥할 때가 가장 행복했다.

p.16 로빈은 어릴 적에 두 명의 좋은 친구가 있었다. 한 명은 윌 게임웰로 그의 친가 쪽 사촌이었으며 게임웰 산장에 살았다. 다른 한 명은 마리안 피츠월터였는데, 헌팅던의 백작의 외동딸이었다. 로빈은 마리안의 아버지의 성에 갈 수 없기 때문에 숲에서 마리안을 몰래 만났다.

로빈의 아버지와 마리안의 아버지는 적이었다. 어떤 사람들은 마리안의 아버지가 아닌 휴 피츠우스가 헌팅던의 정당한 백작이라고 숙덕거렸다. 하지만 로빈이나 마리안은 그런 것에는 신경 쓰지 않았다.

로빈의 아버지는 피츠월터 외에도 두 명의 다른 적이 있었다. 한 명은 노팅엄의 주 장관이었고 다른 한 명은 헤어포드의 뚱뚱한 주교였다.

이 세 명의 적들은 어느 날 휴 피츠우스가 득이 안 된다고 왕을 설득했다. 피츠우스는 왕의 삼림관장 직에서 해고되었다. p.17 피츠우스와 그의 부인, 그리고 그때 열아홉 살이었던 로빈은 어느 추운 날 밤 경고도 받지 못하고 그들의 집에서 쫓겨났다.

휴가 결백했음에도 불구하고 주 장관은 휴를 반역죄로 체포해 노팅엄 감옥으로 끌고 갔다. 로빈과 로빈의 어머니는 그들의 친척 게임웰의 대지

주 조지한테 가야 했고, 조지는 친절하게 그들이 자신의 집에 머물게 해 주었다.

로빈의 어머니는 이 일이 있기 전에 병이 들어 있었다. 남편과 집을 잃은 충격은 그녀가 두 달 후 세상을 떠나는 원인이 되었다. 로빈은 가슴이 미어지는 듯한 느낌을 받았다. 그해 초봄에 로빈의 아버지는 감옥에서 세상을 떴다.

2년이 흘렀다. 로빈의 사촌 윌은 학교에 가고 집에 없었다. p.18 딸과 로빈의 우정을 알게 된 마리안의 아버지는 딸을 엘리노어 왕비의 궁으로 보냈다.

그렇게 이 시절은 외로운 나날이었다. 로빈의 숙부는 그에게 친절했지만 로빈을 어떻게 도와주어야 할지 몰랐다. 사실을 말하자면 로빈은 어머니 아버지를 그리워하는 만큼 숲 속에서 지내던 예전의 생활을 그리워하고 있었다.

"로빈, 얘야, 너에게 들려줄 소식이 있다!" 로빈의 숙부가 어느 날 아침 저음의 우렁찬 소리로 로빈에게 말했다.

"뭔데요, 게임웰 숙부님?" 젊은이가 물었다.

"여기 너의 훌륭한 활쏘기 솜씨를 발휘하여 멋진 상을 탈 기회가 있구나. 노팅엄에 서는 장이 있는데 주 장관이 활쏘기 대회를 열겠다고 발표했어. 최고의 궁수는 전하의 삼림관들 중 한 명이 될 거라는구나. 모든 사람들 중에서 과녁을 가장 정확하게 명중시키는 사람이 황금 화살을 타게 될 거래. p.19 그거라면 네가 좋아하는 그 아가씨를 위해 멋진 선물이 되지 않겠니?"

로빈은 눈이 반짝였다. "그녀에게 그 선물을 주고 싶어요! 저는 전하의 삼림관들 중 한 명이 되기를 늘 원했어요. 제가 한번 도전해 보게 허락해 주실 거죠?"

"물론이지! 너의 어머니는 네가 성직자가 되기를 원하셨지만, 나는 무엇이 너를 정말 행복하게 하는지 안단다. 행운을 빈다!"

로빈은 숙부의 호의에 감사했으며, 여행을 떠날 준비를 했다.

며칠이 지나 어느 날씨 좋은 아침에 로빈은 셔우드 숲을 지나가고 있었다. 로빈은 희망과 흥분으로 가슴이 부풀어 길을 걸었다. 로빈은 휘파람을 불고 있었는데, 갑자기 참나무 가지 아래에서 웃고 농담을 하고 있는 한 무리의 왕실 삼림관들과 마주쳤다. p.20 그들은 커다란 고기 파이를 먹고 있었다. 그 무리의 대장은 로빈의 아버지의 왕실 삼림관 직분을 빼앗은 사람이었다. 하지만 로빈은 싸우고 싶지도 않았고 무슨 말을 하고 싶지도 않았다.

"오호라, 요 꼬마 녀석을 보게. 자기가 궁수라고 생각하나 본데!" 삼림 관장이 로빈에게 소리쳤다. "네가 그 활로 노팅엄 장날의 활쏘기 대회에서 이길 수 있다고 생각하는 것이냐?"

나머지 사람들은 웃었다. 로빈은 얼굴이 붉어졌다.

"내 활은 당신 것 못지않아." 로빈이 대답했다.

그들은 이 말에 다시 크게 웃었다.

"우리에게 네 기술을 조금 보여 주지 그래. 그리고 네가 표적을 맞힐 수 있다면 여기 있는 은화 스무 개는 네 것이다. 하지만 네가 표적을 맞히지 못하면 우리가 너를 패 줄 거야." 삼림관장이 말했다.

"당신이 표적을 골라 보시지." 로빈이 응수했다. "내가 빗맞히면 나를 죽여도 좋아."

"네 말대로 될 거다." 삼림관장이 화를 내며 말했다.

p.21 그때 멀리서 사슴 무리가 걸어 왔다. 그것들은 왕의 사슴들이었 나 그 거리에서는 사슴들이 다칠 염려 없이 안전해 보였다. 삼림관장은 그 사슴들을 가리켰다.

"네가 저 사슴들 중 한 마리를 맞힐 수 있다면 내가 너와 같이 활을 쏘겠다."

"알겠소!" 로빈이 외쳤다.

로빈은 자신의 긴 활에 줄을 매고 화살을 꺼내 귀 쪽으로 잡아당겼다. 로빈은 활시위를 놓았고 화살은 대기 속으로 쉭 소리를 냈다. 잠시 후 선두에 있던 사슴이 피를 흘리며 땅에 쓰러져 있었다.

왕실 삼림관들은 깜짝 놀랐다. 갑자기 삼림관장은 화를 냈다.

"네가 지금 무슨 짓을 한 줄이나 아느냐?" 그가 말했다. "너는 전하의 사슴을 죽였어. 그리고 헨리 전하의 법에 의하면 너는 처형되어야 해. p.22 여기에서 꺼져. 그리고 내게 돈을 요구할 생각도 하지 마라."

"훌륭하신 삼림관장 나리, 나는 이미 너무나 자주 당신의 행태를 봐 왔어. 당신이 우리 아버지의 자리를 빼앗았잖아."

로빈은 나머지 사람들에게서 돌아서서 걸어가기 시작했다.

삼림관장은 화가 잔뜩 나서 화살을 장전하고 로빈에게 쏘았다. 다행히도 삼림관장이 넘어지는 바람에 화살은 간신히 빗나갔다.

"하!" 로빈이 말했다. "당신은 나만큼 표적을 명중시키지도 못하는군!"

로빈은 삼림관장의 심장을 정확하게 겨누고 화살을 쏘았다. 삼림관장은 소리를 지르더니 땅에 쓰러져 죽었다. 로빈은 다른 이들이 그를 쫓기 시작할 수 있기 전에 할 수 있는 한 최대로 빨리 숲을 달렸다. 로빈은 이제 무법자였다. 로빈이 숲 속 깊은 곳으로 달렸을 때, 숲은 그를 집으로 맞아 주었다.

그날이 저물 무렵 로빈은 굶주리고 지쳐서 숲에 사는 가난한 과부의 오두막에 잠시 들렀다. p.23 그런데 이 과부는 로빈이 어렸을 적 자주 그를 친절하게 맞아 주곤 했다. 그래서 로빈은 대범하게 그녀의 집으로 들어갔다. 그 늙은 여인은 로빈을 보게 되어 기뻤고 그에게 케이크를 구워 주었다. 그녀는 로빈을 쉬게 해 주었고 자기한테 그가 지내 온 이야기를 들려 달라고 했다. 그러고 나서 그 여인은 고개를 저었다.

"셔우드에는 해악이 있어." 여인이 말했다. "가난한 사람들한테는 아무것도 없고 부자들이 가난한 사람들의 시체 위로 말을 몰고 다니지. 나의 세 아들은 우리가 굶주리는 것을 막으려고 전하의 사슴을 활로 쏘는 바람에 법을 어기고 말았어. 내 아들들은 지금 숲에 숨어 있단다. 그리고 내 자식들이 나한테 말해 주기를 최소 사십 명의 남자들이 자기들이랑 같이 숨어 있다는구나."

"그들이 어디에 있는데요, 아주머니?" 로빈이 간절히 말했다. "저도 그들과 함께하려고요."

"내 아들들이 오늘 밤 나를 찾아올 거란다. 네가 꼭 그래야 하는 거라면 여기 있다가 그 아이들을 만나 보렴."

p.24 그래서 로빈은 그날 밤 그 과부의 아들들을 만나려고 그 집에 머물렀다. 그들은 로빈과 같은 처지의 사람들이기 때문이었다. 그리고 로빈이 자신들과 같은 처지임을 알았을 때 그들은 로빈에게 충성을 맹세하라고 시켰다. 그들은 로빈에게 자신들이 그 숲의 어디에서 지내는지 말해 주었다.

"하지만 우리 무리에는 대장이 없어. 그래서 우리는 노팅엄에 가서 활쏘기 대회에서 상을 탈 수 있는 사람, 무법자 중 한 명이 우리의 대장이 되기로 합의를 보았어."

로빈은 벌떡 일어났다.

"나는 원래 거기 가고 있던 중이었어! 그 어떤 것도 내가 상을 타는 것을 막지 못할 거야!"

로빈이 그때 너무나 강인해 보여서 세 형제는 모두 로빈의 손을 움켜잡았다.

"네가 그 황금 화살을 탄다면 너는 셔우드 숲에 있는 무법자들의 대장이 될 거야!" 그들이 소리쳤다.

그래서 로빈은 노팅엄 시로 가기 위해 어떻게 변장을 할 수 있을지 계획을 짜기 시작했다.

p.25 노팅엄 주 장관은 로버트 피츠우스가 죽든 살든 그를 잡는 사람에게 200파운드의 현상금을 준다고 고시했다. 그리고 그 혼잡한 장날 거리에 있는 군중은 그 벽보를 읽고 삼림관장의 죽음에 관해 함께 이야기하기 위해 종종 멈춰 섰다.

하지만 장날이었기 때문에 다른 이야깃거리가 너무 많았다. 그래서 그 현상금은 대부분의 사람들에게는 잊히고 말았다. 오직 왕실 삼림관들과 주 장관의 하인들만이 로빈을 찾으려고 성문을 지켜보았다.

그날의 큰 행사가 오후에 있었다. 그것은 황금 화살이 걸린 활쏘기 대회였고 스무 명의 남자들이 활을 쏘기 위해 앞으로 나왔다. 그들 중에는 거지가 한 명 있었다. 그 거지의 긁힌 얼굴과 손은 햇빛에 그을려 있었다. p.26 그는 머리에 두건을 쓰고 있었다. 천천히 그 거지는 절뚝거리며 조준선의 자기 자리로 갔다. 군중은 그를 보고 폭소했다. 어떻게 그가 이 대회에서 우승하겠다는 것인가?

그는 거지로 분장한 로빈이었는데, 그의 옆에는 애꾸눈의 근육질 사나이가 서 있었다. 군중은 그 남자 역시 싫어했지만 그는 그들을 무시했다. 엄청난 군중이 그 대회를 보기 위해 모였다. 중앙 관람석에는 악독한 주 장관과 많은 보석으로 치장한 그의 부인, 그리고 그들의 딸이 있었다. 주 장관의 딸은 자신이 그 축제일의 여왕이 될 수 있도록 대회의 승자가 황금 화살을 자신에게 주기를 바랐다.

주 장관 자리의 옆은 헤어포드의 뚱뚱한 주교가 차지하고 있었다. 반대쪽은 검은 머리와 눈의 소녀가 앉아 있는 자리였다. 그 사람은 마리안이었다! 마리안이 방문 차 런던에 있는 왕비의 궁에서 온 것이었다. 마리안이 거기 있는 것을 봄으로써 로빈은 황금 화살을 타기로 한층 더 마음을 굳히게 되었다. p.27 로빈은 너무 긴장한 나머지 온몸이 떨리기 시작했다.

그때 나팔 소리가 울렸다. 첫 번째 과녁을 맞힐 수 있는 사람들은 두 번째 과녁에 활을 쏘는 것이 허락되었다. 세 번째 과녁은 승자가 밝혀질 때까지 더 멀리 옮겨지기로 되어 있었다. 승자는 황금 화살과 왕의 삼림관들과 같은 직위를 받기로 되어 있었다. 승자가 황금 화살을 준 여인은 또한 그날의 여왕으로 등극할 예정이었다.

나팔 소리가 다시 한 번 울렸고 궁수들은 활을 쏘기 위해 준비했다. 군중은 웃으며 로빈에 대해 숙덕거렸다. 하지만 첫 번째 궁수가 활을 쏘았을 때 군중은 조용해졌다.

과녁은 그리 멀리 있지 않았지만, 스무 명의 경합자 중 오직 열두 명만이 과녁 중앙의 안쪽 원에 화살이 다다랐다. p.28 로빈은 조준선에서 여섯 번째로 활을 쏘았고 화살은 과녁의 정중앙에 가깝게 꽂혔다. 외눈박이 남자는 기분이 좋은 듯 보였다. 그는 다음에 활을 쏘았고 그의 화살은 쉽게 과녁의 정중앙에 꽂혔다. 군중은 환호했다. 나팔 소리가 다시 울렸고 새 과녁은 더 멀리 세워졌.

처음 세 명의 궁수들이 다시 중앙의 안쪽 원을 맞혔다. 그들은 대다수의 사람들이 가장 좋아하는 궁수들이었고 우승할 것이라는 기대를 받았다. 네 번째와 다섯 번째 궁수는 간신히 중앙을 맞혔다. 로빈은 조용히 활을 겨누고 자신 있게 과녁을 명중시켰다.

군중이 몹시 흥분했고 환호했다. 그 다음에는 외눈박이 남자가 활을 쏘았고 과녁을 명중시켰다. 또 다시 군중은 격렬하게 환호했다. 나팔 소리가 세 번째 라운드를 알리기 위해 울렸고 과녁은 더 멀리 놓여졌다.

"자네 잘 쏘는군, 친구." 외눈박이 남자가 로빈에게 말했다.

p.29 "내가 우승하지 못하면 당신이 다른 사람들이 상을 타지 못하게 하면 좋겠소." 로빈은 말했다. 외눈박이 남자는 주 장관과 주교, 백작이 총애하는 다른 세 명의 궁수들을 향해 고개를 끄덕이고 나서 마리안이 앉아 있는 자리를 쳐다보았다. 마리안은 재빨리 그에게서 시선을 피했다.

"저 아가씨는 예쁘군." 외눈박이 남자가 웃으며 말했다. "저 아가씨가 주 장관의 거만한 딸보다 황금 화살을 더 받을 만하군."

로빈은 재빨리 외눈박이 남자를 쳐다보았는데, 그의 얼굴에서는 오직 친절함만을 보았다.

"당신은 현명한 사람이군. 그래서 나는 당신이 무척 맘에 드오." 로빈이 말했다.

이제 궁수들은 다시 활을 쏠 준비를 했다. 처음 세 명은 간신히 중앙의 안쪽 원을 맞혔다.

p.30 로빈은 긴장했다. 바람이 좋지 않았다. 그는 마리안을 쳐다보았다. 그녀는 로빈에게 미소 지었다. 그리고 그때 로빈은 그녀가 자신의 변장에도 불구하고 자신을 알아본다고 느꼈다. 로빈은 활시위를 팽팽하게 잡아당기고 사격장을 가로질러 과녁의 정중앙을 향해 가도록 화살을 똑바로 그리고 정확하게 쏘았다.

"거지다!" 갑자기 그 거지를 좋아하게 된 군중이 외쳤다.

마지막 궁수가 미소 지으며 준비했다. 그는 활을 편안하고 우아하게 잡아당겼다가 날개 달린 화살을 놓았다. 화살은 정확히 정중앙의 옆, 로빈의 화살 옆에 꽂혔다. 외눈박이 남자는 놀란 듯 보였다. 하지만 그때 외눈박이 남자는 자신이 바람 생각을 하지 못했다는 것을 깨달았다.

"우리가 다시 활을 쏘게 되기를 바라네." 외눈박이 남자가 로빈에게 말했다. "나는 황금 화살에는 관심 없어. 단지 주 장관이 싫을 뿐이야. 이제 황금 화살을 자네가 선택한 숙녀에게 주게." 그리고 별안간 돌아서더니 군중 속으로 사라졌다.

p.31 주 장관의 부하 한 명이 로빈에게 주 장관의 관람석으로 가서 상을 받으라고 했다.

"너는 낯설지만 활을 잘 쏘는구나. 이름이 무엇이냐?" 주 장관이 냉랭하게 물었다.

마리안은 듣고 있었다.

"저는 방랑자 로빈이라고 합니다, 장관님." 궁수가 말했다.

마리안은 뒤로 기대며 미소 지었다.

"방랑자 로빈, 너는 내 삼림관들 중 한 명이 되겠느냐?"

"장관님, 방랑자 로빈은 지금까지 늘 자유로운 사람이었고, 어떤 직업도 바라지 않습니다."

주 장관은 화가 난 듯 보였다.

"방랑자 로빈, 여기 황금 화살이 있다." 주 장관이 말했다. "그것을 받아도 손색없는 아가씨에게 주어라."

p.32 주 장관의 하인이 로빈을 주 장관의 딸 쪽으로 밀려고 했다. 로빈은 화살을 받아 마리안 쪽으로 걸어갔다.

"아가씨, 부디 아가씨를 모시려는 사람으로부터 이 화살을 받아 주십시오."

"고마워요, 두건 쓴 로빈." 마리안이 미소 지으며 대답했다. 그녀는 반짝이는 화살을 머리에 꽂았다.

주 장관은 분노하여 이 궁수를 노려보았다. 주 장관은 말을 꺼내려고 했지만 오만한 그의 딸이 그를 막았다. 주 장관은 경비를 불러 그 거지를 지켜보라고 말했다. 하지만 로빈은 벌써 군중 속으로 들어가 노팅엄의 성문을 향해 걷고 있었다.

그날 저녁 초록 옷을 입은 마흔 명의 남자들은 숲 속에 앉아 사슴고기를 먹고 있었다. 갑자기 그들은 발자국 소리를 들었다.

"나는 미망인의 아들들을 찾고 있소." 맑은 목소리의 주인공이 말했다. p.33 그 즉시 세 명의 남자가 앞으로 나왔다.

"로빈이야!" 그들이 외쳤다. 그리고 모든 이들이 와서 로빈에게 인사했다. 왜냐하면 그들은 로빈의 이야기를 들었던 것이다. 그들은 모두 로빈을 자신들의 대장으로 삼는 것으로 합의를 보았다.

"노팅엄 시에서 어떤 소식을 가져왔나?" 과부의 아들 중 한 명인 스타우트 윌이 물었다.

로빈은 웃으며 그에게 그날 있었던 대회 이야기를 해 주었다. 처음에 남자들은 로빈의 이야기를 의심하는 것 같았다.

그때 키가 큰 남자가 다른 이들로부터 떨어져 나왔다. 로빈은 그가 대회에서 본 외눈박이 남자라는 것을 알아보았다. 하지만 지금은 양쪽 눈 다 가려지지 않았고 두 눈 다 멀쩡했다.

"두건 쓴 로빈, 나는 자네 이야기가 사실인 것을 아네. 자네는 내가 하고 싶었던 대로 주 장관에게 창피를 주었네. p.34 나중에 누가 최고 궁수인지 우리 알아보세. 하지만 여기 나 윌 스튜틀리는 자네가 아닌 다른 어떤 대장도 섬기지 않겠다고 선언하네."

그러자 다른 이들도 그를 따라 로빈을 충성스럽게 섬기겠다고 맹세했다. 그들은 로빈을 로빈 후드라고 부르기로 결정했다. 그리고 로빈은 마리안이 그렇게 말했기 때문에 그 이름을 받아들였다. 그들은 로빈 후드에게 그들을 불러 모으기 위해 불도록 되어 있는 뿔피리를 주었다. 그들은 가난한 사람들을 돕기 위해 부자들로부터 돈을 빼앗고 여자들은 해치지 않기로 맹세했다.

그렇게 해서 로빈 후드는 무법자가 되었다.

로빈 후드가 리틀 존을 만난 이야기

p.35 그해 여름 내내 로빈 후드와 그의 유쾌한 무리들은 셔우드 숲을 배회했다. 그들은 유명해졌다. 노팅엄 주 장관이 무법자들을 잡으려고 쳐 놓은 함정은 수포로 돌아갔다. p.36 처음에 가난한 사람들은 이 무법자들을 두려워했다. 그러나 그들은 곧 로빈과 그의 부하들이 부자들에게서 도둑질을 하고 있고 가난한 사람들에게 거저 주고 있다는 것을 알게 되었으므로 그들을 좋아하게 되었다. 여름이 끝나갈 무렵에는 여든 명의 남자들이 로빈에게 충성했다.

"불안하군." 어느 날 아침 로빈이 말했다. "노팅엄에서 무슨 일이 일어나고 있는지 알고 싶어. 하지만 너희는 숲 속에 있어. 너희가 필요하면 내 뿔피리를 불어 너희를 부를 테니까."

그러고 나서 로빈은 노팅엄을 향하여 걷기 시작했다.

노팅엄 시를 향해 큰길을 따라 걷고 있을 때 로빈은 시냇가에서 잠시 멈추기로 했다. 시내에 다가갔을 때 로빈은 시냇물이 최근에 내린 비 때문에 많이 불어나 있는 것을 알게 되었다. 통나무 다리가 여전히 그곳에 있기는 했지만 다리의 이쪽 편 끝에는 물웅덩이가 있었다.

로빈은 그 커다란 웅덩이를 건너뛰려고 달리기 시작했다. 하지만 그는 키가 큰 나그네가 반대쪽에서 오고 있는 것을 보았다. 로빈은 더 빨리 달리기 시작했고 나그네도 마찬가지였다. p.37 그들은 만났고 서로의 옆을 달리고 있었다.

"내가 먼저 그곳으로 가겠소!" 로빈이 고함쳤다.

나그네는 미소 지었다. 그는 로빈보다 거의 머리 하나가 더 컸다.

"안 돼! 당신이 더 빠르다는 것을 나한테 보여 주어야 해!"

"내가 당신한테 더 빠르고 잘난 사람을 보여 주지!"

"내 평생 그렇게 더 잘난 자를 찾고 있었어! 어디 내게 보여 줘 봐!"

"그러지!" 로빈은 달리는 것을 멈추고 그의 활과 화살을 내려놓았다. 로빈은 커다란 참나무 막대기를 발견했다. "네 막대기를 구해라. 그리고 누가 더 잘났는지 알아보는 거야."

나그네는 자신이 쓸 막대기를 찾아냈고 로빈과 싸울 준비를 했다.

"하나, 둘……." 로빈이 숫자를 세기 시작했다.

p.38 "셋!" 거구의 나그네가 고함치더니 곧바로 막대기를 휘둘렀다.

다행히도 로빈은 빨랐다. 로빈은 공격을 재빨리 피하며 때릴 태세를 갖추었다. 나그네도 로빈의 공격을 자신의 막대기로 막았다.

싸움은 빠르고 격렬해졌다. 그것은 힘과 머리의 대결이었고 그 시합은 재미있었다. 나그네의 강력한 공격은 로빈의 머리 주위로 바람 소리를 내며 지나갔다. 로빈의 날쌘 공격이 나그네의 배를 때렸다. 하지만 각자 자신의 자리에서 한 발자국도 앞이나 뒤로 움직이지 않고 반 시간은 족히 굳건히 버텼다. 거구의 사나이의 얼굴은 점점 붉어지고 있었고 그의 호흡은 황소의 호흡 같았다. 마침내 나그네는 마지막 공격을 준비했다. 로빈은 재빨리 피해 그의 갈비뼈를 때렸다.

나그네는 그들이 싸우고 있던 다리에서 하마터면 떨어질 뻔했다.

"세상에, 당신 세게 칠 수 있구나!" 나그네가 숨을 헐떡였다.

p.39 이번 공격은 행운의 공격이었다. 로빈은 거구의 사나이가 떨어질 것이라고 기대했다. 로빈이 잠시 쉬고 있던 바로 그때 거구의 사나이가 로빈의 머리를 세게 내리쳤다. 로빈은 별을 보았고 시내로 곧장 떨어졌다.

시냇물이 로빈을 다시 정신 차리게 했지만 그는 너무 어지러워서 제대로 헤엄칠 수가 없었다. 나그네는 로빈을 보고 웃으며 도와주겠다고 제안했다. 나그네는 그의 막대기 끝을 로빈 근처에 내려주었다.

"이거 잡아!"

로빈이 그 막대기를 잡자 나그네는 로빈을 당겨 물 밖으로 꺼내 주었다. 로빈은 잠시 누웠다가 일어나 앉았다.

"자네는 내 머리를 정말로 세게 쳤어! 내 머리가 여름날 아침 벌집처럼 윙윙대는군."

그러고 나서 로빈은 뿔피리를 잡고 세 번을 불었다. 잠시 정적이 흐른 후 로빈은 덤불과 나뭇잎들이 움직이는 소리를 들었다. p.40 거의 마흔 명의 남자들이 모두 로빈처럼 초록 옷을 입고 나타났다. 착한 윌 스튜틀리와 과부의 세 아들이 제일 먼저 나타나기로 되어 있었다.

"무슨 일이야?" 윌 스튜틀리가 외쳤다. "왜 젖은 거야?"

"이자가 내가 다리를 건너지 못하게 하려고 해! 이자가 내 머리를 세게 치는 바람에 물에 빠졌거든."

"저자를 잡아라!" 윌이 외쳤다.

"아니, 자유롭게 가게 그를 내버려둬." 로빈이 말했다. "싸움은 정정당당한 것이었어. 그럼 자네도 괜찮겠지?" 로빈이 나그네에게 돌아서며 계속해서 말했다.

"만족해." 상대방 남자가 말했다. "아무튼 나는 자네가 아주 마음에 드니 자네 이름을 알고 싶어."

"내 부하들과 노팅엄의 주 장관까지도 나를 무법자 로빈 후드라고 알고 있지."

"그렇다면 내가 자네를 이긴 것은 유감이야." 그 남자가 외쳤다. p.41 "나는 자네를 찾아 자네의 유쾌한 무리와 어울려 보려고 가던 중이었거든. 이제 자네가 분명 나를 싫어하겠군."

"천만에! 나는 자네를 만나서 기뻐!"

그 두 남자는 웃으며 악수를 했다.

"하지만 자네는 아직 자네 이름을 우리에게 말해 주지 않았어." 로빈이 말했다.

"사람들은 나를 존 리틀이라고 불러." 키가 큰 남자가 말했다. "나는 충성하겠다고 맹세하네." 남자들이 그의 이름을 듣고 한참을 크게 웃어댔다.

그 남자들은 커다란 떡갈나무를 발견했다. 이 나무 밑에서 그들은 함께 떠들면서 음식을 먹었다. 그리고 로빈은 그날의 모험에 만족했다. 리틀 존 같은 사람을 만날 수 있는 것은 매일 있는 일이 아니었다.

로빈 후드가 푸주한으로 분한 이야기

p.42 다음날 아침 날씨가 고약해서 로빈 후드 일당은 보송보송하고 아늑한 그들의 동굴 근처에서 머물렀다. 사흘째 되는 날, 주 장관이 보낸 한 무리의 사람들이 로빈과 그의 부하들을 찾으러 왔다. 잘 자란 사슴 한 마리가 윌 스튜틀리의 부하 중 한 명에 의해 죽임을 당했다. 윌과 다른 이들이 그 사슴을 가져가기 위해 숲에서 나왔다. p.43 노팅엄에서 온 스무 명의 궁수들이 숲의 끝자락에 모습을 드러냈다.

윌의 부하들은 궁수들이 그들에게 쏜 화살을 피해 몸을 숙였다. 그러고 나서 나무 뒤에서 그들은 궁수들에게 화살을 되쏘았다. 주 장관의 부하 중 두 명이 어깨에 상처를 입었다.

나흘 후 리틀 존이 실종되었다. 그의 부하 중 한 명이 리틀 존이 거지한 명과 이야기하는 것을 보았지만, 그들이 어디로 갔는지는 모른다고 말했다. 이틀이 더 지났다. 로빈은 불안해졌다. 로빈은 주 장관의 부하들이 리틀 존을 잡아간 것은 아니기를 바랐다.

마침내 로빈은 노팅엄으로 가야겠다고 마음먹었다. 로빈은 길 저 아래쪽에서 말을 데리고 있는 푸주한을 보았다.

"안녕하쇼!" 로빈이 외쳤다. "어디에서 온 것이오, 그리고 또 고기를 한 짐 싣고 어디로 가는 것이오?"

p.44 "안녕하시오?" 푸주한이 정중하게 대답했다. "나는 그저 푸주한일 뿐이라오. 노팅엄에서 열리는 장에 내 고기를 팔려고 한다오. 그런데 당신은 어디에서 왔소?"

"나는 록슬리 시에서 온 농부요. 사람들은 나를 로빈 후드라고 하오."

"나는 당신 이야기를 들어 본 적이 있소!" 푸주한이 겁에 질려 대답했다. "나는 단지 가난한 푸주한일 뿐이오. 내 돈을 빼앗지 마시오."

"이보시오, 진정하시오. 당신 것을 빼앗지는 않을 테니까. 하지만 당신과 거래를 하고 싶소. 내가 오늘 푸주한이 되어 노팅엄 시에서 고기를 팔고 싶어서 그러오. 내게 당신의 고기와 수레와 말을 5마르크에 팔겠소?"

"물론이오!" 푸주한은 기뻐하며 말하고서 자기 말에서 내려왔다.

"한 가지 더 필요한 것이 있소. 우리 옷을 바꾸어 입어야 되겠소. 내 옷을 가져가고 어서 집으로 가시오."

그렇게 그 남자들은 옷을 바꾸어 입었고, 로빈은 말을 타고 노팅엄으로 갔다.

p.45 로빈은 노팅엄에 가자 말을 끌고 푸주한들이 판매대를 가지고 있는 곳으로 갔다. 로빈은 고기값을 얼마로 매겨야 하는지 알 수 없었다. 로빈은 어리석게 행동하며 사람들을 부르기 시작했다.

"자, 총각들, 아가씨들, 내 고기를 사시오! 1페니에 구이용 고기 세 덩어리! 입맞춤 한 번에 한 덩어리!"

사람들은 로빈이 정말로 1페니에 다른 푸주한들이 파는 것보다 세 배나 많은 고기를 팔았기 때문에 그의 주변으로 몰려들었다. 한두 명의 아가씨는 로빈에게 입맞춤을 하기까지 했다. 로빈은 다른 푸주한들이 불평하는 것을 들었지만 그는 그저 즐겁게 웃으며 더 크게 노래를 불렀다. 그의 웃음은 다른 사람들도 웃게 만들었고 그의 수레 주변으로 사람들이 빽빽하게 몰려들게 했다.

p.46 "이봐요, 푸주한 형제, 우리랑 함께 고기를 팔고 싶으면 우리 조합에 가입해서 우리 거래 규칙을 따라야 하는 거요." 다른 푸주한들 중 한

명이 로빈에게 말했다.

"우리는 오늘 장관님의 저택에서 저녁 식사를 한다오. 그러니 우리와 같이 갑시다." 또 다른 푸주한이 말했다.

"물론 우리 형제들과 함께하리다!" 로빈이 말했다.

때때로 여러 가지 장사를 하는 많은 조합들과 함께 저녁 식사를 하는 것은 주 장관이 하는 관례였다. 그때 주 장관은 로빈을 자기 옆에 앉게 했다. 다른 푸주한들이 주 장관에게 그가 약간 미쳤다고 귓엣말을 해 주었던 것이다. 영리한 사람이라면 쉽게 그를 속여 그가 가진 돈을 모두 빼앗을 수 있을 것이다.

주 장관은 연회에서 즐겁게 해 주는 사람이 있어 기뻤다. 주 장관은 로빈과 농담을 했다. 로빈은 기분이 좋았고 농담을 하여 식탁에 앉아 있는 모든 이들을 웃게 만들었다.

p.47 "실컷 마시고 드시오, 여러분!" 기도가 끝난 후 로빈이 말했다. "내가 여러분께 술을 실컷 사겠소!"

"건배!" 푸주한들이 외쳤다.

"그것 참 친절하고 즐거운 일이지만, 이 연회 비용은 내가 내는 거라네." 주 장관이 말했다. "자네는 땅과 동물들이 엄청 많아서 이렇게 돈을 마음껏 쓰는 것이 틀림없군."

"그렇습니다." 로빈이 대답했다. "저는 오백 마리의 짐승들이 있지만 그간 그놈들 중 한 마리도 팔 수가 없었지요. 그 때문에 제가 푸주한이 된 것입니다. 하지만 사겠다는 사람만 찾을 수 있다면 정말 기쁘게 그놈들을 몽땅 다 팔아 버릴지도 모를 일이지요."

"사겠다는 사람을 못 찾으면 내가 그 짐승들을 사지." 주 장관이 욕심을 내며 말했다.

로빈은 주 장관의 친절함을 칭찬하기 시작했다.

p.48 "아니네, 아니야." 주 장관이 말했다. "내일 시장으로 자네 가축들을 데리고 오게. 그러면 돈을 받을 테니."

"그 녀석들이 사방에 흩어져 있기 때문에 저는 쉽게 그렇게 할 수가 없습니다. 하지만 그 녀석들은 여기서 1마일도 안 되는 게임웰 근처 저 너머에 있어요. 내일 장관님께서 가셔서 직접 짐승들을 고르시겠습니까?"

"그러지. 나와 밤을 같이 지내게. 내가 아침에 자네와 같이 갈 테니."

로빈은 주 장관의 집에 밤새 있다는 생각이 마음에 들지 않았다. 그는 주 장관과 만날 약속 장소를 정하고 싶었지만 이제는 이렇게 하다가 주 장관이 그를 의심하게 만들 수도 있다는 것을 알았다.

"그러지요." 로빈이 말하고 나서 문이 열리고 하인이 포도주 쟁반을 들고 들어왔다. 그 남자의 얼굴을 보고 로빈은 자리에서 조금 일어섰다. 그 사람도 로빈을 보고 순간 가만히 서 있었지만 그러고 나서 돌아서서 연회장을 나갔다.

p.49 그것은 리틀 존이었다.

리틀 존이 주 장관의 집에서 무엇을 하고 있었던 것일까? 왜 그는 로빈의 무리에게 말하지 않았던 것일까? 하지만 로빈은 리틀 존이 신뢰할 만하고 진실하다는 것을 알았다. 로빈은 다시 연회에 참석한 손님들을 웃기기 시작했다. 리틀 존이 다른 하인들과 함께 다시 나타나 잔을 다시 채웠다. 그는 로빈에게 다가왔.

"오늘 밤 식품 창고에서 보세." 리틀 존이 로빈에게 속삭였다.

로빈은 고개를 끄덕이고 큰 소리로 노래를 불렀다. 마침내 모두가 잠자리에 들기로 했다.

주 장관은 하인에게 로빈을 그의 방으로 안내해 주라고 시켰고 다음날 아침 식사 때 로빈을 만나기로 약속했다. 로빈은 약속을 지켰고 그날 밤 리틀 존을 만났다.

리틀 존은 무엇을 하고 있었던 것일까?

리틀 존이 주 장관의 하인으로 들어간 이야기

p.50 노팅엄 시에서 또 다른 장이 섰는데 사람들이 모든 성문을 통해 그곳으로 몰려들었다. 사람들은 온갖 종류의 물건들을 팔고 있었고 여러 가지 공연을 위해 무대가 세워졌다. 그곳에는 링컨의 에릭이라는 자가 있었는데 그는 봉 싸움을 가장 잘한다고 여겨졌다. 에릭은 자신에게 도전하는 자는 누구에게든 싸워 보자고 제안했다. p.51 몇 명의 남자가 도전했지만 에릭이 매번 이겼다.

거지 한 명이 에릭의 무대를 등지고 앉아 싸움이 있을 때마다 씩 웃고 있었다. 거지는 더럽고 무례했다. 도전자를 기다리고 있을 때 에릭은 거지가 자기를 지켜보고 있는 것을 보았다.

"이봐! 왜 나를 빤히 쳐다보고 있는 거야? 그만두지 않으면 너를 흠씬

패 주겠다! 내가 더 나은 예의범절을 가르쳐 주지."

"자네는 나에게 어떤 예의범절도 가르쳐 줄 수 없을 것 같네." 거지는 씩 웃으며 말했다.

"나와서 나하고 싸우자!" 에릭이 고함쳤다.

"그러지! 자네는 너무 잘난 체가 심해서 져도 싸. 누가 나한테 봉 좀 빌려주겠소?"

이 말에 남자들 중 많은 이가 거지에게 빌려주려고 봉을 꺼냈다. 그들은 너무 두려워 에릭과 싸울 수는 없었지만, 누군가 다른 사람이 그렇게 하는 것을 보고 싶어 했다. p.52 거지는 가장 무거운 봉을 골랐다. 거지가 서툴게 무대에 올라갔는데, 그는 에릭보다 머리 하나는 더 컸다. 거지가 너무 꼴사납게 보여서 군중은 웃었다.

이제 두 명의 남자는 각자 자리를 잡고 시합 시작을 기다리며 상대방을 위아래로 살폈다. 에릭은 잠깐 동안 기다렸다가 거지에게 달려들어 그의 어깨를 세게 때렸다. 거지는 재빨리 움직였는데 그는 고통 때문에 그의 봉을 떨어뜨릴 것처럼 보였다. 군중은 함성을 질렀고 에릭은 또 한 번 공격을 하려고 몸을 일으켜 세웠다. 하지만 바로 그때 그 서투른 거지가 기운을 차렸다. 거지는 에릭을 강한 공격으로 쓰러뜨렸다. 에릭은 갑자기 땅에 쓰러졌고 사람들은 웃었다.

하지만 에릭은 다시 벌떡 일어나 경기장의 자기 자리 쪽으로 이동했다. 에릭은 신중을 기하여 거지를 공격할 준비를 했다. 에릭은 거지를 때리려고 연거푸 시도했지만 그의 공격은 매번 차단되었다. 거지는 굳건하게 서서 오직 공격을 막기만 했다. p.53 에릭은 신경질이 나기 시작했다. 마침내 에릭은 화를 내며 거지를 사납게 때리기 시작했지만 공격은 여전히 차단되었다.

그러다가 마침내 거지가 기회를 보고 싸우는 방식을 바꾸었다. 위쪽으로 일격을 가해 거지는 에릭의 봉을 허공으로 날려 보냈다. 또 한 번의 공격으로 거지는 에릭의 머리를 때렸다. 그리고 세 번째로 봉을 휘둘러 에릭을 무대 밖으로 넘어뜨렸다.

그때 사람들이 춤을 추며 너무나 크게 소리를 지르는 바람에 모두가 무슨 일이 일어나고 있는 것인지를 보려고 달려왔다. 그 낯선 거지의 승리는 그를 굉장히 유명해지게 했다. 에릭은 약한 사람을 괴롭히는 대단히 나쁜 놈이었고 많은 사람들이 그의 손에 패배와 창피를 겪어 왔다.

사람들은 거지에게 하루 종일 돈과 음식을 주었다. p.54 그날은 활쏘기 대회도 있었는데, 거지는 새로 사귄 친구들 중 몇 명과 함께 그 대회에 갔다. 대회는 로빈이 이전에 들어갔던 바로 그 경기장에서 열렸다. 또 다시 주 장관과 영주들, 그리고 지체 높은 여자들이 참석했다.

궁수들이 앞으로 걸어 나왔을 때, 경기의 규칙에 대한 설명이 이루어졌다. 선수들은 각자 활을 세 번 쏘기로 되어 있었다. 가장 활을 잘 쏜 궁수는 가축들을 상으로 받을 예정이었다. 열두 명의 궁수들이 그곳에 있었는데, 그들 중에는 왕실 삼림관들 수하와 주 장관 수하의 궁수들 중 가장 우수한 자들도 몇 명 있었다. 그 줄 끝 아래쪽으로 그 키가 큰 거지가 있었다.

"저 누더기를 입은 자는 누구지?" 주 장관이 물었다.

"저자는 링컨의 에릭을 이긴 바로 그자입니다."라는 대답이 있었다.

활쏘기가 시작되었다. 모든 이의 맨 마지막에 거지의 차례가 왔다.

"괜찮다면 내가 도전을 해 보고 싶소." 거지가 말했다. p.55 거지는 아주 작은 묘목을 발견하고서 그것을 가리켰다. "누가 시험 삼아 저것을 맞혀 보겠소?"

하지만 어떤 궁수도 그처럼 작은 과녁에 자신의 평판을 거는 위험을 무릅쓰려고 하지 않았다.

그때 거지가 활을 아무렇게나 당기더니 묘목을 반으로 갈라놓았다.

"거지 만세!" 군중이 소리쳤다.

"이자가 가장 뛰어난 궁수다." 주 장관은 말하고서 가까이 오라고 거지를 불렀다. "뛰어난 자여, 자네의 이름은 무엇인가? 그리고 어느 지방에서 태어났는가?"

"저는 홀더니스에서 태어났습니다." 그 남자가 대답했다. "사람들은 저를 레이놀드 그린리프라고 부릅니다."

"자네는 건장한 남자네, 레이놀드 그린리프. 그리고 자네가 지금 입고 있는 것보다 더 나은 옷을 입을 자격이 있네. 자네, 나를 위해 일하겠는가? 내가 자네에게 1년에 20마르크와 좋은 옷을 세 벌 주겠네."

p.56 "좋은 옷 세 벌이요? 그럼 기꺼이 모시지요. 저는 오랫동안 가난하게 지냈거든요."

그러고 나서 레이놀드는 군중을 향해 돌아서서 소리쳤다.

"나는 이제 장관님을 위해 일할 것이오. 그러니 상으로 받은 가축은 필요 없소. 그놈들을 가져다가 잔치를 여시오."

이 말에 군중은 그 어느 때보다 더 즐겁게 소리를 질렀다. 물론 레이놀드는 리틀 존이었다. 그렇게 해서 리틀 존은 주 장관의 집으로 가서 그를 위해 일을 하기 시작한 것이었다. 하지만 새로운 사람을 들인 그날이 주 장관에게는 유감스러운 날이었다. 이틀이 지났다. 리틀 존은 좋은 하인이 되지 않았다. 리틀 존은 주 장관의 최고급 빵을 먹고 그의 최상급 포도주를 마시겠다고 고집을 부렸다. 그러나 주 장관은 리틀 존을 여전히 매우 아끼며 그를 사냥에 데려가는 것에 대해 이야기했다.

이제 우리가 이미 들은 바 있는 푸주한들을 위한 잔칫날이 되었다. p.57 연회장은 본채에 있지는 않았지만 복도로 본채와 연결되어 있었다. 리틀 존을 제외한 하인들 모두가 연회를 준비하느라 뛰어다니고 있었다. 리틀 존은 하루 종일 누워 있었다. 하지만 저녁 식사가 반쯤 끝나가고 있을 때쯤에야 마침내 그는 모습을 드러냈다.

리틀 존이 연회장에 들어갔을 때 그가 보게 된 것은 다름 아닌 로빈 후드였다. 그들은 놀랐지만 비밀을 지키며 그날 밤에 둘이 만나기로 약속을 정했다. 한편 교만한 주 장관은 자기 집 지붕 밑에 두 명의 무법자가 있는 줄은 전혀 몰랐다.

연회가 끝난 후 리틀 존은 자기가 하루 종일 아무것도 못 먹었다는 것을 기억해 냈다. 리틀 존은 먹을 것을 찾아보려고 식품 창고로 갔다. p.58 집사가 그곳에 있었는데, 그는 이미 모든 문을 잠가두었다.

"집사님, 나한테 먹을 것 좀 주시오." 리틀 존이 말했다.

집사는 고개를 저었다.

"주인님이 주무시고 계시다." 집사가 말했다. "먹기에는 너무 늦은 시간이야. 먹으려고 이왕 이렇게 오래 기다렸으니 아침에 먹으면 되잖아."

"그런데 나는 그렇게는 못하겠소! 당신은 곰처럼 겨울 내내 동면할 수 있을 만큼 뚱뚱한지 모르지만 나는 음식이 필요해."

이렇게 말하며 그는 집사를 밀치고 식품 창고 문을 열려고 했다. 문은 잠겨 있었다. 집사는 웃으며 열쇠를 달그락거렸다. 존은 몹시 화가 나서 식품 창고 문을 주먹으로 쳐서 구멍을 냈다. 집사가 열쇠 꾸러미로 리틀 존을 때렸다. 리틀 존이 뒤로 돌아 집사를 아주 힘껏 때리는 바람에 그는 땅에 쓰러졌다.

그렇게 하여 리틀 존은 원하는 만큼 먹고 마셨다. p.59 그런데 주 장관은 부엌에 풍채가 당당하고 용감한 요리사를 두고 있었는데 그가 그 소리를 듣고 무슨 일이 있는지 알아보려고 왔다. 그곳에는 리틀 존이 음식을 먹으며 앉아 있었고, 반면에 뚱뚱한 집사는 탁자 밑에 있었다.

"너는 우리 주인님 집에서 어떻게 이런 식으로 행동할 수가 있느냐?" 요리사가 외쳤다. 요리사는 검을 꺼냈다.

"너는 나와 내 고기 사이에 들어올 권리가 없어!" 리틀 존이 되받아 소리쳤다. 그리고 그는 자기 검을 꺼내 요리사와 무기를 교차시켰다. 그러고 나서 그들의 검은 앞뒤로 챙챙 소리를 내며 부딪쳤다. 그들은 꼬박 한 시간을 싸웠지만 누구도 상대방을 치지 못했다.

"너는 내가 본 중 가장 뛰어난 검객이군. 우리 잠시 먹고 쉬는 것이 어때? 그러고 나서 다시 싸우면 되잖아."

"그러자!" 요리사가 말했고 그들은 둘 다 자기 검 옆에 누워 행복하게 음식을 먹었다. p.60 그러고 나서 그 전사들은 잠시 쉬면서 자기들의 배를 두드렸고 친구처럼 서로에게 미소를 지었다.

"그러면 레이놀드 그린리프, 이제 다시 싸워 볼까?" 요리사가 말했다.

"그럴 수도 있겠지만 친구야, 우리가 왜 싸우고 있는 거지?"

"누가 최고의 검객인지 알아보려고 싸우려는 거잖아."

"나는 나중에 자네와 싸우고 싶네. 하지만 지금 당장은 내 대장과 나는 자네가 필요하네."

"누가 자네의 대장인데?" 요리사가 물었다.

"나요, 나는 로빈 후드라오." 로빈이 그 방에 들어서며 말했다.

주 장관이 세 명의 훌륭한 하인을 잃었다가 그들을 다시 찾은 이야기

p.61 "당신의 용맹에 대해서는 들어 보았소." 요리사가 말했다. "그런데 이 키 큰 검객은 누구요?"

"사람들은 정말로 나를 리틀 존이라고 부른다네."

"그러면 리틀 존이든지 레이놀드 그린리프든지 하여간 나는 자네가 아주 마음에 드네. p.62 방앗간 주인의 아들 머치는 내 명예를 걸고, 자네와 마찬가지로 용맹한 로빈 후드 당신을 기쁜 마음으로 받들겠소."

"자네는 멋진 사람이군!" 로빈이 말했다. "나는 잠자리로 돌아가야 하네. 자네 둘이 오늘 밤 이 집에서 달아난다면 나는 내일 숲에서 자네들과 합류하게 되겠지."

"여기에서 밤을 보내면 당신은 죽게 될 거요!" 요리사가 말했다. "우리와 같이 갑시다. 주 장관은 이번 주가 장이 서는 주라서 모든 성문에 경비를 세워 두고 있지만 서쪽 성문의 파수꾼을 내가 아니까 우리가 안전하게 성문을 통과하게 내가 데려갈 수 있을 거요."

"안 되네! 나는 내일 주 장관을 데려가야 해. 자네들은 오늘 밤에 가게. 숲 경계선 안에서 유쾌한 나의 부하들을 찾을 수 있을 걸세. 그들에게 내일 밤에 사슴 두 마리를 죽이라고 전해 주게나."

그리고 로빈은 왔을 때처럼 홀연히 그들을 떠났다.

"친구, 가세." 리틀 존이 말했다. p.63 "하지만 먼저 주 장관의 은 접시를 챙기세."

두 남자는 은 접시를 많이 훔쳤고 셔우드 숲의 친숙한 집으로 도망쳤다. 다음날 아침 하인들은 늦게 일어났다. 로빈 후드는 아침 식사 때 주 장관을 만났다. 주 장관은 그날 아침 아주 명랑했다. 로빈은 너무나 어리석고 바보 같아서 주 장관은 자기가 로빈의 가축들을 곧 갖게 될 것이라고 확신했다.

그들은 걷기 시작했다. 그들은 활짝 열린 성문을 통과해 노팅엄 시 밖으로 걸어갔고 셔우드 숲으로 이르는 언덕길을 올랐다. 그리고 그들이 가는 동안 로빈은 휘파람을 불기 시작했다.

"자네는 왜 그렇게 기분이 좋은가?" 주 장관이 긴장하면서 물었다.

"저는 계속 용기를 내려고 휘파람을 불고 있는 거랍니다." 로빈이 대답했다.

p.64 "노팅엄의 주 장관이 자네 옆에 있는데 겁낼 것이 뭐가 있는가?"

"사람들이 그러는데 로빈 후드와 그의 부하들은 장관님을 두려워하지 않는대요." 로빈이 말했다.

"푸하!" 주 장관이 말했다. "나라면 걱정하지 않겠네."

"하지만 로빈 후드 그자가 지난번 제가 이 도시에 올 때 바로 이 길에 있었거든요."

주 장관은 긴장하여 주위를 둘러보았다.

"자네가 그자를 봤다고?" 주 장관이 물었다.

"그렇다니까요! 그자가 노팅엄으로 몰고 가기 위해 이 말과 수레를 쓰고 싶어 했는걸요. 그자는 푸주한인 척할 거라고 했어요. 하지만 보세요!"

로빈은 말하면서 그 길로 돌아 들어갔고 그들 앞에는 왕의 사슴 떼가 풀을 뜯으며 서 있었다. 로빈은 그 사슴들을 가리켰다.

"제 짐승들이 있습니다, 장관님! 어떻습니까?"

"이게 뭔가? 나는 이런 꼴을 보려고 온 게 아니네. p.65 나는 집으로 가야겠네. 자네도 그래야 해."

"안 돼." 로빈이 주 장관의 말고삐를 잡으며 웃었다. "당신을 그냥 보내주기 위해 내가 당신을 만나려고 그렇게 공들인 게 아니거든. 게다가 나는 당신 친구들과 함께 음식을 먹었잖아. 당신도 내 친구들이랑 음식을 먹어보는 게 어때?"

그렇게 말하고 나서 로빈은 뿔피리를 입술에 대고 세 번의 유쾌한 음을 불었다. 사슴들은 도망갔다. 나무 뒤에서 마흔 명의 남자가 초록 옷을 입고 나왔다. 그들은 손에 활을 들고 단검을 양 옆구리에 차고 있었다. 주 장관은 놀라서 가만히 앉아 있었다.

"그린우드에 온 것을 환영합니다!" 대장 중 한 명이 말하며 주 장관을 놀리려고 한쪽 무릎을 꿇었다.

주 장관은 노려보았다. 그 사람은 리틀 존이었다.

"레이놀드 그린리프, 너는 나를 배신했어!"

p.66 "그것은 당신 잘못이야. 당신은 내가 당신 집에 있을 때 내게 저녁을 주지 않았어. 하지만 우리는 당신에게 잔치를 열어 줄 거야. 당신이 좋아하길 바라."

"말 잘했네, 리틀 존." 로빈 후드가 말했다. "저자의 말고삐를 잡고 우리와 함께 잔치를 벌이러 온 손님에게 예의를 차려 주게."

그러더니 무리 전체가 불쑥 돌아서서 숲의 한가운데로 뛰어들었다.

부하들이 주 장관의 말을 커다란 참나무들이 몇 그루 있는 숲 속 공터로 잡아끌었다. 이 나무들 중 가장 큰 나무 아래에 두 마리의 사슴을 요리하고 있는 장작불이 있었다. 남자들 마흔 명이 더 불 주위에 모여 있었다. 그들은 모두 일어서더니 그들의 대장에게 인사했다.

"이제 보니 우리 새 요리사가 저녁 식사를 준비하고 있군. 우리의 귀한 손님을 위해 경기를 몇 개 치러 보세!" 로빈이 외쳤다.

p.67 그때 숲 전체에 사슴고기와 야채를 굽는 입맛 돋는 냄새가 가득 풍겼다. 로빈 후드는 주 장관을 가장 큰 참나무 아래에 앉히고 주 장관 옆에 앉았다.

두 명이 무리에서 앞으로 걸어 나와 봉을 가지고 싸우기 시작했다. 여느 남자들과 마찬가지로 훌륭한 경기를 아주 좋아하는 주 장관은 자기가 어디에 있는지도 잊고서 박수를 쳤다.

그런 다음 주 장관은 궁수들이 멀리 있는 과녁을 멋지게 맞힘으로써 그들의 기술을 뽐내는 것을 보는 것을 즐겼다.

하지만 주 장관의 고취된 기분은 곧 망쳐졌다. 일행은 음식을 먹으려고 앉았고 손님은 신경 쓰이는 놀라움을 두 가지 더 대접 받았다. p.68 요리사가 음식을 접대하러 앞으로 나왔는데 주 장관은 그가 자신의 옛 하인이었다는 것을 알았다.

방앗간 주인의 아들 머치가 주 장관의 놀라움에 화답하는 듯 씩 웃더니 잔치가 열리기 전에 접시를 내와 자리에 놓았다. 그때 주 장관의 마음속에는 분노가 가득했다. 음식이 자기 집에서 가지고 온 접시 위에 제공되었던 것이다.

"너희, 이 패씸한 도둑들아!" 주 장관이 외쳤다. "너희는 내 하인들과 내 접시들을 훔쳤어! 나는 너희 음식을 건드리지도 않을 것이다!"

"영국에서는 하인들이 왔다 갔다 하잖아. 이 접시들은 당신을 예우하기 위해서 가져온 거였어. 이제 다시 앉으시고 기분 좀 푸시지."

그래서 주 장관은 지을 수 있는 가장 좋은 표정을 짓고 다시 앉았는데, 얼마 안 가 그는 허겁지겁 먹고 있었다. 그리고 그들은 해가 저물 때까지 왕처럼 잔치를 즐기며 서로의 잔을 쨍그랑 부딪쳤다.

p.69 "나를 환대해 준 셔우드의 선량한 사람들 모두에게 감사하오. 나는 전하를 위해 일하기 때문에 내가 셔우드에 있는 당신들을 어떻게 다루겠다고 약속할 수는 없소. 하지만 날이 저물고 있으니 나는 가야 하오." 주 장관이 마침내 말했다.

그러자 로빈 후드와 그의 부하들이 전부 일어나 주 장관의 건강을 빌며 술을 마셨다.

"지금 당장 가야 한다면 당신을 막지는 않겠소. 당신이 두 가지 일을 잊고 있는 것만 빼면."

"그게 뭐지?" 주 장관은 물었는데, 그러는 동안 그의 가슴은 덜컥 내려앉았다.

"당신은 오늘 뿔 달린 짐승들을 사러 나왔다는 것을 잊었소. 또한 그린우드 여인숙에서 저녁 식사를 한 자는 집주인에게 값을 치러야 하오."

"나한테는 돈이 조금 밖에 없소." 주 장관은 미안해하며 말을 꺼냈다.

p.70 "얼마나 가지고 있는데?" 리틀 존이 물었다. "당신은 내게 급여도 줘야 하잖아."

"그리고 내 것도!" 머치가 말했다.

"내 것도!" 로빈이 웃었다.

"이 은 접시들 전부면 어느 것에든 그만한 값이 되지 않겠나?" 주 장관이 말했다.

무법자들이 이 말에 웃음을 터뜨렸다.

"좋소! 우리가 접시를 가져왔으니까 우리에게 급여는 빚지지 않은 셈 치지. 그리고 우리의 필요와 전하의 필요를 위해 우리가 짐승 무리를 마음대로 기르겠소. 하지만 이 작은 술집의 계산서는 정산해야 하오."

"나는 고작 저 스무 개의 금화와 스무 개의 다른 동전들이 있을 뿐이야." 주 장관이 정직하게 말했다.

"세어 보게, 리틀 존." 로빈 후드가 말했다.

리틀 존이 주 장관의 지갑을 뒤집었다.

"사실이네." 리틀 존이 말했다.

p.71 "그럼 접대비로 그냥 스무 개만 지불하시오." 로빈이 말했다. "이보게들, 그러면 되겠나?"

"좋소!" 다른 이들이 말했다.

"주 장관은 우리를 괴롭히지 않을 거라고 약속해야 하오." 윌 스튜틀리가 말했다.

"그럼 그렇게 해야지." 리틀 존이 주 장관에게 다가가며 소리쳤다. "이제 당신 목숨을 걸고 맹세하시오."

"영국의 성인 성 조지의 이름을 걸고 맹세하겠네." 주 장관이 말했다. "나는 셔우드의 무법자들을 절대 성가시게 하거나 괴롭히지 않겠네."

'하지만 셔우드 밖에서는 너희 중 누구라도 잡게 할 테다!' 주 장관은 혼자 생각했다.

그런 후 금화 스무 개가 지불되었고 주 장관은 한 번 더 떠날 채비를 했다.

p.72 "자, 살펴가시오, 장관님." 리틀 존이 말했다. "다음에 불쌍한 사람을 해칠 때는 이번 일을 기억하시오. 그리고 다음에 하인을 고용할 때는 그자가 당신을 고용하는 것은 아닐지 확실히 해 두시오."

주 장관은 노팅엄을 향해 길을 계속 갔다.

그리고 그것이 주 장관이 세 명의 훌륭한 하인을 잃어버렸다가 다시 그들을 찾은 경위이다.

로빈 후드가 윌 스칼렛을 만난 이야기

p.73 어느 날씨 좋은 아침 로빈 후드와 리틀 존은 한가로이 길을 걸어 내려가며 숲을 통과하고 있었다. 그곳은 그들이 기억에 남을 만한 싸움을 벌였던 다리에서 멀지 않았다. 그들 두 사람은 그곳 시내에서 물을 마시기로 결정했다. p.74 그들은 그날이 더운 날이 될 것임을 알았다.

그들의 양쪽으로는 어린 옥수수가 자라는 드넓은 밭이 있었다. 숲 속의 거대한 참나무들은 발치의 작은 제비꽃들 위로 매우 높게 서 있었다. 저 멀리 시내 반대편에는 위쪽에 연잎 세 개가 떠 있었다. 두 친구는 느긋하게 휴식을 취하며 아름다운 날을 즐겼다.

숲을 걸어가는 동안 로빈과 리틀 존은 누군가가 즐겁게 휘파람을 부는 소리를 들었다.

"들어 보게." 로빈이 조용히 말했다. "누가 오고 있는 거지? 우리가 훔칠 수 있는 돈이 있을까?"

그래서 그들은 조용히 누워 있었는데, 1분쯤 더 지나 주홍색 비단옷을 입고 수탉 깃털이 꽂힌 모자를 쓴 나그네가 나타났다. 깃털부터 다리에 신은 비단 스타킹까지 그의 전체 복장이 주홍색이었다. 그의 옆구리에는 좋은 검이 매달려 있었다. 그의 머리는 긴 금발이었으며 어깨까지 치렁치렁 내려와 있었다.

p.75 리틀 존이 그 남자가 옷 입은 방식을 보고 웃었다.

"그런데 저자는 예쁘장하게 생기기는 했는데 힘은 세어 보여!" 리틀 존이 속삭였다. "저 팔과 다리의 근육을 봐! 내 장담하는데 저자는 검을 잘 쓸 수 있어."

"아니야." 로빈이 대답했다. "저자는 내가 무기를 쓰는 것을 보자마자 도망칠 거야. 내가 저자의 돈을 빼앗는 동안 여기서 기다리게."

로빈 후드는 주홍색 나그네가 오는 길목에 서 있었다. 나그네는 발걸음을 더 늦추거나 재촉하지 않았다. 그는 앞으로 곧장 계속 걸었고 로빈을 한 번 쳐다보지도 않았다.

"서라! 이 위험한 숲을 걸어가다니 무엇을 하려는 참이냐?"

"내가 왜 멈춰야 합니까?" 나그네는 부드러운 목소리로 말하며 처음으로 로빈을 쳐다보았다.

p.76 "내가 당신한테 그러라고 했으니까." 로빈이 대답했다.

"그런데 당신은 누굽니까?" 상대방이 물었다.

"내 이름이 무엇인지는 중요하지 않아. 나는 가난한 사람들을 위한 세금 징수원이야. 당신 지갑에는 돈이 너무 많은데 그 사람들은 하나도 없거든. 친절하게 나에게 돈을 넘기도록 해."

나그네는 다정하게 미소 지었다.

"당신은 재미있군요. 내가 오늘 아침에는 서두를 일이 없으니 계속 말을 해 보십시오."

"나는 할 말은 다했어. 이제 당신 지갑을 나한테 내놓으시지."

"내가 내 지갑을 보자고 청하는 힘센 자들 모두에게 그것을 보여 줄 수 없는 것이 매우 유감입니다. 길을 비켜 주십시오."

"그러지는 못하겠는걸."

"나는 당신 말을 참을성 있게 들었습니다." 나그네는 노래를 부르며 떠나려고 했다. "이제 내가 가야 할 시간입니다."

"멈추지 않으면 네 예쁜 머리카락을 싹둑 잘라 버릴 거야!" p.77 그리고 로빈은 자신의 봉을 위협적으로 휘둘렀다.

"아아!" 나그네가 고개를 저으며 신음 소리를 냈다. "이제 나는 이 사람을 내 검으로 죽여야 하는군요! 나는 평화로운 사람이 되고 싶었건만!" 그리고 깊이 한숨을 쉬며 그는 자신의 번쩍거리는 검을 꺼냈다.

"무기를 치워라." 로빈이 말했다. "내 것과 같은 막대기를 구해라. 그리고 우리 남자 대 남자로 정정당당하게 싸우자."

나그네는 평상시처럼 느리게 잠시 생각하더니 로빈을 머리부터 발끝까지 쳐다보았다. 그런 다음 나그네는 검을 땅에 내려놓고 참나무 쪽으로 걸어갔다. 나그네는 마음에 드는 나무뿌리를 찾아서 천천히 수월하게 그 뿌리를 땅에서 뽑았다.

'와!' 리틀 존은 생각했다. '지금은 로빈 후드가 되고 싶지 않은걸!'

p.78 나그네의 힘을 보자마자 무슨 생각을 했는지 몰라도, 로빈은 한마디도 하지 않았고 움직이지도 않았다.

나그네는 힘이 세고 시원시원했지만, 로빈은 그의 힘과 쌍벽을 이루었다. 로빈은 나그네를 때리기가 몹시 어렵다는 것을 알았다. 리틀 존은 좋아하며 조용히 웃었다.

앞서거니 뒤서거니 하며 싸움꾼들은 서로를 때리려고 애썼다. 앞뒤로 그들은 먼지 구름을 차올리면서 펄쩍 뛰었다. 로빈은 약한 사람이라면 쓰러졌을 법한 세 번의 공격으로 나그네를 때렸다.

주홍색 남자는 로빈을 단지 두 번 때렸을 뿐이지만, 두 번째 공격으로 로빈을 끝장낼 것 같았다. 첫 번째 타격은 로빈의 손가락 관절에 행해졌고 그것은 로빈의 손가락을 부러뜨렸다. 그래서 로빈은 쉽게 다시 막대기를 들 수가 없었다. 그리고 로빈이 아파서 날뛰고 있는 동안 상대방의 막대기가 먼지를 가르고 날아와 로빈의 팔 아래를 때렸다.

p.79 로빈은 쓰러졌다. 하지만 고통을 무릅쓰고 로빈은 다시 벌떡 일어났다. 리틀 존이 갑자기 끼어들었다.

"그만!" 리틀 존이 덤불숲에서 뛰어나와 나그네의 무기를 잡았다.

"아니요." 나그네가 조용히 말했다. "저자가 쓰러져 있을 때는 저자를 때리지 않을 거요. 하지만 숲 속에 숨어 있는 당신 편이 더 있으면 나는 당신들 모두와 싸우겠소."

"당신은 훌륭한 사내이면서 신사이기도 하구려. 나는 더 이상 당신과 싸우지 않겠소. 당신은 나를 심하게 다치게 했소. 내 부하들도 당신을 괴롭히지 않을 것이오."

로빈은 먼지와 땀투성이였다. 로빈은 괜찮아 보이지 않았다.

"내가 외투의 먼지를 털어 주겠네." 리틀 존이 말했다.

p.80 "아니, 괜찮아." 로빈은 말하고 시내로 가서 물을 많이 마시고 얼굴과 손을 씻었다.

이러는 내내 나그네는 로빈의 행동과 목소리를 기억이라도 해 내려는 듯이 그를 지켜보고 그의 목소리를 듣고 있었다.

"당신이 그 유명한 무법자 바네스데일의 로빈 후드 아니오?"

"맞소."

"내가 왜 진작 몰랐을까, 로빈 이 녀석! 너 게임웰 산장에 왔다 갔지?"

"하! 윌 게임웰이구나! 내가 좋아하는 오랜 친구, 윌 게임웰이 맞구나!" 로빈이 상대방에게 팔을 벌리며 소리쳤다. "못 알아봐서 미안해! 너 많이 변했구나."

"너도 달라 보여!"

"그런데 왜 나를 찾고 있었어?" 로빈이 물었다. "내가 무법자이고 위험한 일당과 함께 있다는 것을 알잖아. 숙부님은 어떠셔? p.81 마리안에 관해 무슨 소식이라도 들은 거 있어?"

"노팅엄에서 네가 황금 화살을 그녀에게 주었던 큰 장이 열리고 나서 몇 주 지나지 않아 나는 마리안을 봤어. 그것은 마리안이 가장 좋아하는 물건이야. 마리안이 나에게 자기는 엘리노어 왕비 전하의 궁으로 돌아가야 한다고 너한테 말해 주라더라. 우리 아버지는 여전히 건강하시기는 하지만 점점 연세가 들고 계시지 뭐. 아버지는 네가 무법자인 것을 슬퍼하시지만 주 장관을 싫어하시니까 속으로는 너를 자랑스러워하셔.

아버지를 위해서 나도 이제 너처럼 무법자 신세야. 아버지에게는 우리 아버지를 속이고 자기가 집 주인인 양 행동하는 집사가 한 명 있었거든. 하지만 내가 돌아왔을 때 그가 그런 식으로 행동하는 것을 보는 것이 나를 화나게 했지. 어느 날 나는 그가 아버지께 소리치며 늙은 바보라고 부르는 것을 들었어. 나는 몹시 화가 나서 그자를 때려 주었어. 그럴 의도는 없었지만 나는 그자를 죽이고 말았어. 나는 주 장관이 우리 아버지를 해칠 핑계로 이 일을 이용할 것을 알았지. 그래서 나는 도망쳐 너를 찾기로 결심했던 거야."

p.82 "와! 한 사람을 위해 법을 피해 도망치다니, 너 무척 멋져 보인다! 너는 부잣집 도련님처럼 생겼어."

"사실이잖아." 윌이 웃었다. "이 사람이 그 대단한 리틀 존이야? 나와 악수합시다. 언젠가 우리 한 번 겨루어 봅시다!"

"그럽시다!" 리틀 존이 기뻐하며 대답했다. "당신 성이 뭐라고 했소?"

"윌도 우리 모두가 그러는 것처럼 성을 바꿔야 해. 숲에 온 것을 환영해, 윌 스칼렛!"

로빈 후드가 수도사 터크를 만난 이야기

p.83 여름에 로빈과 그의 부하들은 뛰어놀고 싶었다. 어떤 사람들은 뛰어올랐고 어떤 사람들은 달렸고 어떤 사람들은 궁술을 시도해 보았고 어떤 사람들은 봉과 검을 가지고 연습하곤 했다. 그들은 모든 기술을 연마했고 영국 전역에서 유명해졌다.

p.84 로빈은 훌륭한 기술을 가진 사람 이야기를 들을 때마다 그 사람

을 찾아 그를 시험해 보곤 했다. 이 일이 항상 로빈에게 좋게 끝나는 것은 아니었다. 그리고 로빈은 마음에 드는 사람을 찾으면 셔우드 숲의 사람들과 일하자고 제안했다. 어느 날 리틀 존이 오백 피트 떨어진 거리에서 사슴 한 마리를 쏘았다.

"자네처럼 활을 쏠 수 있는 사람을 찾기 위해서라면 백 마일이라도 여행하겠네."

이 말을 듣고 윌 스칼렛이 웃었다.

"파운틴스 수도원이라는 곳에 터크라는 수도사가 있는데 그 사람이라면 로빈과 리틀 존 자네들 둘 다 이길지도 모르네."

"이 수도사를 만날 때까지 나는 먹지도 마시지도 않을 거야." 로빈이 말했다.

로빈은 모험 채비를 하기 시작했다. 로빈은 사슬 갑옷을 입고 검과, 활, 화살들을 준비했다. 그러고 나서 로빈은 즐겁게 여행을 떠났다. 로빈은 시내가 흐르는 초원을 발견할 때까지 걸었다. p.85 날씨는 쾌적했고 시냇물은 한가운데가 꽤 깊기 때문에 천천히 흘렀다. 로빈은 잠시 쉬면서 어디로 갈지 정하려고 멈춰 섰다.

로빈은 나무들 중 한 그루에 기대고 앉아 두 남자가 푸딩과 고기 파이 중에 어떤 것이 더 나은 식사거리가 될지에 대해 심각하게 말싸움을 하고 있는 소리를 들었다.

로빈은 버드나무 뒤에서 바라보고 웃었다. 노래하고 이야기를 하면서 이 모든 일을 전부 벌인 사람은 두 사람이 아니라 한 사람이었다. 그 사람은 긴 망토를 뚱뚱한 몸 위에 걸치고 가운데를 끈으로 여민 수도사였다. 그의 머리에는 기사의 투구가 씌워져 있었고 손에는 커다란 고기 파이가 들려 있었다. 그의 말싸움은 끝났다. 고기 파이가 이겼다!

하지만 우선 수도사는 머리를 식히려고 투구를 벗었다. p.86 그의 머리는 사과처럼 둥글고 또 매끈했다. 수도사는 대머리가 되어 가고 있었는데 그의 남은 머리카락은 검은색이고 곱슬곱슬했다. 그의 뺨도 매끄럽고 불그스름하고 번들거렸다. 수도사의 작은 회색 눈은 우스운 모양새로 이리저리 움직였다. 만약 당신이 이 우스운 남자를 보고 말하는 소리를 들었다면 웃고 싶어 했다는 이유로 로빈 후드를 탓할 수는 없었을 것이다. 수도사는 뚱뚱하고 우스꽝스러워 보였으나 또한 힘이 세어 보이기도 했다. 그의 짧은 목은 황소처럼 굵었고 그의 어깨와 팔은 참나무처럼 튼튼해 보였다.

로빈은 그자가 검을 지닌 것을 볼 수 있었다. 로빈은 그의 무기에 대해서는 걱정하지 않았다. 대신에 로빈은 수도사가 급히 먹고 있는 고기 파이가 걱정이었다.

그때 로빈은 자기 활을 잡고 화살을 쏠 준비를 했다.

"이보시오, 수도사님!" 로빈이 수도사에게 외쳤다. "나를 업고 시내를 건네주시오. 그러지 않으면 당신을 활로 쏠 것이오."

p.87 상대방 수도사는 벌떡 일어났고 로빈이 화살을 자기에게 겨눈 것을 보았다.

"활을 내려놓으시오, 그러면 당신을 업고 시내 반대편으로 데려다주겠소." 수도사가 대답했다. "우리는 서로 도와야 하오. 당신이 활에 솜씨가 있는 사람이라는 것을 나는 알 수 있소."

그렇게 수도사는 자기의 파이와 무기를 내려놓고 진지하게 일어나서 시내를 건너왔다. 그리고 나서 수도사는 로빈 후드를 자기 등에 업고 시내 반대쪽에 이를 때까지 좋은 말도 나쁜 말도 하지 않았다.

"수도사님, 내가 수도사님한테 신세졌소." 로빈이 그의 등에서 뛰어내리면서 수도사에게 말했다.

"내게 신세졌다고?" 수도사는 묻더니 자기의 검을 꺼냈다. "나도 시내를 건느고 싶네. 나는 교회에 봉사하네. 자네가 내게 봉사하면 자네도 교회에 봉사하는 것이 되네. 간단히 말해서 자네가 나를 다시 데리고 가야 한다는 말일세."

p.88 수도사가 자기 검을 너무 재빠르게 꺼내는 바람에 로빈은 자신의 무기를 준비할 시간이 없었다.

"수도사님, 제 발이 젖을 텐데요." 로빈이 말을 꺼냈다.

"자네 발이 내 발보다 더 낫기라도 한가?" 수도사가 말했다. "나는 벌써 젖었네."

"저는 수도사님처럼 힘이 세지 않습니다." 로빈이 계속해서 말했다. "수도사님의 갑옷이랑 무기는 아주 무거워 보이네요."

"나를 건네주겠다고 약속하게. 그러면 내 무기랑 갑옷을 치우겠네." 수도사가 말했다.

"좋아요." 로빈이 말했다. 수도사는 그의 갑옷을 벗고 로빈의 등에 올라탔다.

그런데 시내 바닥에 있는 돌들은 둥글둥글하고 미끄러웠으며 시내 한가운데는 물살이 강했다. 더구나 로빈은 상대방이 지고 있던 것보다 더 무거운 짐을 지고 있었다. 그래서 로빈은 꼴사납게 시내를 건넜다. 로빈은 계속 발을 헛디뎠으며 몇 번은 거의 넘어질 뻔했다. p.89 하지만 뚱뚱한 수도사는 마치 로빈이 말이라도 되는 것처럼 그의 등에 꼭 매달렸다. 가엾은 로빈은 힘겹게 숨을 쉬었고 땀이 이마로 뚝뚝 떨어졌지만 결국 시내 반대쪽에 이르기는 했다.

로빈은 수도사를 내려놓자마자 자신의 검을 잡았다.

"자, 수도사 양반! 나는 당신이 어느 교회에 봉사하는지는 개의치 않소. 당신이 나를 다시 시내 건너로 도로 데려다주지 않으면 당신을 베어 버리겠소!"

"자네는 현명하구만, 젊은이." 수도사가 말했다. "자네가 용기 있다는 것도 이제 알겠네. 다시 한 번 내가 등을 굽혀 이 오만불손한 젊은이를 데리고 가지."

그래서 로빈은 다시 기분 좋게 올라탔고 자신의 검을 손에 들고 시내 건너편에서 싸울 태세를 갖추었다. 하지만 무엇을 해야 할지 생각하고 있는 사이 로빈은 자신이 수도사의 등에서 미끄러져 내려가고 있는 것을 느꼈다. p.90 로빈은 꼭 매달리려고 애썼지만 무기를 들고 있기 때문에 그럴 수가 없었다. 그래서 로빈은 시내 한복판으로 철퍽 하고 큰 소리를 내며 떨어졌다.

"자! 선택하게, 젊은이! 빠져죽을 것인지 헤엄칠 것인지 말일세!" 그리고 수도사는 로빈이 헤엄치려고 애쓰는 동안 시내 건너편으로 올라갔다. 로빈은 버드나무 가지를 움켜잡고 마침내 시내에서 빠져나왔다. 그런 다음 로빈은 화가 잔뜩 나서 활과 화살을 꺼내 수도사에게 연달아 쏘았다. 하지만 화살은 수도사의 강철 갑옷에 조금도 손상을 주지 못하고 튕겨 나왔고 그러는 내내 수도사는 웃었다.

"계속 쏘아 보게, 젊은이!" 수도사가 웃었다. "자네는 나를 해칠 수 없을 걸세."

그래서 로빈은 자기 화살이 모두 없어질 때까지 활을 쏘았다.

"이 몹쓸 악당 같으니라고!" 로빈은 소리쳤다. "이리 와서 검을 가지고 나와 싸워 보자! p.91 네가 수도사이건 아니건 나는 상관없다. 너를 죽여 버릴 테다!"

"자네 정말 난폭하게 행동하고 있군! 말로만 해서는 아무 의미가 없지. 자네가 정말 나랑 검으로 싸우고 싶으면 시내 중간에서 나와 만나세."

수도사는 시내 중간까지 걸어왔고 로빈은 그곳에서 수도사와 만났다.

그러고 나서 격렬하고 맹렬한 싸움이 시작되었다. 위아래, 안뒤, 그리고 앞뒤를 오가며 그들은 싸웠다. 검이 지는 햇살을 받아 번쩍였다. 그들은 여러 번 서로를 쳤지만 갑옷 때문에 서로를 벨 수가 없었다. 게다가 그들의 갈비뼈는 타격의 힘 때문에 아팠다. 다시 한 번 그들은 잠시 멈추고 숨을 고르며 서로를 노려보았다. 서로가 그토록 힘센 사람을 만난 것은 여태 한 번도 없었기 때문이었다.

p.92 마침내 로빈의 발이 구르는 자갈을 밟았고, 그는 무릎을 꿇고 넘어졌다. 하지만 수도사는 로빈이 두 발로 설 수 있을 때까지 기다렸다.

"당신은 내가 오랜만에 만나 본 최고의 검객이군." 로빈이 소리쳤다. "당신에게 부탁을 하나 하고 싶소."

"무엇인가?" 수도사가 물었다.

"내가 뿔피리를 꺼내 세 번 불 수 있게 해 주시오."

"자네가 더 이상 불 수 없을 때까지 불게 해 주지."

그러자 로빈은 뿔피리를 입에 대고 불었다. 오십 명의 부하가 로빈을 맞으러 숲에서 나왔다.

"이자들은 누구의 부하들이지?" 수도사가 말했다.

"이자들은 내 부하들이오." 로빈 후드가 마침내 자신이 웃을 때가 왔다고 생각하며 말했다.

"내가 자네 부탁을 들어줬으니 내 부탁도 하나 들어주게. 내가 휘파람을 세 번 불게 해 주게."

p.93 "나는 예의가 바르니 그렇게 해 주겠소." 로빈이 대답했다.

수도사가 크고 날카로운 음조로 휘파람을 세 번 불었다. 오십 마리의 개들이 숲에서 달려 나와 방금 숲에서 나왔던 오십 명의 남자들과 만났다.

남자들은 시내 반대편에 있는 개들을 향해 화살을 쏘기 시작했지만 수도사에게 훈련을 받은 개들은 화살을 영리하게 피했다. 개들은 달려가서 마치 요즘 개들이 막대기를 물어오듯이 그 화살들을 다시 물어 왔다.

"이런 것은 여태 본 적이 없어!" 리틀 존이 깜짝 놀라 말했다.

"마술임에 틀림없어." 다른 사람이 말했다.

"당신 개들을 멀리 보내시오, 터크 수도사!" 웃고 있던 윌 스칼렛이 소리쳤다.

"터크 수도사라고!" 로빈이 몹시 놀라며 외쳤다. "당신이 터크 수도사요? 그럼 나는 당신의 친구요. 당신이 내가 찾아 나선 사람이기 때문이오."

p.94 "나는 가난한 수도사요." 상대방은 자신의 개 무리에게 휘파람을 불며 말했다. "내 이름은 파운틴스 데일의 수도사 터크요. 나는 여기에서 7년 동안 살았지. 나는 아직까지 칼싸움에서 나를 이길 수 있는 기사나 군인, 농부를 만나 본 적이 없소. 하지만 당신은 매우 뛰어나군. 당신을 알고 싶소."

"그는 무법자 로빈 후드요." 윌 스칼렛이 두 명의 적수의 젖은 옷을 흘끗 보며 말했다.

"로빈 후드라고!" 수도사가 소리쳤다. "당신이 정말로 그 유명한 무법자요? 그렇다면 나는 당신을 아주 좋아한다오. 내가 당신을 더 일찍 알았다면 당신을 업고 시내를 건네주고 내 파이도 당신과 나누어 먹는 일을 둘 다 해 주었을 거요."

"나를 무례하게 만든 것이 바로 그 파이라오. 당신의 파이와 개들을 숲 속에 있는 우리에게 데려오시오. 우리는 당신이 필요합니다. 우리가 셔우드 숲에 당신의 교회를 짓고 당신은 우리를 악한 길로 가지 못하게 막아 주시오. p.95 우리 무리와 함께하지 않겠소?"

"그럽시다!" 수도사 터크가 기분 좋게 말했다. "다시 한 번 내가 이 시내를 건너 당신들과 함께 멋진 숲으로 가겠소."

앨런 아 데일의 구애가 성공한 이야기

p.96 수도사 터크와 방앗간 주인의 아들 머치는 그날 저녁 유쾌한 무리를 위해 함께 준비한 김이 모락모락 나는 스튜를 먹으며 금방 친구가 되었다. 터크는 숲 속에서 고기 파이를 만들 줄 알고 주 장관을 위해 요리를 했던 사람을 발견하게 되어 기뻤다. 머치는 약초들과 숲과 관련된 것들에 관한 수도사의 지식에 깜짝 놀랐고 그러한 수도사의 지식은 그 스튜를 맛 좋게 하는 데 일조했다. p.97 그날부터 수도사는 로빈의 무리가 일요일마다 기도하게 만들었다.

그래서 로빈은 배불리 먹고 그날 저녁 숲 속으로 산책을 갔고 그의 마음속에는 부하들에 대한 사랑이 가득했다. 로빈은 누구와도 싸우려고 하지 않았다. 대신에 로빈은 한 남자의 노랫소리를 들었을 때 나무 뒤로 갔고 노래 부르는 사람을 보기 위해 기다렸다.

이 남자는 윌만큼 부유해 보이지는 않았지만 윌처럼 주홍색으로 차려입었다. 그래도 그는 정직한 얼굴을 가진 건장한 남자였으며 목소리는 윌보다 훨씬 달콤했다. 그는 손에 하프를 들고 하프를 연주했기 때문에 방랑 가수처럼 보였다. 그는 자신과 내일 결혼하려는 여인에 대해 노래했다.

로빈은 그 가수가 지나가게 내버려두었다. 그의 노래는 로빈에게 마리안을 생각나게 만들었다. p.98 그래서 로빈은 야영지로 돌아가 그곳에서 그 가수 이야기를 했다.

"자네들 중 누구든 그 사람을 보면 내게 데려오게." 로빈이 말했다. "그 사람과 이야기를 나누고 싶어서 그래."

리틀 존과 방앗간의 주인의 아들 머치가 그 젊은이를 본 것은 바로 다음날 그들이 밖에 나갔을 때였다. 하지만 이제 그는 슬퍼하며 길을 걸어오고 있었다. 그의 멋진 주홍색 옷은 망가져 있었다.

"이보게! 그만 울게!" 리틀 존이 그에게 소리쳤다.

그 남자는 그들을 보자마자 활에 화살을 장전할 준비를 했다.

"당신들은 누굽니까? 내게서 무엇을 원하는 겁니까?"

"무기를 치우시오." 머치가 말했다. "우리는 당신을 해치지 않을 거요. 하지만 당신은 우리 대장을 만나러 가야 하오."

그래서 그 노래하는 사람은 활을 내리고 로빈 후드에게 자신을 데려가도록 허락했다.

"내가 어젯밤에 당신의 여인에 관해 노래 부르는 것을 들었는데, 당신이 바로 그 남자요?" 로빈이 그에게 물었다.

p.99 "나는 몸은 그대로이지만 이제 내 영혼은 다르게 느낍니다." 그 남자는 슬퍼하며 대답했다.

"나한테 당신의 이야기를 해 보시오." 로빈이 말했다.

"어제 나는 어떤 아가씨와 약혼을 했습니다. 하지만 나는 그녀를 빼앗겼고 바로 오늘 그녀는 늙은 기사의 신부가 될 것입니다. 나는 그녀 없이는 계속 살 수가 없어요!"

"힘내시오!" 로빈이 말했다. "그 늙은 기사가 어쩌다 그녀를 차지한 것이오?"

"이 노르만 기사는 내 여인의 땅을 가지고 싶어 합니다. 그녀의 오빠는 그녀가 귀족과 결혼하기를 바라고요. 그래서 그가 허락을……."

"당신은 분명 무슨 일이든 할 수 있을 텐데." 로빈이 말을 꺼냈다.

"나는 그 기사와 싸우려고 해 보았지만 그는 나를 상대해 주려고 하지 않았어요."

"이거 참 안됐군!" 리틀 존이 말했다.

"아가씨는 당신을 사랑하오?" 로빈 후드가 물었다.

p.100 "물론이죠! 나는 그녀가 7년 전에 나한테 준 반지를 가지고 있어요."

"당신 이름이 뭐요?" 로빈 후드가 물었다.

"내 이름은 앨런 아 데일입니다."

"앨런 아 데일, 당신의 진실한 사랑을 되찾기 위해서 나한테 무엇을 줄 거요?"

"나는 돈이 없어요." 앨런이 말했다. "당신은 로빈 후드가 아닙니까?"

로빈이 고개를 끄덕였다.

"그럼 당신이 나를 도와줄 수 있겠군요! 내 사랑을 되찾아 준다면 평생 당신을 섬길 것을 약속합니다."

"결혼식이 어디에서 언제 열릴 예정이오?" 로빈이 물었다.

"여기에서 5마일 떨어진 플림턴 교회에서 오후 3시예요."

"그럼 우리 플림턴으로 가세!" 로빈이 외쳤다. 그러고 나서 로빈은 장군처럼 명령을 내렸다. "윌 스튜틀리, 스물네 명의 부하들을 플림턴 교회로 오후 3시까지 보내게. p.101 머치, 자네는 이 젊은이를 위해 포리지를 좀 만들어 주게. 윌 스칼렛, 이 젊은이에게 더 괜찮은 옷과 무기들을 좀 가져다 주게. 그리고 터크 수도사, 우리의 행운을 빌어 주시오."

헤어포드의 뚱뚱한 주교가 그날 플림턴 교회에 있었다. 교회는 예식을 위해 꽃들로 장식되어 있었다. 예식에 참석하는 모든 사람을 위한 음식과 술이 있었다. 주교가 초록 옷을 입은 가수를 보았을 때는 벌써 손님들이 오기 시작하고 있었다. 그것은 로빈 후드였으며, 그는 그때를 위해 앨런의 하프를 빌렸다.

"자네는 누구지?" 주교가 물었다.

"방해해서 대단히 죄송합니다! 저는 북부 지방 전체를 통틀어 가장 훌륭한 하프 연주자로 알려져 있지요. p.102 그 사실이 주교님 마음에 드신다면 제가 이 결혼식에서 연주해도 될까요?"

"무엇을 연주할 수 있지?" 주교가 다그쳐 물었다.

"저는 상심한 마음을 치유할 만큼 연주를 잘할 수 있습니다. 저는 아가씨가 자기의 연인을 떠나도록 만들 수 있지요. 저는 사람들이 사랑에 빠지게 만드는 곡을 연주할 수 있어요."

"그렇다면 환영이네, 훌륭한 가수 양반." 주교가 말했다. "나는 음악을 사랑하지. 노래를 들어 보세!"

"안 됩니다! 신랑 신부가 오기 전에 노래하면 불운이 따른답니다."

"알겠네! 하지만 지금 그들이 오고 있어."

그때 늙은 기사가 주홍색과 금색으로 된 옷을 입은 궁수들과 함께 나타났다. 그 기사는 너무 늙어서 지팡이를 짚고 걸었다.

그리고 그들 뒤로 사랑스러운 아가씨가 그녀의 오빠의 팔에 기대어 들어왔다. 그녀의 머리카락은 황금처럼 빛났고 눈동자는 푸른 제비꽃 같았다. 그녀는 울고 있었던 것처럼 보였다. p.103 하지만 지금 그녀는 당당한 태도로 걸었다. 그녀는 오직 두 명의 아가씨들만을 데리고 있었다.

"이 사람들은 내가 여태껏 보았던 짝들 중 최악이군!" 로빈이 외쳤다.

주교는 신랑 신부를 맞을 준비를 했다.

하지만 로빈은 주교를 무시했다. 로빈은 신부 옆에서 걸었다.

"용기를 내요, 아가씨!" 로빈이 속삭였다. "또 다른 가수가 이 근처에서 아가씨를 기다립니다."

아가씨는 처음에는 겁먹은 듯 보였으나 로빈이 정직하고 친절하다는 것을 알아보았다. 그래서 그녀는 로빈에게 고마워하며 미소를 지었다.

"비켜 서, 이 바보야!" 그녀의 오빠가 소리쳤다.

"안 됩니다. 내가 신부에게 행운을 드리는 중인 걸요." 로빈이 웃으며 말했다.

"이제 음악을 연주하게!" 주교가 명령했다.

p.104 "기꺼이 하지요! 하지만 하프 대신 뿔피리를 연주하겠습니다!"

로빈은 뿔피리를 꺼내 교회 전체에 울리도록 크게 세 번 소리를 냈다.

"저자를 잡아라!" 주교가 소리쳤다. "저자는 로빈 후드가 틀림없다!"

궁수들이 로빈을 잡으려고 했지만 이제는 결혼식을 보고 있던 사람들이 서서 그들을 막았다. 한편 로빈은 제단 위로 펄쩍 뛰어 올라갔다.

"더 이상 가까이 오지 마라!" 로빈이 활을 꺼내며 사람들에게 외쳤다. "모두 자기 자리에 있으시오. 우리는 오늘 결혼식을 치를 것입니다. 하지만 신부는 자신의 남편을 직접 고를 것이오."

스물네 명의 훌륭한 궁수들이 윌 스튜틀리와 함께 행진해 들어왔다. 그리고 그들은 열 명의 상대편 궁수들과 신부의 오빠를 붙잡았다. 그러고 나서 앨런 아 데일이 멋있게 차려입고 신랑 측 들러리로 선 윌 스칼렛과 함께 들어왔다.

p.105 "그럼 아가씨, 이 결혼식이 계속되기 전에 아가씨는 누구를 남편으로 삼겠습니까?" 로빈이 물었다. 아가씨는 미소 지으며 앨런에게 걸어가 그를 끌어안았다.

"저 사람이 그녀의 진실한 사랑이오." 로빈이 말했다. "늙은 기사가 아니라 젊은 앨런이라오. 자 우리 주교님, 결혼식을 속행하시지요."

"그렇게는 못 하겠다!" 주교가 대답했다.

"알았소!" 로빈이 말했다. "이 교회에 이 두 명의 연인을 결혼시킬 수 있는 수도사가 있다는 것을 나는 또한 알고 있거든. 우리 주교님은 서류에 서명을 할 테지만, 훌륭한 수도사님은 이 한 쌍의 짝을 책과 양초로 축복해 주시겠지요?"

그래서 교회 뒤쪽 한쪽 구석에 있던 수도사 터크가 앞으로 나왔고 앨런과 그의 아가씨는 터크 앞에 무릎을 꿇었다.

"누가 이 여인을 건네주겠소?" 수도사가 물었다.

p.106 "내가 합니다! 나 바네스데일과 셔우드의 로빈 후드요!"

그렇게 해서 수도사는 그들을 남편과 아내로 선언했다. 부부는 입을 맞추었다. 그런 다음 그 아가씨는 로빈의 부하들 각자 모두의 뺨에 입을 맞추어 주었다.

과부의 세 아들이 구출된 이야기

p.107 로빈 후드의 부하들은 주교와 궁수들을 묶어 교회에 가두어 놓고 떠났다. 신부의 오빠는 풀어주었지만 여동생을 그냥 내버려두라는 말을 들었다. 늙어빠진 기사는 강제로 높은 나무 위로 올라가게 했다.

p.108 마을 사람들은 로빈 후드 때문에 다음날까지 그 사람들을 구해 주는 것을 두려워했다. 주교와 늙은 기사는 급히 주 장관에게 불평하러 갔다. 주 장관 본인은 노팅엄 시 밖에서 로빈에게 도전하려고 하는 것을 몹시 꺼렸다. 그러나 다른 이들은 주 장관이 그들을 도와주지 않으면 곧바로 왕

에게 가겠다고 맹세했으므로 주 장관은 결국 동의했다.

왕실 삼림관들과 검객 출신의 사람들 백 명으로 이루어진 부대가 함께 모여 로빈 후드 무리의 숲 속으로 행진해 갔다. 그곳에서 그들은 몇몇 무법자들이 사냥을 하고 있는 것을 보고 깜짝 놀랐고 즉각 그 무법자들을 쫓기 시작했다. 그들은 무법자들을 따라잡을 수가 없었다. 무법자들은 숲 속으로 들어가 그곳에서 화살을 쏘았다. 무법자들은 주 장관의 모자와 부하들 몇 명의 팔을 맞혔다.

무법자 한 명이 발이 걸려 넘어지자 다른 두 명이 즉시 멈춰 서서 그를 다시 일으켜 세우는 것을 도왔다. p.109 그들은 과부의 세 아들로 스타우트, 레스터, 존이었다. 주 장관의 부하들이 그들을 에워쌌다. 세 명의 아들은 세 명을 죽이고 또 다른 두 명에게 상처를 입혔다. 왕실 삼림관들은 과부의 아들들을 막 죽이려는 참이었다.

"멈춰라! 그놈들을 죽이지 마라! 우리는 그놈들을 노팅엄으로 데려가 거기에서 교수형에 처할 것이다!"

그렇게 그들은 과부의 세 아들을 묶어 노팅엄으로 도로 데리고 갔다. 그때 로빈 후드는 무슨 일이 일어났는지 모르고 있었다. 하지만 그날 저녁 야영지로 돌아오는 도중에 로빈은 과부와 맞닥뜨렸는데, 그녀는 울고 있었다.

"무슨 일이에요, 아주머니?" 로빈이 물었다.

p.110 "주 장관이 나의 아들 셋을 데리고 있어! 그는 그 아이들을 교수형에 처할 거야!"

"그럴 리가요! 언제 그들을 교수형에 처한답니까?"

"내일 정오." 과부가 대답했다.

"제가 아주머니의 용감한 아들들을 구할 거예요. 저를 믿으세요, 아주머니!"

늙은 과부는 로빈을 끌어안고 그에게 감사했다.

그런 다음 로빈 후드는 숲 속 야영지로 갔고 그곳에서 과부의 세 아들이 붙잡힌 경위를 들었다.

"우리는 반드시 그들을 구해야 하네, 동지들!" 로빈이 말했다.

무리는 계획을 생각해 내기 시작했다. 로빈은 근심스러워서 밖으로 나갔다. 로빈은 돈을 구걸하는 거지 순례자를 만났다.

"무슨 소식이 있나요?" 로빈이 먼저 그에게 물었다.

"세 명의 남자가 내일 사형 선고를 받는대요." 그가 대답했다.

p.111 그때 로빈에게 생각이 떠올랐다.

"자, 저랑 옷을 바꿔 입어요, 어르신." 로빈이 말했다. "제가 질 좋은 은으로 40실링을 드릴게요."

"왜 내 옷을 원하는 것이오? 늙은이를 조롱하면 안 된다오."

"어르신을 조롱하는 것이 아닙니다. 제가 금화 20실링을 드릴게요."

그렇게 순례자는 설득 당했고 로빈은 그 노인의 모자를 쓰고 그 노인의 망토와 바지를 입고 신발을 신었다. 로빈은 순례자의 낡은 누더기 옷을 입는 동안 우스갯소리를 많이 하여 그 순례자를 웃게 만들었다. 그날 서로를 떠날 때 그들은 아주 달라 보였다. 아무도 로빈을 알아보지 못했다.

p.112 다음날 아침에는 노팅엄 도시 전체가 일찍 잠에서 깨어 있었고 성문이 열리자마자 시골 사람들이 들어오기 시작했다. 모든 사람들이 세 명의 남자가 교수형 당하는 것을 구경하고 싶어 했다. 순례자로 변장한 로빈 후드는 성문으로 제일 먼저 들어온 사람들 가운데 한 명이었고 그는 도시 주변을 천천히 오르락내리락했다. 로빈은 시장으로 가서 교수형을 위해 세워진 세 개의 교수대를 보았다.

"이것들은 누구를 위해 만들어진 겁니까?" 로빈은 옆에 서 있는 험상궂은 군인에게 물었다.

"로빈 후드의 세 명의 부하들을 위한 것이오." 상대방 군인이 대답했다. "로빈은 아니라오. 그자는 장관님 근처에 다시 오지는 않을 정도로 똑똑하니까."

"사람들이 그러는데 로빈은 대담한 자라던데요." 로빈은 우는 소리를 했다.

"하!" 군인이 말했다. "그자가 숲 속에서는 대담할지 모르나 노팅엄에서는 이야기가 다르지."

p.113 "누가 이 가엾은 세 남자들을 교수대에 매달 건가요?" 로빈이 물었다.

"나도 모르오. 하지만 장관님께서 지금 오고 계시는구려." 군인은 교수대를 점검하러 온 주 장관에게 인사를 했다.

"장관님, 오늘 제가 나리를 만나게 되다니 저는 참 복도 많습니다! 오늘 교수형을 집행할 사람에게는 무엇을 주실 건가요?"

"자네는 누군가?" 주 장관이 날카롭게 물었다.

"저는 그저 늙은 순례자일 뿐입니다."

"아주 잘됐군." 주 장관이 말했다. "내가 자네에게 13펜스를 지불할 수 있네. 그리고 자네에게 새 옷을 좀 주지."

"하느님께서 축복하시기를!" 로빈이 말했다. 그리고 로빈은 세 부하들을 처형시킬 준비를 하기 위해 군인과 함께 감옥으로 갔다. 정오를 알리는 종이 치기 바로 직전에 감옥 문이 열리고 세 명의 남자와 보초들이 노팅엄 시로 들어왔다. p.114 무리 지은 사람들의 긴 줄을 뚫고 내려가 그들은 시장으로 걸어갔다. 로빈이 앞장섰고 군인들은 양쪽에 있었다.

교수대에서 그들은 멈춰 섰다. 로빈은 마치 그들에게 위안을 줄 마지막 말이라도 해 주고 있는 듯 그들에게 귀엣말을 했다. 그런 다음 로빈은 단상의 가장자리로 갔다. 갑자기 로빈의 목소리에 힘이 들어갔고 그는 몸을 곧추 세웠다.

"들어라, 교만한 장관! 나는 교수형 집행인인 적도 없었고 절대 그렇게 되지도 않을 것이다. 교수형을 구경하러 온 저 사람들을 저주하라! 나는 할 말이 이 세 마디뿐이다. 그것을 들어 보아라!"

그는 사제복에서 뿔피리를 꺼내어 세 번을 불었다. 그런 다음 로빈은 칼을 꺼내 과부의 아들을 풀어주었다. 그들은 간수에게서 무기를 훔쳐 싸울 준비를 했다.

p.115 "저놈들을 잡아라!" 주 장관이 비명을 질렀다. "그자는 로빈 후드다!"

"저들을 잡는 자에게 200파운드를 주겠다!" 뚱뚱한 주교가 고함쳤다.

로빈과 그의 세 부하들은 단상에서 뛰어내렸다. 간수들이 그들을 에워쌌지만 그때 그들은 윌 스튜틀리와 리틀 존의 목소리를 들었다. 초록 옷을 입은 여든 명의 부하가 군중을 밀어제쳤다. 그들은 검을 꺼내어 사방에서 동시에 보초들을 공격했다. 보초들은 곧 패했고 로빈은 그의 부하들과 도시를 떠나기 시작했다.

"저들을 잡아라!" 주 장관이 악을 썼다. "성문을 닫아라!"

하지만 윌 스튜틀리와 앨런 아 데일이 이미 성문의 보초들을 쓰러뜨려 놓은 터였다. p.116 그래서 성문은 활짝 열려 있었고 무법자 무리는 성문 쪽으로 나아갔다. 그렇게 해서 그들은 모두 숲 속으로 탈출했다.

거지가 세간의 이목을 충족시킨 이야기

p.117 어느 화창한 아침 로빈은 혼자 바네스데일로 내려가는 길을 돌아다니고 있었다. 모든 것이 조용하고 고요했으며 평화로웠다. 로빈이 가는 방향으로는 거지 한 명을 빼면 길에 아무도 없었다.

p.118 거지는 로빈을 보았지만 계속해서 걸으며 휘파람을 불었는데 내내 봉을 들고 있었다. 그 거지가 수상해 보여서 로빈은 멈춰 서서 그에게 말을 나누어 보기로 마음먹었다. 그 남자는 이상하게 옷을 입고 있었고 목에는 뚱뚱한 지갑을 걸고 있었다. 그 남자는 무척 뚱뚱하고 원기 왕성해 보였으며 지갑은 아주 두둑하게 채워져 있는 것 같았다.

'이자는 나랑 돈을 좀 나누어 가져야겠군!' 로빈은 생각했다.

로빈은 여행자 앞으로 걸어 나갔다.

"이보시오! 왜 그렇게 빨리 걷고 있는 거요?" 로빈이 말했다. "이야기 좀 하고 싶소만."

거지는 로빈의 말을 못 들은 척했다.

"어디로 가는 거요? 서 보시오!"

"나는 영국 어디에 사는 누구에게도 복종하지 않소. 왕이라고 해도 마찬가지요. 그러니 내 갈 길을 가게 놔두시오. 이제 날이 저물고 있고 나는 아직 갈 길이 멀다오."

"당신은 쉴 필요가 없는 것 같군. 나한테 당신 돈을 좀 빌려주시오."

p.119 "나는 빌려줄 돈이 없소." 거지가 말했다. "당신은 젊으니 스스로 돈을 벌 수 있을 것 같소. 그러니 당신 가던 길을 가시오. 나는 내 갈 길을 가리다."

"당신과 싸우는 동안에는 내가 갈래야 갈 수가 없지."

"나랑 한 번 싸워 보시겠다! 당신은 내 걱정거리가 안 되오." 거지가 미소 지으며 말했다.

그리고 놀랍도록 민첩하게 거지는 봉을 휘둘러 로빈의 활을 그의 손에서 떨어뜨렸다. 로빈은 자신의 봉을 잡으려고 했지만, 거지는 그에게 기회를 전혀 주지 않았다. 거지는 다시 로빈을 때렸다. 로빈은 숲 속으로 도망쳐 뿔피리를 크게 불었다.

"자네 도망치려는 건가? 이제 시작했는데!"

하지만 로빈은 자신의 세 부하를 만나기 위해 도망쳤다.

"무슨 일입니까?" 그들이 물었다.

"저 뒤에 나를 때리려고 하는 거지가 한 명 있네! p.120 나는 그자와 이야기를 나눌 수가 없었어!"

부하들, 그러니까 머치와 과부의 두 아들은 거지에게서 달아나는 로빈을 생각하고 웃음을 터트렸다. 하지만 그들은 진지한 얼굴을 유지하고서 대장에게 다쳤냐고 물어보았다.

"아니." 로빈이 대답했다. "하지만 자네들이 그 거지를 잡아서 내게 데려오게."

그래서 세 명의 부하는 다시 평화로이 걸어가던 거지를 따라가기 시작했다.

"우리는 그자를 놀래야 하네." 머치가 말했다. "먼저 달려가서 그자 앞으로 뛰어 나가기로 하세."

다른 이들은 이에 동의했다.

"지금일세!" 머치가 말했다. 다른 두 명이 거지의 등 위로 재빨리 뛰어올라 그의 손에서 봉을 빼앗았다. 동시에 머치가 거지의 단검을 꺼냈다.

"서라! 우리의 친구 중 한 명이 당신과 싸우고 싶어 해."

"나한테 공정한 기회를 주면 자네들 모두와 동시에 싸우겠네."

p.121 하지만 그들은 거지의 말을 들으려고 하지 않았다. 대신에 그들은 거지를 숲 속으로 데려갔다.

"왜 내게 이러는 거지? 내가 내 갈 길을 가게 내버려두고 주머니에 있는 것들을 전부 갖게."

"어떻게 생각해?" 머치가 다른 이들에게 물었다. "우리 대장은 이 거지의 불쌍한 얼굴보다는 지갑을 보고 더 좋아할 거야."

다른 두 명은 동의했고 이 작은 일당은 거지를 놓아주었다.

"자네 금을 빨리 세어 보게, 친구." 머치가 말했다.

"그렇게 할 걸세." 거지가 말했다. "자네들 중 한 명이 내게 망토를 빌려주면 우리 그 망토를 땅에 펼치고 돈을 그 위에 올려주세."

망토가 거지에게 건네졌고 거지는 자기 지갑이 매우 무거운 듯 그것을 망토 위에 올려놓았다. p.122 그러더니 그는 웅크리고 앉아서 주머니의 끈을 풀기 시작했다. 무법자들도 역시 자세히 지켜보았다. 거지는 주머니를 열어서 자기 손을 그 속에 넣었다. 주머니에서 그는 많은 흙을 몇 줌 꺼내 자기 주위에 있는 남자들의 열중한 얼굴에 던졌다 그들이 캑캑거리며 숨을 못 쉬는 동안 거지는 일어섰다. 그러더니 발치에 있던 봉을 잡고 그들의 머리와 어깨를 때리기 시작했다.

"악당들!" 거지는 그들을 때리면서 외쳤다. "바보들!"

탁! 탁! 탁! 탁! 봉이 내려왔다. 그들은 도망가기로 마음먹었는데 눈이 안 보여 비틀거리며 길을 내려갔다. 거지는 그들을 따라왔으므로 그는 그들을 몇 번 더 때려 줄 수 있었다.

"잘 가라! 다음에는 금과 흙의 차이점을 배워 두어라."

거지는 무법자들이 멈춰 서서 눈에서 흙을 털어 내는 동안 다시 휘파람을 불며 출발했다. p.123 주위를 둘러볼 수 있게 되자마자 그들은 로빈이 나무에 기대어 미소를 지으며 지켜보고 있는 것을 보았다.

"자네들 셋에게 무슨 일이 있었나?" 로빈이 물었다. "그 대담한 거지는 만났나?"

머치가 로빈에게 있었던 일을 설명했다. 그러자 로빈은 웃으며 앉았다.

"네 명의 대담한 무법자들이 안쓰러운 거지에게 당했다니!" 로빈이 외쳤다. "똑같은 일이 내게도 일어났네. 하지만 아무에게도 이 일에 대해서는 이야기하지 말기로 하세. 이건 우리의 비밀이 될 걸세."

비록 그들 모두가 그 거지를 붙잡을 수 있게 되기를 바라기는 했지만 네 명 중 누구도 그 모험에 대해서는 이야기하지 않았다.

로빈 후드가 기스본의 가이와 싸운 이야기

p.124 주 장관은 이제 로빈과 그의 부하들을 잡아야겠다고 결심했다. 런던에 있는 왕이 주 장관에게 로빈을 잡든지 아니면 직위를 잃든지 하라고 명령을 내렸다. 그래서 주 장관은 숲 속에서 로빈을 놀래려고 갖은 방법을 다 써 보았지만 번번이 실패였다. 그래서 주 장관은 왕국에서 가장 솜씨 좋은 사람이 로빈을 붙잡으려고 시도해 보기를 바라는 마음에서 로빈의 목에 걸린 현상금을 올렸다.

p.125 기스본의 가이는 왕실 군대의 기사였는데 로빈과 그의 목에 걸린 현상금에 대해 들었다. 가이 경은 왕실에서 복무하는 자들 중 활과 검에 가장 능한 사람 가운데 한 명이었다. 하지만 그는 마음이 검고 믿을 수 없는 자였다. 가이는 노팅엄에서 주 장관을 만나기로 마음먹었다.

"저는 로빈 후드를 잡으러 왔습니다." 그가 말했다.

"부하가 몇 명이나 필요하오?" 주 장관이 물었다.

"필요 없습니다." 가이 경이 대답했다 "저 혼자 가야 합니다. 부하들을 바네스데일에 대기시켜 주시고 이 은 나팔을 부는 소리가 들리면 빨리 오십시오."

"잘 알겠소." 주 장관이 말했다. 가이는 변장을 하고 숲으로 들어갔다.

p.126 운 좋게도 윌 스칼렛과 리틀 존은 바로 그날 초록 옷을 사러 바네스데일에 갔다. 그들은 존이 성문 밖에서 기다리는 사이 윌이 시내로 들어가는 것이 더 안전하다고 결정했다.

갑자기 리틀 존은 윌이 성문으로 달려 나오고 주 장관과 예순 명의 부하들이 따라 나오는 것을 보았다. 관목숲과 들장미 덤불을 헤치고 늪을 건너 자갈밭 위로, 윌은 겁먹은 토끼처럼 해자 위로 껑충 뛰었다. 주 장관의 부하들은 윌을 쫓는 데 곤란을 겪었다. 어떤 부하들은 넘어졌고 어떤 이들은 숨을 고르면서 쉬기 위해 멈춰 섰다.

리틀 존은 주 장관의 부하들 중 가장 빨리 달리는 윌리엄 아 트렌트가 윌을 거의 잡을 뻔한 것을 보았다. 윌리엄은 스칼렛으로부터 이십 피트 거리 안쪽으로 들어왔고 마치 그레이하운드처럼 스칼렛 위로 뛰어올랐다. 존은 화살을 쏘아 추격자를 죽였다.

나머지 부하들이 죽은 자를 예우하기 위해 멈췄다. p.127 그들은 존이 숲에서 나오는 것을 보고 나서 그를 추격하기 시작했다. 한편 윌 스칼렛은 계속 도망쳤다. 존은 다시 도망치기 전에 화살을 한 번 더 쏘아 보기로 마음먹었다. 그러나 그가 화살을 쏘려고 했을 때 활이 툭 부러졌다. 존은 욕을 했고 그가 달아나려고 하기에는 군인들이 너무 바짝 쫓아왔다는 것을 깨달았다. 존은 싸울 준비를 했다.

주 장관의 부하들은 존이 서 있는 언덕 정상에 오르느라 몹시 지쳐 있어서 존은 일격으로 그들을 쉽게 쓰러뜨릴 수 있었다. 하지만 궁수들이 존에게 화살을 쏘기 시작했다.

"항복한다." 리틀 존이 말했다.

그래서 주 장관의 부하들이 리틀 존을 붙잡아서 묶었다.

"너는 오늘 교수형을 당할 것이다." 주 장관이 존에게 말했다.

p.128 "나는 그렇게 확신은 못 하겠는데."

주 장관의 부하들은 존을 데리고 돌아가 윌을 쫓는 동안 떨어졌던 동료들과 만났다. 그들은 지쳤지만, 주 장관이 그들에게 추가로 돈과 음식을 주기로 약속했기 때문에 모두 즐거워했다.

교수대에 빠르게 새 밧줄이 묶였다.

"거기 서라. 어떤 속임수를 쓸 시간도 주지 않겠다." 주 장관이 말했다.

밧줄이 죄수의 목에 둘러졌고 주 장관의 부하들은 그가 죽는 것을 지켜볼 준비를 했다.

"준비되었나?" 주 장관이 소리쳤다. "하나, 둘······."

하지만 '셋' 하는 소리가 그의 입술에서 나오기 전에 은 나팔 소리가 언덕 위를 떠나겼다.

'저건 기스본의 가이 경의 나팔 소리다.' 주 장관은 생각했다. '그가 나한테 지체하지 말라고 했잖은가!'

p.129 "저들을 같이 교수형에 처합시다." 군인들 중 한 명이 제안했다.

"그것 참 용감한 생각이다!" 주 장관이 말했다. "저 악당을 끌어내리고 교수대 나무에 묶어라."

그래서 리틀 존은 교수대 나무에 묶이고 반면에 주 장관과 행군할 수 있는 그의 부하들은 모두 로빈 후드를 잡아 데려오려고 밖으로 나갔다.

로빈 후드에게는 무슨 일이 있었던 것일까?

우선 그날 아침 로빈과 리틀 존은 둘 다 한 남자와 싸우고 싶어서 말다툼을 했다. 그래서 그 때문에 리틀 존이 월과 같이 갔던 것이다.

한편 로빈은 호기심이 이는 나그네에게 다가갔다. 그는 처음 보았을 때는 다리가 세 개 달린 짐승처럼 보였다. 하지만 로빈은 그 나그네가 말가죽으로 옷을 만들었다는 것을 깨달았다. p.130 머리 가죽은 투구가 되었고 반면에 말 꼬리는 그가 마치 다리가 세 개 달린 것처럼 보이게 했다.

"좋은 날입니다!" 로빈이 나그네에게 말했다. "내 추측에 당신은 훌륭한 궁수인 것 같습니다만!"

"나쁘지는 않소. 하지만 그런 생각은 하고 있지 않소. 나는 길을 잃었다오!"

"내가 당신이 숲을 통과하도록 안내해 주겠소." 로빈이 큰 소리로 말했다. "그리고 당신은 나한테 당신에 대해 이야기를 해 주면 되오."

"나에 대해 묻는 당신은 누구요?" 상대방이 난폭하게 물었다.

"나는 전하의 삼림 관리인들 중 한 명이오." 로빈이 대답했다.

"당신이 삼림 관리인이라니까 나는 당신의 도움을 청해야겠소. 나는 전하로부터 받은 임무를 수행 중인데 무법자 한 명을 찾는다오. 사람들은 그를 로빈 후드라고 부르지. 당신은 그의 부하들 중 한 명이오?"

"아니요, 그럴 일은 절대 없기를 바라오!" 로빈이 말했다. "이보시오, 나와 같이 갑시다. 내가 그자가 어디에 사는지 나중에 알려 주겠소. p.131 먼저 같이 화살을 몇 대 쏴 봅시다."

상대방은 동의했고 그들은 화살을 쏠 과녁을 몇 개 만들었다.

"당신이 첫 번째 화살을 쏴도 되오." 로빈이 말했다.

"아니요, 내가 당신 다음에 쏘겠소."

그래서 로빈은 아무렇게나 화살을 쏘았고 화살은 과녁을 겨우 조금 빗나갔다. 말가죽을 입은 남자는 좀 더 신중하게 쏘았지만 역시 빗나갔다. 두 번째 라운드에서 나그네는 과녁의 위쪽을 맞혔지만 로빈은 훨씬 잘 쏘아서 과녁을 두 동강 내었다.

"당신이 로빈 후드 그자보다 더 나은 것 같소이다. 그런데 당신은 아직 나한테 이름도 말해 주지 않았소."

"당신 이름을 말해 주기 전까지 비밀에 부치겠소."

"나는 기스본의 가이요. 나는 그 겁쟁이 로빈 후드를 찾는다오."

p.132 그는 아주 오만하게 이 말을 했다.

"당신 이야기를 들은 적이 있소. 당신 일은 교수형에 처해지도록 사람들을 교수대로 데려가는 거라지?"

"그렇소. 하지만 로빈 후드 같은 무법자에 한한 것이오."

"로빈 후드가 부자들한테서 무언가를 빼앗아서 가난한 자들에게 다시 주지 않은 적이 한 번이라도 있소? 그가 여자들이랑 아이들을 보호하지 않고 약하고 힘없는 자들 편을 들지 않기라도 하오? 로빈 후드가 저지른 가장 큰 범죄는 전하의 사슴 몇 마리를 쏜 것이 아니오?"

"당신, 그의 부하 중 한 명인 것이오?"

"내가 당신한테 아니라고 말했잖소." 로빈이 짧게 말했다. "하지만 내가 그자를 잡는 것을 도와준다고 하면 당신 계획은 무엇이오?"

"이 은 나팔이 보이시오?" 상대방 남자가 말했다. "내가 그 나팔을 불면 주 장관과 그의 부하들이 달려올 거요. 그리고 당신이 그자를 내게 안내해 준다면 내 보상금 40파운드의 절반을 당신한테 주겠소."

p.133 "나는 40파운드의 10배를 받지 않고서는 사람을 교수형에 처하는 일을 돕지 않을 거야." 무법자가 말했다. "내가 바로 셔우드와 바네스데일의 로빈 후드거든."

"그럼 싸우자!" 상대방 남자가 외쳤다. 그는 자신의 검을 꺼내 기습했다. 로빈 후드는 요리조리 피하다가 가까스로 검을 뽑았다.

그러고 나서 둘 다 더 이상 말을 하지는 않았지만 두 시간을 꼬박 싸웠다. 싸움꾼들은 서로를 노려보았고 그들의 눈에는 증오의 불길이 타올랐다. 그들의 검날은 햇살에 번쩍였고 성난 뱀처럼 쉬익 쉬익 소리를 냈다. 로빈이 나무뿌리에 걸려 비틀거릴 때까지 두 사람 가운데 누구도 아직 상대방을 건드리지 못한 상태였다. 가이 경은 예의 있는 기사라면 누구라도 취해야 했을 것처럼 로빈에게 자세를 바로잡을 기회를 주는 대신 그의 왼쪽 옆구리에 부상을 입혔다.

p.134 "아, 하늘나라의 천사여, 오늘 저를 죽게 하지 마시옵소서!"

기사는 마지막 공격을 가하기 위해 자신의 무기를 높이 치켜들었고 바로 그때 로빈이 자신의 검을 위쪽으로 찔렀다. 가이는 로빈의 검에 목을 관통한 채 뒤로 쓰러졌다.

로빈은 자신의 상처를 들여다보았다. 상처는 심각하지 않았고 그는 곧 지혈을 했다. 그러고 나서 로빈은 시체를 덤불숲으로 끌고 가서 말가죽을 벗기고 자기 몸에 걸쳤다. 로빈은 자신의 망토를 가이 경에게 입히고 아무도 그가 누구인지 알아보지 못하도록 그의 얼굴에 흉터를 만들었다.

말 투구가 그의 얼굴 대부분을 가려 주었다. 로빈은 은 나팔을 붙잡고 길게 한 번 불었다. 그것이 바네스데일 저 너머의 리틀 존의 생명을 구한 나팔 소리였다. 25분 후에 주 장관의 궁수 스무 명이 로빈과 마주쳤다.

"저희를 부르셨습니까, 나리?" 그들이 로빈에게 다가오며 물었다.

p.135 "그렇다." 로빈은 말하고 주 장관을 만나러 갔다.

"무슨 일인가, 가이 경?" 주 장관이 물었다.

"로빈 후드와 기스본의 가이가 결투를 했지요. 로빈의 망토를 입은 자가 나무 아래에 누워 있습니다."

"내 평생 들었던 것 중 가장 반가운 소식이군!" 주 장관이 손을 비비며 외쳤다. "저자를 교수대에 데려갈 수 있었다면 좋으련만."

"교수형이요?" 로빈이 말을 따라했다.

"그렇다네. 우리가 가까스로 로빈의 부하 중 한 놈을 잡았는데, 자네가 우리를 불렀을 때 그놈을 막 교수형에 처하려고 하던 참이었네."

"다른 한 놈은 누구였죠?" 변장한 무법자가 물었다.

"숲에서 가장 뛰어난 자로 로빈 후드 다음 가는 사람이지. 리틀 존이라고도 하고 레이놀드 그린리프라고도 하지!"

'리틀 존이라니!' 로빈은 생각했다. 나팔 소리는 행운의 소리였다.

p.136 "그런데 이제 보니 자네 다쳤군." 주 장관이 계속해서 말했다. "여기 너희 중 한 명! 기스본의 가이 경에게 너의 말을 주어라. 가서 저자를 묶어라. 나머지 우리는 다른 무법자를 교수형에 처하기 위해 노팅엄에 돌아가도 되겠군."

그렇게 그들은 다시 말을 타고 도시로 돌아갔다. 그들은 함께 리틀 존에게 갔다.

"나야, 로빈!" 로빈이 리틀 존에게 속삭였다.

그리고 나서 로빈은 세 번 큰 소리로 뿔피리를 불었다. 주 장관과 그의 부하들이 무기를 준비하기도 전에 로빈은 공중으로 화살을 쏘았다.

성문 사이로 그리고 성벽 너머로 또 다른 뭉치의 화살이 쏟아져 내렸다. 윌 스칼렛과 윌 스튜틀리가 지켜보고 있다가 주 장관과 로빈이 언덕 아래로 말을 달려 내려간 후 구조 계획을 짜 놓았던 것이다. 주 장관의 부하들이 돌아서서 달아났다. 그리고 나서 로빈과 존은 숲 속의 그들의 동지들과 합류했다.

마리안이 셔우드 숲으로 돌아온 이야기

p.138 로빈은 어느 날 사냥을 하러 가기로 마음먹었다. 그는 주 장관의 부하 중 한 사람을 만날 것에 대비해 변장으로 얼굴에 흙을 묻혀 얼룩덜룩하게 하고 초라해 보이는 옷을 입었다. 평화로운 아침은 로빈에게 마리안과 놀던 어린 시절을 생각나게 했다. 로빈은 최근에 마리안 생각을 아주 자주 했고 그럴 때마다 그녀의 맑은 목소리와 음악 같은 웃음소리를 듣고 싶은 바람이 더해 갔다.

p.139 얼마 안 있어 로빈은 평화롭게 풀을 뜯는 사슴을 보았고 그 즉시 기분이 바뀌었다. 로빈은 화살을 쏠 준비를 했는데 숲의 반대편에서 날아 온 화살이 짐승의 몸을 꿰뚫어 그 짐승은 돌연 쓰러졌다. 그러더니 잘생긴 젊은이가 즐겁게 숲에서 뛰어 나와 죽어 가는 짐승을 향해 달려갔다. 이 젊은이는 분명히 궁수였는데, 그가 활과 검을 가지고 있었기 때문이었다.

로빈은 반대쪽에서 다가갔다.

"젊은이, 자네는 감히 전하의 짐승을 활로 쏘는 것인가?" 로빈이 심각하게 물었다.

"나는 전하와 마찬가지로 그 짐승들을 쏠 권리가 있어요." 젊은이가 오만하게 대답했다. "당신이 뭔데 감히 나를 심문하는 건가요?"

로빈은 그 목소리가 기억나는 듯 했다. p.140 젊은이는 두려워하지 않고 로빈을 뒤돌아보았다.

"꼬마 도련님, 자네는 누군가?" 로빈이 더 정중하게 물었다.

"나는 당신의 꼬마 도련님이 아닙니다. 그리고 내 이름은 따로 있어요."

"예의 있게 굴지 않으면 내가 자네에게 예의범절을 가르쳐 줄 거야!" 로빈이 말했다.

"그럼 검을 뽑고 자기 몸이나 지켜보시오!" 젊은이가 검을 꺼내 들며 외쳤다.

젊은이는 용감하게 검을 휘둘렀다. 그래서 로빈도 자신의 검을 뽑았다. 젊은이는 칼싸움에 꽤 능했다.

로빈은 그저 젊은이의 공격을 막기만 했다. 로빈은 그 젊은이에게 맞서 자신의 전력을 사용하고 싶지 않았다. 그래서 싸움은 15분 동안 계속되었고 젊은이는 지쳐 가기 시작했다.

무법자는 이것을 보고 싸움을 끝내기 위해 자신의 손목에 가벼운 자상을 내게 허용했다.

"만족하셨소, 선생?" 젊은이가 물었다.

p.141 "그렇네, 솔직히." 로빈이 대답했다. "이제 자네 이름을 나한테 말해 주지 않겠나?"

"나는 리처드 파팅턴입니다." 젊은이가 대답했다. "나는 엘리노어 왕비 전하를 모십니다."

"여기는 왜 혼자 왔소, 파팅턴 도련님?"

젊은이는 대답할 말을 생각해 보았다.

"삼림관님, 왕비 전하께서 로빈 후드를 찾고 계십니다. 당신은 그가 어디에 있는지 압니까?" 젊은이는 천을 끌어당겨 자기 주머니에서 황금 화살을 꺼냈다.

로빈이 기뻐하며 외쳤다.

"아! 이제 너를 알아보겠어! 저것은 내가 너에게 준 상이잖아! 너 마리안이구나!"

"당신은……?" 마리안은 숨을 죽였다. 바로 마리안 본인이었기 때문이었다.

"로빈이야!" 로빈은 반갑게 말하고서 여인을 끌어안았다.

p.142 "하지만 로빈이라니!" 마리안은 곧 외쳤다. "나는 너인 줄 몰랐어. 그래서 무례하게 굴고 너한테 부상을 입히고 말았어!"

"걱정하지 마." 로빈이 웃었다.

마리안은 로빈의 다친 손목을 살펴보고 천으로 묶은 다음 그에게 빨리 낫길 바란다고 말했다. 마리안이 여기에 있으니까 모든 것이 좋아 보였다.

하지만 마리안은 행복하기도 했지만 한편으로는 마음이 편하지 않았다. 로빈은 그녀가 자신 앞에서 남자 옷을 입고 있는 것을 부끄러워한다는 것을 깨달았다. 로빈은 그녀에게 자신의 망토를 주었고 그녀는 한결 편안해했다.

그런 다음 그들은 서로의 삶과 그들에게 일어났던 일을 전부 이야기하기 시작했다. 많은 시간이 흘렀고 해가 지기 시작했다.

"나는 몹쓸 집주인이군!" 로빈이 마침내 말했다. "너를 내 집에 아직 초대도 안 했잖아."

"그리고 나는 내가 리처드 파팅턴이라는 것을 잊었어. 나는 정말 너에게 엘리노어 왕비 전하가 보내시는 전갈을 가지고 왔어."

p.143 "집에 가는 길에 나한테 말해 주면 되잖아. 너는 데일 부인과 함께 지내면 돼. 내 부하들이 네 사슴을 가지고 올 거야."

그래서 그들이 숲으로 다시 돌아가는 동안 마리안은 로빈에게 어떻게 해서 로빈의 명성이 엘리노어 왕비에게까지 닿았는지 말해 주었다.

"나는 이자를 만나 그의 활 쏘는 기술을 보고 싶구나." 왕비가 말한 적이 있었다.

그리고 왕비는 로빈이 만약 런던에서 열리는 승자 진출전에서 왕의 부하들에게 대적해 활을 쏜다면 그의 죄를 다 용서해 주겠다고 약속한 것이었다.

"나는 왕비 전하께서 너를 만나고 싶어 하신다는 말을 들었을 때, 한때 너를 알고 지냈던 적이 있으니 내가 너를 찾으러 가겠다고 청했어. 왕비 전하께서 너에게 하사하시는 이 금반지를 나한테 주셨어."

p.144 그러자 로빈은 그 반지를 받아 머리를 숙여 절하고 충심으로 그 반지에 입을 맞추었다.

"런던에 갈게." 로빈은 약속했다. 이 무렵 그들은 유쾌한 무리의 집에 도착했고, 로빈은 마리안을 무리에게 소개하고 그들은 최고의 격식을 갖추어 그녀를 대했다. 윌 스카렛은 자신의 옛 친구를 다시 만나게 되어 특히 기뻐했다. 앨런 아 데일과 그의 착한 부인은 그녀가 그들의 작은 오두막에 온 것을 환영해 주었다.

그날 저녁 마리안이 쏘아 죽인 사슴을 먹고 난 후 앨런과 다른 사람들은 그 젊은 아가씨를 위해 노래를 불렀다. 마리안은 로빈이 받았던 상을 그녀의 검은 머리에 꽂았다.

그리고 나서 로빈은 마리안에게 왕비로부터 받은 전갈을 되풀이하게 했다. 그 후 부하들은 왕비를 위해 만세 삼창을 하고 마리안을 위해 만세 삼창을 더 했다.

"왕비 전하께서는 내가 네 명의 부하를 데리고 가기를 원하신대. 그래서 나는 리틀 존, 윌 스튜틀리, 내 사촌 윌 스카렛, 그리고 우리 가수 앨런 아 데일을 골랐어. p.145 데일 부인도 남편과 동행하여 마리안의 친구가 되어 주어도 되고, 우리는 가장 좋은 옷을 입고 아침 일찍 출발할 거야.

채비를 잘하게, 친구들. 머치 자네는 미망인의 세 아들 스타우트, 레스터, 존과 함께 우리가 없는 동안 무리를 이끌어 주게. 터크 수도사가 자네들의 영혼과 뱃속에 양식을 줄 걸세."

다음날 아침은 화창한 여름날이었다. 로빈의 부하들은 모두 초록 옷을 입었고 로빈은 주홍빛이 도는 붉은 옷을 입었다. 그들 모두 흰 깃털을 꽂은 검은색 모자를 썼다. 두 명의 숙녀들 또한 잘 차려입었다. 그리고 그 일곱 명의 영웅들은 작별 인사를 하고 여행을 떠났다.

런던 시까지 가는 여행은 문제없이 이루어졌다. 런던 시 성문에서 그들은 왕비의 반지를 보여 주었고 도시 안으로 들어가는 것을 허락받았다. p.146 일단 런던에 들어서자 그들은 왕비를 만나기 위해 기다렸다.

그날 왕은 승자 진출전이 곧 열릴 핀스베리 경기장으로 행사를 준비하러 가고 없었다. 왕이 자신이 뽑은 사람들에 대해 너무 거만하게 자랑을 해서 왕비는 왕의 수하들이 지기를 원했다. 왕비는 마리안이 말했듯이 로빈 후드와 그의 부하들의 명성을 들은 적이 있었다.

오늘 마리안 피츠월터가 들어왔을 때 왕비는 자신의 방에 앉아 귀부인들과 즐겁게 담소하고 있었다.

"이 사람은 아가씨 마리안인가 아니면 젊은 청년 리처드 파팅턴인가?" 왕비는 미소 지으며 물었다.

"둘 다입니다. 전하. 리처드가 전하께서 찾으시는 사람을 찾은 반면 마리안은 그를 전하께 데려왔습니다."

"그는 어디에 있느냐?" 엘리노어 왕비는 간절히 물었다.

p.147 "그는 자기 부하 네 명과 한 명의 숙녀와 함께 전하를 뵈려고 대기하고 있습니다."

"그들을 들어오게 하라."

그래서 로빈 후드와 그의 소규모 일행은 방으로 들어왔다.

그런데 왕비는 숲 속에서의 거친 삶 때문에 그들이 더럽고 초라해 보일 것이라고 반쯤 예상했다. 내심으로는 반갑기만 한 실망감을 느꼈다. 마리안은 로빈 일행이 귀부인들에게 얼마나 깊은 인상을 주었는지를 보고 자랑스러웠다.

로빈은 자신의 어머니에게 배웠던 것을 잊지 않았다. 윌 스칼렛과 앨런은 매우 잘생겼고 뭘과 존은 힘이 세어 보였다. 데일 부인은 아주 매력적이었다.

"여기 로빈 후드가 왔습니다. 전하께서 저를 부르셨기 때문에 저는 전하의 반지를 가지고 왔습니다. p.148 제 목숨을 걸고 전하의 명예를 지키겠습니다."

"참 잘 왔네, 로빈." 왕비가 미소 지으며 말했다. "자네와 자네 부하들이 때맞추어 왔군."

그러고 나서 로빈은 자신의 부하들을 한 명씩 차례로 소개했고 부하들은 각각 다정한 말로 환영받았다. 그리고 그들이 긴 여행을 한 후라 왕비는 그들 모두를 쉬게 해 주었다. 왕비는 하인들에게 좋은 음식과 술을 가져다주게 했다. 그리고 그들이 먹고 마시는 사이 왕비는 그들에게 핀스베리 경기장에서 열리는 승자 진출전에 대해 더 이야기를 해 주었다. 왕비는 그들이 왕비의 색 리본을 매고 자신을 위해 활을 쏘기를 바랐다. 그들은 승자 진출전 전까지 궁 안에 숨어서 아무에게도 그들이 런던에 있다는 것을 말하지 말아야 했다.

무법자들이 헨리 왕의 승자 진출전에서 활을 쏜 이야기

p.149 대대적인 승자 진출전이 열리는 날 아침, 런던의 모든 시민들은 그 경합을 보고 싶어 조바심을 느꼈다. 모두가 일어나 일찍 경기장으로 갔다. 왕의 궁수들을 위해 세워진 밝은 색깔의 천막들이 있었다. p.150 이런 천막들이 열 개가 있었는데 텐트마다 다른 색깔의 깃발과 스무 명의 수하와 유명한 대장이 있었다.

각 대장의 깃발에는 특별한 색깔과 상징이 있었다. 첫 번째는 테퍼스의 로열 퍼플 깃발이었다. 그 다음으로는 버킹엄셔의 클리프턴의 노란색 깃발, 화이트 핸의 길버트의 파란색 깃발, 웨일즈 사람 엘윈의 초록색 깃발, 클라우드데일의 로버트의 흰색 깃발 순서였다. 그들 뒤로 다섯 무리의 대장들 다섯 명이 나왔다. 왕비가 말한 대로 왕은 그의 궁수들을 엄청 자랑스러워했다.

사람들의 떠드는 소리가 마치 벌집에서 벌들이 윙윙거리는 소리처럼 들렸다. 왕실 사람들은 아직 경기장에 도착하지 않았다. 하지만 군중은 벌써 그들이 가장 좋아하는 궁수를 응원하고 있었다. 사람들은 벌써 궁수들의 색 리본과 케이크, 술을 팔고 있었다.

갑자기 천막들 옆, 맨 끝에 있는 문들이 활짝 열렸고 주홍색과 금색으로 된 옷을 입은 남자가 백마를 타고 입으로는 나팔을 불며 들어왔다. p.151 그 남자 뒤로 여섯 명이 더 들어왔다. 모두가 환호했다. 헨리 왕이 경기장으로 들어왔던 것이다. 왕은 백마를 타고 공단과 금이 들어간 벨벳 천으로 만든 강렬한 짙은 색깔의 옷을 입고 있었다. 왕의 모자에는 말려 올라간 순백의 긴 타조 털이 꽂혀 있었다.

왕 옆으로 엘리노어 왕비가 당당하고 매력적인 모습으로 말을 타고 들어왔다. 그들 바로 뒤로 리처드 왕자와 존 왕자가 들어왔다. 영국의 영주들과 귀부인들이 뒤따랐고 마지막으로 열 명의 궁수들이 따라 들어왔다.

왕과 왕비는 말에서 내려 그들의 좌석이 있는 경기장의 특별석으로 들어갔다. 젊은 청년들이 그들의 명령에 따라 이리저리 뛰어다니는 동안 영주들과 귀부인들도 자리에 앉았다. p.152 궁수들이 줄을 서서 왕의 축사를 들을 준비를 하자 관중은 잠잠해졌다.

"테퍼스, 과녁들을 세우기 시작하게." 왕이 첫 번째 궁수에게 명령했다.

"상금은 어떻게 되나요?" 왕비가 물었다.

"1등상으로는 금화 40파운드가 든 지갑을 제공하오. 2등상은 은화 40페니가 든 지갑이오. 3등상은 금과 은으로 만든 나팔이오. 게다가 왕의 궁수들이 이기면 이긴 조의 선수들은 최고의 포도주와 사슴을 받을 거라오."

그러고 나서 테퍼스는 허리를 깊이 숙여 절을 하고 열 개의 과녁을 세웠는데 각각의 과녁은 각기 다른 조의 상징을 달고 있었다. 누구나 시합에 참여하는 것은 자기 마음이었다. 왕의 궁수들은 각자 세 개의 화살을 자신이 속한 조의 군기가 꽂힌 과녁에 맞혀야 했으며, 각 조에서 최고의 궁수가 선발될 때까지 계속하기로 되어 있었다. 그런 다음 이렇게 선발된 열 명의 궁수들이 그 다음 시합에 출전하고 여기서는 다른 궁수가 아무나 출전하여 그들에게 도전할 수 있었다.

p.153 사람들은 왕의 궁수들이 쏠 준비를 하자 환호했다.

이제 활쏘기가 시작되었다. 아주 많은 화살들이 발사되고 있었고 분위기는 매우 긴장감이 감돌았다. 그러나 왕은 자신의 궁수들의 솜씨를 자랑스러워했다. 마침내 사람들은 왕의 궁수들 중 최고의 궁수들을 찾아냈다. 기대했던 대로 테퍼스가 중앙을 여섯 번 맞혀 최고 득점을 했다. 화이트 핸드의 길버트가 다섯 발로 그 뒤를 따랐고 클리프턴이 네 발로 그 다음이었다. 다른 조에서는 대장의 부하들 몇 명이 대장들보다 더 잘 쏘았다.

이제 과녁은 훨씬 더 멀리 세워졌다. 왕은 이제 승자 진출전이 열렸다고 선언했다. 이제 누구라도 참여해 왕의 궁수들에게 도전할 수 있었다. p.154 겨우 열두 명의 남자들만이 앞으로 나왔다.

"내 궁수들에게 도전하다니 이들은 매우 용감한 자들임에 틀림없군!" 왕이 말했다.

"전하께서는 영국 전역에서 전하의 열 명의 궁수들이 최고의 궁수들이라고 생각하세요?" 왕비가 물었다.

"그렇소! 그들 중 한 명이 상을 탈 것이라는 것에 내가 500파운드를 걸겠소."

"내기를 받아들이죠. 그리고 부탁이 있어요."

"무엇이오?" 왕이 물었다.

"만일 제가 전하의 궁수 열 명보다 더 잘 쏘는 다섯 명의 궁수들을 내놓는다면 그들의 죄를 전부 사면해 주시겠어요?"

"물론이오!" 왕이 흔쾌히 대답했다. "하지만 누구도 테퍼스와 클리프턴과 길버트를 이길 수 없소!"

"여기 누구 저를 도와줄 사람이 있는지 알아봐야겠어요. 얘야, 리아 성의 리처드 경과 헤어포드의 주교를 불러와라!"

p.155 두 명의 남자가 왕비를 알현하러 왔다.

"리처드 경, 당신은 내가 테퍼스와 길버트와 클리프턴을 이길 수 있는 궁수를 찾을 수 있다고 생각하나요?"

"아닙니다, 전하. 하지만 저는 셔우드 숲에 숨어 있는 몇몇 자들에 대해 들었는데, 그들이라면 이길 수 있을지도 모르겠습니다."

왕비는 미소 지으며 리처드 경을 물러가게 했다.

"주교, 내가 전하께 내기 걸 돈을 좀 빌려주겠소?"

"안 됩니다, 전하." 뚱뚱한 주교가 말했다.

"하지만 내가 주교가 아는 사람들이 활쏘기의 명수라는 것을 알았다고 생각해 보시오." 왕비가 말했다. "내가 셔우드 출신의 그 남자들을 찾아냈다면 어쩌시겠소?"

주교는 주변을 초조하게 흘끔 쳐다보았다.

"왕비 전하, 그런 이야기들은 과장된 것이옵니다. 저는 전하의 궁수들이 천하무적이라는 쪽에 내기를 걸겠습니다."

p.156 "얼마를?"

"여기 제 지갑이 있습니다." 주교가 불안해하며 말했다. "100파운드가 들어 있습니다."

"여러분의 내기를 둘 다 받아들이겠어요."

"아주 잘 됐군." 왕이 웃으며 말했다. "그런데 당신이 활쏘기에 그렇게 흥미를 갖게 만든 것이 무엇이오?"

"제가 말씀드린 대로입니다. 제가 다섯 명을 찾았거든요."

"이번 라운드에서 우선 최고의 선수를 다섯 명 찾고 그 다음 그들을 당신의 다섯 선수들과 대적하게 하면 어떻겠소?"

"좋아요." 왕비가 말했다. 그리고 왕비는 마리안을 자신 쪽으로 불러 그녀의 귀에 대고 무언가를 속삭였다.

이제 왕의 궁수들 중에서 뽑힌 열 명의 궁수가 다른 열두 명을 상대해 활을 쏠 준비를 했다. 시합은 막상막하였지만 열두 명의 선수들은 긴장을 했기 때문에 패했다. 두 명이 1등 자리를 놓고 비겼고 세 명이 더 활쏘기로 찬사를 받았다. p.157 왕은 두 번째 경합을 알렸다. 이 다섯 명의 선수들은 다시 활을 쏘도록 예정되어 있었고 그들은 왕비가 뽑은 다섯 명의 다른 출전자를 상대하여 활을 쏘게 될 것이었다.

군중은 놀라움과 흥분으로 수군거리기 시작했다. 경기장 맨 끝 쪽의 문이 열리고 다섯 명의 남자들이 말에 여인을 태우고 들어왔다. 그 여인은 왕비 측근의 마리안이었다. 네 명의 남자는 초록 옷을 입었고 반면 대장으로 보이는 다섯 번째 남자는 주홍빛이 도는 붉은색의 훌륭한 옷을 입고 있었다. 그들은 각자 활과 새 화살 한 다발, 그리고 길이가 짧은 사냥칼만을 간단하게 지녔다.

"전하, 이들이 저에게 찾아서 데려오라고 하신 그 사람들입니다." 마리안이 왕비에게 말했다. "전하의 색 리본을 매고 승자 진출전에서 전하의 뜻을 따르기 위해 지금 도착했습니다."

p.158 왕비는 앞으로 몸을 숙여 그들 각자에게 초록색과 금색으로 된 스카프를 건넸다.

"로빈, 이 노고에 대해 자네와 자네 부하들에게 감사하네." 왕비가 말했다. "자네들이 전하의 모든 궁수들 가운데에서 찾아낸 최고의 다섯 명보다 잘 쏠 수 있다고 내가 전하와 내기를 했다는 것을 알아두게."

"이들이 누군가?" 왕이 물었다.

헤어포드의 주교는 얼굴이 붉어지고 있었다.

"이자들은 무법자들입니다. 주홍색 옷을 입은 자는 다름 아닌 로빈 후드 그자입니다! 나머지는 리틀 존과 윌 스튜틀리와 윌 스칼렛과 앨런 아 데일입니다."

"우리 주교님께서 친히 아시는 대로입니다." 왕비가 덧붙였다.

왕의 얼굴이 어두워졌다. 그는 로빈 후드의 이름을 알고 있었다.

"이것이 사실이오?" 왕이 다그쳐 물었다.

p.159 "그렇습니다, 전하." 왕비가 대답했다. "하지만 전하께서는 저와 약속하신 것을 기억해 주세요."

"나는 그 약속을 지킬 것이오. 하지만 그들은 그들의 죄에 대해 40일 동안만 사면될 것이오. 그 뒤에 우리는 다시 그들을 추격할 것이오."

"나의 선수들이여, 너희는 내가 너희가 왕비의 궁수들을 이길 수 있다고 왕비와 내기를 한 것을 들었노라. 그자들은 셔우드 숲에서 온 무법자들이다. 너희가 이기면 너희에게 금과 은을 주겠다. 하지만 너희가 지면 짐의 약속대로 로빈과 그의 부하들에게 그 상을 주겠노라."

"로빈 후드와 그의 부하들이다!" 곧 관전 중인 모든 사람들이 그자들의 정체를 알았다.

이제 다른 과녁이 지난번과 같은 거리에 설치되었고, 열 명의 궁수들이 차례로 세 개의 화살을 쏘기로 결정되었다. p.160 클리프턴이 제일 먼저 활을 쏘았다. 그가 쏜 화살은 검은색으로 된 중앙에 꽂혔지만 정중앙에는 도달하지 못했다. 다시 그가 활을 쏘았고 또 검은색을 맞혔다. 세 번째 화살은 검은색으로 된 중앙을 빗맞혔다. 이것이 그날 클리프턴이 행한 최고의 활쏘기였다.

윌 스칼렛이 그의 뒤에 쏘는 것으로 뽑혔다. 그의 화살은 엉뚱하게 날아가 클리프턴이 가장 못 쏜 것보다 훨씬 더 과녁의 중앙에서 벗어났다. 윌은 다음 두 발은 다르게 쏘아야겠다고 마음먹었다. 두 발은 각각 중앙에 꽂혔고 한 발은 클리프턴의 화살보다 중앙에 더 가까웠다. 하지만 클리프턴이 더 높은 총점을 얻었다. 이 사실에 윌 스칼렛은 입술을 깨물었지만 아무 말도 하지 않았다.

이제 과녁은 다음 두 경쟁자, 즉 지오프리와 앨런 아 데일을 위해 정리되었다. 왕비 측근의 귀부인들 중 여럿이 대담하게 앨런 아 데일의 색 리본을 드러냈다. 지오프리의 세 발의 화살은 과녁 중앙의 가장자리 둘레에 삼각형을 만들었다. p.161 앨런은 지오프리의 화살들 사이의 안쪽에 자신의 화살을 정확하게 쏘았다.

로빈의 일당들은 그들 가운데 최고의 궁수가 누구인지를 놓고 경쟁했다. 최근 로빈의 활쏘기 실력이 아주 좋아져서 그가 단연코 최고였다. 하지만 2등은 리틀 존과 윌 스튜틀리 중에 있었다. 웨일즈 사람 엘윈이 다음 선수였고 그의 점수는 지오프리의 점수보다 나을 것이 없었다. 하지만 스튜틀리는 부주의해서 처음 두 발을 형편없이 쏘았다.

"왕비 전하와 우리의 숲을 생각해!" 로빈이 스튜틀리에게 상기시켰다.

"용서하시오, 대장!" 윌이 말했고 그의 마지막 화살은 과녁의 정중앙에 명중했다.

하지만 엘윈의 총점이 더 높다고 선언되었다.

p.162 "첫 번째 라운드에서는 세 번의 시합 중 두 번이 내 사람들에게로 갔소. 당신이 이기기 위해서는 당신의 무법자들이 그것보다는 더 잘 쏴야 할 것이오." 왕이 왕비에게 말했다.

왕비는 조용히 미소 지었다.

"전하께서는 제게 여전히 리틀 존과 로빈 후드가 있다는 것을 잊으셨군요."

"그러면 왕비, 당신은 내게 여전히 테퍼스와 길버트가 있다는 것을 잊고 있구려."

테퍼스가 다음에 나오는 것으로 뽑혔고 그는 윌 스칼렛과 똑같은 실수를 저질렀다. 그는 잠시 줄을 너무 길게 잡았고 그의 첫 번째와 두 번째 화살은 둘 다 중앙을 빗나갔다. 그의 마지막 화살은 정중앙을 명중시켰다. 중앙에 두 개의 화살이 꽂힌 것이 그날 쏜 것 중 가장 잘 쏜 것이었다. 그리고 이번 경합의 두 번째 선수를 맞는 커다란 박수갈채가 들렸다.

리틀 존의 처음 두 발은 테퍼스의 것보다 그저 조금 더 나았다. 그의 세 번째 화살은 테퍼스의 화살을 중앙에서 쓰러뜨려 버리고 그 자리를 대신 차지했다. p.163 왕은 자신의 눈을 믿을 수 없었다.

"동점이에요, 전하." 왕비가 말했다. "우리는 여전히 길버트와 로빈 후드를 봐야 하겠네요."

길버트가 이제 그의 자리에 서서 천천히 화살을 연달아 중앙에 쏘았다. 그것은 그가 여태껏 쏘았던 것 가운데 최고의 활쏘기였다.

"잘했소, 길버트!" 로빈 후드가 거리낌 없이 말했다. 그러고 나서 로빈은 빠르게 세 발을 쏘았다. 그의 처음 두 발은 중앙에 남겨진 작은 공간 안으로 밀어 넣어졌다. 로빈의 세 번째 화살은 다른 두 개의 화살을 반으로 갈라놓아서 세 개의 화살 전부가 마치 한 개의 큰 화살 같았다.

왕은 놀라고 화가 나서 벌떡 일어났다.

"너는 길버트를 이기지 못했다! 너희 둘 다 중앙을 세 번 맞혔어!"

p.164 로빈이 몸을 낮게 숙였다.

"전하의 뜻대로 하십시오!" 로빈이 말했다. "하지만 두 번째 활쏘기 과녁을 제가 세워도 되겠습니까?"

왕은 손을 흔들어 그러라고 신호했다. 그러자 로빈은 버드나무 가지를 찾아 그것을 과녁 대신 땅에 세워 놓았다.

"자, 이보게 길버트! 저것을 맞힐 수 있겠나?" 로빈이 말했다.

"여기서는 그것이 잘 안 보이는군." 길버트가 말했다. "하지만 전하의 체면을 생각해서 한번 해 보겠네."

하지만 길버트의 화살은 나뭇가지 바로 옆에 떨어졌다. 그러고 나서 로빈의 차례가 되었다. 화살은 대기를 가르고 날면서 소리를 냈다. 버드나무

가지가 두 개로 갈라졌다.

"자네의 활 솜씨는 분명 마술이군!" 길버트가 외쳤다. "왜냐하면 나는 이런 활쏘기가 가능하다고 믿지 않았거든."

"자네는 숲 속의 우리 유쾌한 사나이들을 보러 와야 한다네." 로빈이 대답했다. p.165 "런던에서는 버드나무가 자라지 않으니까."

한편 왕은 화가 잔뜩 나서 아무 말도 하지 않았다. 상은 왕이 경기장을 떠난 후 궁수들에게 수여되었다. 궁수들은 왕이 지나갈 때 무릎을 꿇었지만 왕은 한마디도 하지 않았다.

그리고 나서 왕비가 무법자들을 가까이 오라고 불렀고 그들은 그렇게 하고서 왕비의 발치에 무릎을 꿇었다.

"그대들은 내 뜻을 잘 따라 주었소. 전하께서 화를 내신 것은 유감이오. 그대들이 탄 이 상에 대한 이야기를 하자면 내가 전하와 헤어포드 주교에게서 딴 돈을 더해 주겠소. 이 돈 중 일부로 런던에서 구할 수 있는 최고의 검을 구입하시오. 그대의 무리에 있는 모두를 위해 말이오. 그리고 그 검을 왕비의 검이라고 부르시오. 그리고 그 검으로 가난하고 힘없는 모든 사람들, 그리고 여자들을 보호하겠다고 약속하시오."

p.166 "약속드립니다." 다섯 명의 남자가 말했다.

그리고 나서 왕비는 그들 한 사람 한 사람에게 손을 내밀어 입을 맞추게 하고 일어나 측근의 모든 귀부인들과 함께 떠났다. 그리고 그들이 떠난 후 왕의 궁수들이 그들에게 인사를 하려고 로빈과 그의 부하들 주위로 몰려왔다. 심판들은 그들에게 상을 주러 갔다.

"우리는 포도주와 사슴은 필요 없소! 그런데 길버트와 테퍼스, 그리고 그들의 부하들은 아주 잘 쏘더군. 그들이 그 상을 받아준다면 나는 그들이 그것을 가지면 좋겠소."

"기꺼이 그러리다!" 길버트가 로빈의 손을 움켜잡으며 대답했다. "당신들은 모두 좋은 사람들이고 훌륭한 궁수들이오!"

로빈 후드가 땜장이를 웃음거리로 만든 이야기

p.167 헨리 왕은 약속을 지켰다. 다섯 명은 마리안 없이 런던을 떠나 노팅엄으로 돌아왔다. 40일 동안 아무도 그들을 해치지 않았다. 하지만 그 후에 주 장관은 그들을 즉시 사로잡으라고 명령했다. 로빈과 그의 부하들

의 이야기는 나라 안을 떠돌았다. 많은 사람들이 주 장관을 비웃었다.

p.168 주 장관은 매번 삼백 명의 부하들을 데리고 로빈 후드와 그의 부하들을 잡기 위해 숲 속으로 들어갔다. 매번 그는 실패했다. 그런데 주 장관의 딸은 로빈 후드가 그녀에게 황금 화살을 주는 것을 거절한 이후로 가슴 속 깊이 그를 미워했다. 그래서 그녀는 그를 잡을 방법을 생각해 내려고 애썼다.

"우리도 우리만의 속임수를 써서 로빈 후드의 속임수에 맞서야 해요." 그녀는 제안했다.

"그럴 수만 있다면 그렇게 할 거야!" 주 장관은 신음하는 듯한 소리로 말했다.

"제가 계획을 짜 볼게요." 그녀가 대답했다.

"좋다. 그리고 너의 계획 가운데 무엇이라도 나온다면 네게 새 드레스를 살 은화 100페니를 주겠고 무법자들을 잡는 자에게는 그 두 배의 상금을 주겠다."

그런데 그날 맨션 하우스로 미들이라는 이름의 떠돌이 땜장이가 왔. p.169 그는 큰 소리로 로빈 후드를 잡을 수 있다면 무엇이라도 하겠다고 말했다.

"내가 더 좋은 계획을 생각해 내는 동안 이 멍청이를 이용할 수 있을지도 모르겠군." 주 장관의 딸은 생각했다.

그리고 그녀는 땜장이를 자기에게 오라고 불렀다. 땜장이는 정직한 얼굴을 가진 체구가 큰 남자였다.

"당신은 로빈 후드를 잡을 수 있다고 장담했어요. 내가 당신에게 그 기회를 주었으면 하나요?"

땜장이는 노골적으로 이를 드러내며 웃었다.

"네, 아가씨." 그가 말했다.

"그럼 여기 오늘 아침에 주 장관님께서 직접 작성하신 체포 영장이 있어요."

그리고 주 장관의 딸은 땜장이를 물러가게 했다.

미들은 자신에게 크게 만족하고 그 집을 떠났다. 땜장이는 자신의 막대봉을 마구잡이로 휘두르며 로빈 후드를 잡을 생각을 했다. p.170 땜장이는 노팅엄 시를 떠나 바네스데일 쪽으로 나아갔다. 그날은 덥고 먼지가 날렸다. 정오에 땜장이는 기운을 차리려고 여관에 잠시 들렀다. 땜장이는 먹고 마시고 잠을 자기 시작했다.

여관 주인이 미들과 로빈 후드에 대해 토론했다.

"사람들이 그러는데 주 장관이 많은 부하들을 숲 속으로 보냈지만 한 번도 그들을 잡지 못했다고 하더군요."

"누구 말이오?" 땜장이가 물었다.

"로빈 후드와 그 부하들이지요." 여관 주인이 말했다. "하지만 잠이나 다시 주무시오. 당신은 결코 그 상금을 타지 못할 테니!"

"왜 못 타는데?" 땜장이가 물었다.

"주 장관과 기사들이 실패했는데 어떻게 땜장이가 성공하겠어요?"

"나는 가야겠소! 다음번에 나를 보면 놀라지 마시오. 나는 로빈 후드와 함께 있을 테니!"

p.171 그리고 그는 바네스데일을 향해 걷기 시작했다.

그가 갈색의 곱슬머리와 즐거운 눈빛을 한 젊은이를 만난 때는 25마일을 걸었을 때였다. 그 젊은이는 겨우 가벼운 검 한 자루만을 옆구리에 차고 있을 뿐이었다.

"안녕하세요!" 젊은이가 땜장이에게 말했다.

"안녕하시오!" 땜장이가 말했다.

"어디에서 오셨어요? 무슨 소식이라도 있나요?"

"내 이름은 미들이오. 나는 반스베리에서 온 땜장이지."

"두 명의 땜장이들이 술을 너무 많이 마신 죄로 교수형을 당했다고 들었어요."

"그게 자네의 소식이라면 자네를 두들겨 패 주겠네."

"그럼 아저씨한테는 무슨 소식이 있는데요?"

"내가 할 말은 내가 사람들이 로빈 후드라고 부르는 대담한 무법자를 찾고 있다는 것뿐이야."

p.172 "누가 아저씨를 보냈죠?"

"주 장관이 보냈지. 만약 자네가 로빈 후드가 어디에 있는지 나한테 알려 준다면 내가 받을 돈의 일부를 자네에게 나눠 줄게."

"그럼 영장을 보여 주세요." 상대방 젊은이가 말했다.

"그러지는 않을 걸세." 땜장이가 말했다. "나는 그 일에 대해서는 누구도 못 믿겠으니까."

땜장이는 공중에 원을 그리며 자기 봉을 휘둘렀다.

상대방 젊은이는 땜장이의 단순함에 미소를 지었다.

"무더운 7월의 어느 날 길 한복판은 일을 논의하기에 좋은 장소가 아니지요. 우리가 서로 도울 수 있다면 여관에서 같이 술을 마시자고요."

"좋아! 나는 목이 몹시 마르던 참이야. 자네와 같이 가겠네."

그래서 땜장이는 낯선 이와 함께 돌아서서 도로 그 여관으로 갔다.

여관 주인은 그 두 명이 들어오는 것을 보았을 때 조용히 눈썹을 치켜세웠지만 그들의 술 시중을 들었다.

p.173 두 남자는 술을 주문하고 함께 마셨다. 젊은이가 로빈 후드를 잡기 위한 계획을 제안했다. 결국 땜장이는 잠이 들었다. 그러자 그 낯선 이는 코를 골고 있는 땜장이의 주머니를 열고 영장을 꺼내 읽고서 그것을 자신의 지갑에 넣었다. 낯선 이는 떠나기 전에 여관 주인에게 땜장이가 돈을 낼 거라고 말했다.

낯선 이는 여관 밖에 숨어 땜장이를 지켜보며 그가 일어나기를 기다렸다. 마침내 땜장이가 다시 일어났다.

"이보게, 최고의 좋은 계획에 대해 무슨 말을 하고 있었지? 이보시오! 이 사람 어디 갔소?"

땜장이는 주변을 둘러보았고 그와 함께 앉아 있는 사람이 식탁에 아무도 없는 것을 보았다.

"주인 양반! 내 술값을 내야 할 사람은 어디에 있는 거요?"

p.174 "나는 모르오." 여관 주인이 날카롭게 대답했다. "어쩌면 당신 지갑 안에 돈을 두고 떠났을지도 모르잖소."

"아니, 안 그랬소!" 미들이 주머니 속을 들여다보며 고함쳤다. "도와줘! 도와주시오! 내가 강도를 당했소! 나를 도와주지 않으면 당신도 체포할 거요! 나는 당신 여관에서 강도를 당했어!"

"그만 소리 지르시오! 무엇을 잃어버렸소?"

"오, 나는 로빈 후드의 체포 영장을 잃어버렸소. 줄 세 개를 잃어버렸소! 금속 세 조각이랑 동전을 좀 잃어버렸소."

"왜 당신은 당신 친구 바네스데일의 로빈 후드를 체포하고 싶어 하는 거요? 방금 전까지 그와 함께 마시고 있지 않았소?"

"뭐라고? 그자가 로빈 후드요?" 미들이 뚫어지게 쳐다보며 숨을 멈추었다. "왜 나한테 말해 주지 않았소?"

"당신이 나한테 로빈 후드와 함께 있는 것을 다시 보여 줄 것이라고 했으니까 그랬지."

"그자가 내게 거짓말을 했어! 그자가 내게 강도짓을……."

p.175 "알았소, 알았소." 주인이 끼어들었다. "그 일에 대해서는 다 알았소. 하지만 당신 둘이 먹은 술값 계산을 내게 해 주시오."

"하지만 나는 돈이 없소. 내가 그 악당을 쫓아가게 해 주면 금방 그자에게서 돈을 가져올 거요."

"그렇게는 안 되오." 상대방 여관 주인이 말했다. "내가 당신이 로빈 후드에게서 돈을 징수해 오기를 기다린다면 나는 내 가게 문을 곧 닫게 될 것이오."

"술값이 얼마요?" 미들이 물었다.

"딱 10실링이오."

"그럼 여기 내 일 가방이랑 좋은 망치도 가져가시오. 내가 로빈 후드에게서 돈을 돌려받으면 그 물건들을 되찾겠소."

"당신의 가죽 외투도 주시오." 여관 주인이 말했다.

"내가 오늘 도둑 두 명을 만났네! 우리가 밖에 있다면 나는 당신을 쓰러뜨렸을 거요."

"당신은 쓸데없이 떠들고 내 시간을 낭비하고 있소." 주인이 대답했다. p.176 "나한테 당신 물건들을 주고 빨리 그자나 쫓아가시오."

미들이 이것이 좋은 충고라고 생각했으므로 암담한 기분으로 여관을 떠났다.

반 마일을 갔을 때 땜장이는 로빈 후드가 자기 조금 앞에서 나무들 사이로 걷고 있는 것을 보았다.

"이봐, 이 악당아!" 땜장이가 고함쳤다. "서라! 네게 할 말이 있다!"

로빈은 놀란 얼굴로 뒤를 돌아보았다.

"누가 소리치며 나를 쫓아오는 거지?"

"정직한 사람이 되어라! 나한테 내 돈과 영장을 돌려줘!"

"오! 벌써 로빈 후드를 찾은 것이오?"

"그런 것 같네!"

땜장이는 그의 봉을 로빈 후드에게 휘둘렀다.

로빈은 자신의 검을 꺼내려고 했다. 로빈이 검을 손에 쥐었을 때 땜장이가 로빈을 세 번 때렸다. 그러자 로빈은 검으로 되받아 싸우기 시작했다. 로빈은 자신의 좋은 검으로 땜장이의 봉을 동강 낼 수 있겠다고 생각했지만 땜장이는 그의 봉을 쇠처럼 단단하게 만들어 놓았다. p.177 또한 그 봉이 길이가 길었기 때문에 로빈의 짧은 검은 땜장이에게 닿을 수가 없었다.

"잠깐, 땜장이 양반." 로빈이 말했다. "당신한테 부탁이 하나 있소."

"네 부탁을 들어주기 전에 너를 이 나무에 매달겠다."

땜장이가 말할 때 로빈은 나팔을 세 번 불 시간을 찾았다.

"네 부하들이 여기 오기 전에 너를 해치우겠다!"

하지만 로빈은 윌과 존이 스무 명의 부하들을 데리고 도착할 때까지 자신을 지킬 수 있었다. 미들은 붙잡혔고 로빈은 숨을 돌리려고 앉았다.

"무슨 일이야?" 리틀 존이 물었다.

"이 땜장이가 나를 꽤 심하게 때렸어." 로빈이 대답했다.

p.178 "그럼 저 땜장이는 나랑 싸워야겠군." 존이 말했다.

"아니면 나와 싸우든지." 윌 스칼렛이 말했다.

"아니야. 하지만 내가 봉을 가지고 저자랑 싸울 수 있었다면 좋았을 거야. 저자는 내가 저자로부터 훔친 내 체포 영장을 가지고 있었어."

"동전과 끈들도 조금 있었어!" 땜장이가 덧붙였다.

"그렇지, 알고 있네." 유쾌한 로빈이 말했다. "나는 여관 주인의 창 밖에 서서 당신이 당신이 입은 금전적인 손해를 일일이 열거하는 것을 들었소. 다시 내어 주겠네. 하지만 지금 그 은화들은 금화가 되었지. 당신이 그러겠다면 여기 내 손도 있소."

"손을 잡겠소! 나는 당신 같은 남자는 만난 적이 없소. 나는 내 외투와 연장들을 돌려받아야 하오. 땜장이로서 당신을 모시겠다고 약속하오."

이 무렵 로빈의 무리들은 모두 웃고 있었다. 그렇게 미들은 그들과 함께 일하기로 약속하고 더 이상 주 장관의 딸에 대해서는 생각하지 않았다.

로빈 후드가 가죽 무두장이에게 무두질당한 이야기

p.180 주 장관의 딸은 땜장이로부터 소식을 듣기를 기다렸지만 며칠 간 아무 소식을 듣지 못하자 포기해 버렸다. 그녀는 또 다른 선량한 남자인 노팅엄에 사는 무두장이 아서 아 블랜드의 이야기를 들었다. 그는 씨름과 봉 싸움으로 유명했다. 3년 동안 무두장이 아서는 유명한 에릭 오 링컨이 그의 갈비뼈 한 대를 부러뜨리기 전까지 씨름으로 모든 사람을 이겼다.

p.181 하지만 봉 싸움에서는 그 누구도 여태 아서를 이기지 못했다.

'이 사람이 나에게 딱 맞는 사람이야!' 주 장관의 딸은 속으로 생각했다. 그녀는 무두장이를 맨션 하우스로 불러 로빈 후드를 찾아내라고 시켰다. 아서는 체포 영장이 왕의 숲에서 사슴을 사냥하는 핑곗거리를 주었기 때문에 그 영장에 만족했다.

'드디어 내가 튼튼하고 좋은 사슴을 사냥할 수 있겠구나! 드디어 좋은 가죽을 만들 수 있게 되었어!' 아서는 속으로 생각했다.

그래서 무두장이는 기쁜 마음으로 출발했지만 그는 로빈 후드보다는 숲 속의 사슴에 훨씬 더 관심이 있었다. 과거에 그 무두장이는 몰래 숲에서 사슴 몇 마리를 죽인 적이 종종 있었다. 또한 그는 남몰래 무법자들의 자유로운 삶을 부러워했다.

p.182 무두장이는 사슴을 사냥하기 위하여 음식과 무기, 술을 가지고 숲으로 들어갔다.

그런데 바로 그날 아침 로빈 후드는 모두가 입을 옷을 만들기 위해 초록 천을 사 오도록 리틀 존을 이웃 마을에 보냈다. 로빈은 리틀 존과 어느 정도 길을 함께 갔다. 그들은 로빈이 마실 것을 얻으려고 땜장이를 만났던 그 여관에서 멈췄다.

숲 언저리에 들어섰을 때 로빈은 아서 아 블랜드가 숨어서 사슴을 지켜보는 것을 보았다. 로빈과 그의 부하들은 왕실 숲에서 아주 오래 사냥을 해 와서 마치 자신들이 사슴을 소유한 것인 양 느꼈다.

'누가 내 사슴을 사냥하고 있는 거지?' 로빈은 속으로 생각했다.

그리고 나서 로빈은 나무 뒤로 기어가 나무를 옮겨 다니며 아서가 사슴을 바삐 쫓아다니듯 그를 쫓아다녔다. 마침내 무두장이는 활을 쏠 준비를 했다. **p.183** 하지만 바로 그때 로빈이 불행히도 부러진 가지를 밟아 무두장이가 돌연 돌아보게 하는 빌미를 제공했다.

"그만둬! 당신은 누구지? 당신은 전하의 사슴을 훔치러 온 도둑 같군."

"그런 일은 문제가 안 돼. 당신은 누구지?"

"나는 이 숲의 지킴이요. 전하는 내가 전하를 위해 전하의 사슴들을 돌보고 있다는 것을 알고 계시지."

"겨우 남자 한 명으로는 나를 막지 못해."

"나는 좋은 활이 있고 또 옆구리에는 날카로운 검을 차고 있소. 내게 당신과 같은 막대기를 가져다주면 내가 당신에게 사슴을 사냥하면 안 된다는 것을 보여 주지!"

"내게 고함을 지를 필요는 없어. 막대기를 구해 와라. 그러면 내가 너를 얼른 쓰러뜨려 주지."

"내가 당신에게 예의범절을 좀 더 가르쳐 주지!"

로빈은 활을 내려놓았다. 로빈은 사냥칼로 나무 막대기를 하나 새로 잘랐다.

p.184 "자, 덤비시지! 내가 무두질하기 전에 가죽을 두들기듯 너를 패 주겠다."

"내 막대기가 네 것보다 길다. 너는 나를 때릴 수 없을 거야."

"내 막대기 길이는 이만하면 충분해."

두 남자는 손바닥에 침을 뱉고 막대기를 꼭 쥔 다음 서로의 주위를 천천히 맴돌기 시작했다.

리틀 존은 볼 일을 빨리 끝내게 되었다. 그래서 리틀 존은 숲의 시원한 쉼터로 돌아가게 되어 기뻐하며 로빈이 갔던 길을 따라 서둘러 갔다.

리틀 존은 화난 목소리를 들었는데, 그 중 하나가 로빈의 목소리라는 것을 알아차렸다.

'로빈이 전하의 부하 중 한 명에게 공격당하고 있나?' 그는 생각했다.

그래서 리틀 존은 조심스럽게 나무에서 나무로 옮겨가며 로빈과 아서가 있는 작은 공터까지 갔다.

p.185 "하! 이거 재미있어 보이네!" 리틀 존이 혼자 중얼거렸다. 그는 덤불숲 아래로 기어 들어가 싸움을 몰래 지켜보았다.

정말로 그 싸움은 재미있기도 하고 우스웠다. 두 사람은 길이가 긴 봉을 휘둘렀지만 서로를 때리는 것을 두려워했다. 마침내 로빈이 더 이상 기다리지 못하고 그의 튼튼한 오른팔을 섬광처럼 휘둘렀다. 로빈은 무두장이의 머리를 때렸다. 그러자 무두장이도 로빈의 머리를 때렸다. 그리고 나서 싸움은 계속되었는데, 그것은 격렬한 싸움이었다.

그들은 빙빙 돌며 싸웠다. 빙빙 돌기도 하고, 위 아래로, 안팎으로 한 시간을 꼬박 싸우며 매 순간 서로가 매우 훌륭한 상대라는 것에 놀라게 되었다.

마침내 로빈이 기회를 포착하고 봉을 아서의 머리에 쾅 내리쳤다. 하지만 아서의 소가죽 투구가 그를 보호했다. p.186 아서는 넘어지지 않도록 해야 했다. 로빈은 그가 중심을 잡는 것을 기다려 주었다. 그리고 나서 아서가 로빈의 갈비뼈를 탁 때렸고 로빈은 땅에 쓰러졌다.

"그만!" 로빈이 고함쳤다. "그만, 그러면 자네가 여기에서 사냥하게 해 주겠다."

"그 점에 대해서는 내 막대기에 감사해야겠네. 당신이 아니라."

"음, 그게 맞을지도 모르지. 하지만 부디 자네 이름과 직업을 알려 주게. 그처럼 세게 때릴 수 있는 사람을 알고 싶군."

"나는 무두장이요." 아서 아 블랜드가 대답했다. "나는 노팅엄에서 일해 왔소. 내가 당신에게 공짜로 뭔가 무두질을 해 주지."

"내 가죽의 무두질은 현재로서는 이만하면 충분하오. 하지만 당신처럼 잘 싸울 수 있는 다른 사람들이 있소. 나는 당신이 나 로빈 후드와 내 부하들과 함께하기를 바라오."

"당신과 함께하겠소! 하지만 알다시피 나는 당신을 잡으라고 주 장관에게 명령 받았소."

p.187 "어떤 땜장이도 그랬지만 지금은 우리와 함께 일하오." 로빈이 미소 지으며 말했다.

"이런 식으로 당신은 세력을 보태는군!" 무두장이는 크게 웃으며 말했다. "그런데 말해 주시오, 로빈 후드. 리틀 존은 어디 있소? 나는 그를 만나고 싶소. 그는 내 외가 쪽 친척이기 때문이오."

"나 여기 있어, 아서 아 블랜드!" 어떤 목소리가 말했고 리틀 존은 말 그대로 덤불숲 아래에서 굴러 나왔다.

깜짝 놀란 무두장이는 그 사람이 누구인지 보자마자 리틀 존의 목을 세게 끌어안아 그를 일으켜 세웠다.

로빈 후드가 리아 성의 리처드 경을 만난 이야기

p.188 긴 겨울 동안 로빈 일당은 불가와 동굴 속에서 따뜻하게 지내려고 애썼다. 마침내 겨울이 그 끝에 다다랐고 은혜로운 봄이 왔다가 갔다. 또 한 번의 여름이 지나갔고 여전히 왕이나 주 장관이나 주교 그 누구도 무법자들을 잡을 수 없었다. 이따금씩 아서 아 블랜드와 구두 수선공 데이비드 돈캐스터 같은 사람이 선택되면서 로빈의 무리는 불어났다. p.189 이제 그 무리의 수는 백사십 명에 다다랐다.

부하들은 일곱 개의 집단으로 나뉘었으며 각 집단에는 대장이 있었다. 그들은 계속해서 부자들에게서 훔쳐서 가난한 사람들에게 주었다. 헨리 왕은 죽고 '사자의 심장' 리처드 왕이 그의 계승자로 선포되었다.

그러자 로빈과 그의 부하들은 이 새 왕을 만나 왕실 삼림관이 되겠다고 청하기로 결심했다. 그래서 윌 스칼렛과 윌 스튜틀리와 리틀 존은 이런 전갈을 가지고 런던으로 파견되었다. 새 왕은 성지로 십자군 전쟁을 하러 떠났고 그의 동생 존 왕자는 관계를 맺는 것이 불가능했다. 존 왕자는 땅과 돈에 탐욕스러웠다.

p.190 마리안의 아버지는 세상을 떠났다. 왕은 마리안의 땅을 빼앗고 그녀가 문제를 일으키거나 그녀의 땅을 돌려달라고 요구할 수 없도록 그녀를 탑에 가두어 놓을 계획을 세웠다. 로빈은 마리안이 갇혀 있는지 몰랐지만 그녀가 땅을 잃었다는 소식을 들었다. 그래서 로빈은 마리안의 안전을 걱정했다.

이른 가을 어느 아침, 나뭇잎들의 끝부분이 금빛으로 물들기 시작할 때, 로빈은 숲 속 작은 공터의 가장자리를 따라 걷고 있었다. 그는 몇몇 사슴들이 평화롭게 풀을 먹는 모습을 지켜보았다.

하지만 갑자기 수사슴 한 마리가 난폭하고 사납게 나무 사이에서 튀어나와 암사슴들을 사방으로 흩어지게 했다. 그 심술궂은 짐승은 황록색 셔츠를 입은 로빈을 보고 고개를 낮추며 그에게 돌진했다. 수사슴의 공격은 너무 갑작스러워서 로빈은 활을 구부릴 시간이 없었다. 그는 무기를 잡는 동안 나무 뒤로 펄쩍 뛰었다.

p.191 잠시 후 사나운 사슴은 나무줄기를 향해 맹목적으로 부딪혀 그 충격으로 뒤로 넘어졌다. 사슴은 다시 중심을 잡더니 공터 왼쪽 나무 덤불을 쳐다보았다. 이 덤불은 고운 손에 의해서 벌어져 있었다. 마리안이었다!

마리안은 사슴이 자신을 보는 줄도 모르고 앞으로 나왔다.

로빈은 마리안을 맞히지 않고서는 사슴을 활로 쏠 수가 없었다. 마리안의 활은 그녀의 어깨에 대각선으로 걸려 있었고 그녀의 작은 검은 짐승의 공격에 맞서기에는 소용없을 것이었다. 그녀는 마침내 짐승을 보았다.

짐승은 새로운 목표물을 향해 돌진했다. 마리안은 자신을 지킬 시간이 없었다. 그녀는 짐승이 자기를 내리 덮쳤을 때 한쪽으로 튀어 올랐다. 사슴의 뿔이 마리안의 옆구리를 쳤고 그녀는 땅에 쓰러졌다. p.192 수사슴은 멈춰 돌아서더니 마리안을 죽일 준비를 하려고 머리를 낮추었다.

마리안은 일어나 검을 뽑으려고 애썼다. 한 순간이라도 더 지체하면 끝장이 날 것이었다. 하지만 로빈의 날카로운 목소리가 숲을 가르고 울렸다.

"몸을 숙여, 마리안!" 로빈이 외쳤고 아가씨가 그의 말을 따른 바로 그 때 로빈의 활에서 나간 화살이 마리안의 머리 바로 위를 날아 수사슴의 이마 가운데에 꽂혔다.

짐승은 비틀거리더니 마리안의 몸 위에 대각선으로 쓰러져 죽었다.

로빈은 재빨리 마리안 곁으로 가서 짐승을 그 아가씨에게서 끌어냈다. 마리안을 튼튼한 팔로 안고서 로빈은 그녀를 시내로 데리고 갔다. 로빈은 마리안이 마침내 눈을 뜰 때까지 그녀의 얼굴 위로 차가운 물을 끼얹었다.

"제가 어디에 있는 거예요?"

"너는 셔우드에 있어!"

마리안은 눈을 뜨고 일어나 앉았다.

p.193 "당신이 저를 갑작스러운 위험에서 구해 주셨군요." 마리안이 말했다.

그러고 나서 마리안은 처음으로 로빈을 알아보았고, 동시에 눈부신 미소가 그녀의 얼굴 위로 떠올랐으며, 그녀의 머리는 로빈의 어깨 위에 푹 파묻혔다.

"오, 로빈, 너로구나!" 마리안이 중얼거렸다.

"나야. 하느님 감사합니다! 내 사랑 마리안, 맹세하건대 나는 이제부터 너를 내가 보호해 줄 수 있는 범위에서 벗어나지 못하게 할 거야."

그녀의 머리가 여전히 로빈에게 기대어 있는 그 잠시 동안은 더 이상 한마디도 나오지 않았다.

"나는 한심한 간호사야! 네 뼈가 어디 부러지지는 않았는지 묻지도 않았잖아."

"없어, 아무 데도." 마리안은 대답하면서 로빈에게 보여 주기 위해 가볍게 벌떡 일어섰다.

"런던 시에서 있었던 소식이랑 네 근황을 들려줘."

p.194 그래서 마리안은 로빈에게 어떻게 존 왕자가 그녀의 아버지의 땅을 손에 넣었는지 들려주었다.

"그래서 나는 너를 찾으려고 다시 남장을 한 거야."

"엘리노어 왕비 전하께서 나한테 주신 이 검에 대고 맹세할게!" 로빈이 격렬하게 말했다. "존 왕자와 그의 군사들 전부가 너를 해치지 못할 거라고 맹세해!"

이렇게 해서 마리안은 셔우드에 살러 왔다. 부하들과 앨런의 부인은 마리안을 환영했다.

로빈과 마리안이 그 사슴과 맞닥뜨리고 있을 동안 리틀 존, 방앗간 주인의 아들 머치, 그리고 윌 스카렛은 바네스데일로 가는 큰길을 지켜보고 있었다. 그들은 강탈할 부자들을 찾고 있었다.

기사 한 명이 말을 타고 지나가는 것을 보았을 때 그들은 한동안 켄트의 도버에서 체스터까지 뻗은 워틀링 스트리트라고 알려진 큰길을 지켜보고 있던 중이었다. 그 기사는 우울해 보였다.

p.195 리틀 존이 기사에게 다가가 잠시 숲 속에 머물 것을 정중하게 요청했다.

"저의 대장이 오늘 당신과 함께 식사할 수 있기를 기대하십니다." 리틀 존이 말했다.

"당신의 대장이 누구요?" 기사가 물었다.

"다름 아닌 로빈 후드입니다." 리틀 존이 대답했다.

두 명의 다른 무법자가 다가오는 것을 보고 기사는 어깨를 움츠렸다.

"나는 다른 계획이 있었지만 당신들이 정말 내가 당신들과 함께하기를 원한다면 그러겠소." 기사가 아무 감정 없이 말했다.

그래서 기사는 무법자들이 자신의 말을 숲 속으로 이끌도록 허락했다. 마리안은 남장한 자신의 옷을 갈아입을 시간이 없었다. 그녀는 그들의 포로가 리아 성의 리처드 경이라는 것을 알아보았는데, 그녀는 종종 성에서 그를 본 적이 있었다. p.196 마리안은 그가 자신을 알아볼까 봐 걱정했지만 로빈은 마리안이 계속 남자인 척하는 것도 재미있을지 모른다고 제안했다.

"어서 오십시오, 기사님," 로빈이 말했다. "때맞춰 잘 오셨군요. 우리는 막 음식을 먹으려고 자리에 앉을 준비를 하고 있던 참이었거든요."

"신의 가호가 있기를 바라며 감사합니다, 로빈 대장." 기사가 대답했다.

그래서 그의 말이 보살핌을 받는 동안 기사는 자신의 갑옷을 벗고 얼굴과 손을 씻고 로빈과 그의 부하들 모두와 함께 음식을 먹으려고 앉았다. 그리고 마리안은 로빈의 뒤에 서서 그의 잔과 손님의 잔을 채워 주었다.

실컷 먹고 나자 기사는 기분이 매우 밝아져서 자신이 적어도 3주 동안 그처럼 훌륭한 저녁 식사를 한 적이 없었다고 말했다. 그는 또한 언젠가 로빈과 그의 부하들이 그의 영지에 온다면 그만큼 훌륭한 저녁 식사를 대접하려고 애쓸 것이라고 말했다.

p.197 하지만 이것이 반드시 로빈이 받으려고 기대한 그런 종류의 보수라고는 할 수 없었다. 부자가 공짜로 먹는 것을 바라면 안 된다.

"나는 가진 돈이 없소, 로빈 대장." 기사가 솔직하게 대답했다.

"돈은 아무리 조금이라도 언제나 우리 주머니에서 즐겁게 짤랑거리지요." 로빈이 미소 지으며 말했다. "당신의 주머니에는 무엇이 있습니까?"

"은화 10페니가 있소." 기사가 말했다 "여기 있소. 나는 그 돈이 열 배라면 좋겠소만."

기사는 리틀 존에게 자신의 주머니를 건넸고, 로빈은 무심하게 고개를 끄덕였다.

"다해서 얼마야, 리틀 존?"

"그대로야." 리틀 존이 대답했다.

마리안이 로빈과 기사에게 술을 더 따라 주었다.

p.198 "무슨 일이 있었던 겁니까? 보니까 당신의 갑옷은 망가졌고 옷은 찢어졌군요. 어쩌다가 가진 돈을 다 잃어버렸습니까?"

"나는 항상 조용한 삶을 살아왔어요." 슬픔에 빠진 손님이 대답했다. "나는 헨리 왕이 돌아가시기 전에 그분을 모셨지요. 내 이름은 리아 성의 리처드이고 우리 아버지 소유였고 대대로 우리 집안 것이었던 노팅엄 성문들 중 하나의 근처에 있는 성에서 살지요. 나는 예전에는 부유했지만 지금은 겨우 이 은화 열 닢과 아내와 아들만 있을 뿐이오."

"어쩌다 당신의 재산을 잃은 겁니까?" 로빈이 물었다.

"어리석음과 친절을 통해서지요." 기사가 한숨을 쉬며 말했다. "나는 리처드 왕과 함께 십자군 전쟁에 나갔다가 겨우 최근에야 돌아왔지요. 내 아들은 다 컸더군요. 그 아이는 그때 고작 스무 살이었지만 벌써 기사 훈련을 받았더군요.

p.199 그런데 그 아이가 사고로 승자 진출전에서 사람을 한 명 죽였어요. 그 아이를 구하기 위해서 나는 내 땅을 팔아야 했는데 이것으로는 충분하지가 않았어요. 결국 나는 돈을 빌려야 했지요. 나는 헤어포드의 주교에게서 돈을 빌렸어요."

"주교한테 얼마나 빚을 졌습니까?"

"400파운드라오." 리처드 경이 말했다. "내가 빨리 갚지 않으면 주교는 내 성을 빼앗을 겁니다."

"누구 당신을 도와줄 친구라도 있습니까?"

"한 명도 없어요. 만약 리처드 전하께서 여기에 계신다면……."

로빈은 마리안의 귀에 귀엣말을 하려고 돌아섰다. 마리안은 고개를 끄덕이더니 리틀 존과 윌 스칼렛을 한옆으로 끌고 가 그들과 이야기했다.

"건강하시오. 다음에 다시 만나면 내가 더 잘 보답할 수 있으면 좋겠소이다."

p.200 윌 스칼렛과 리틀 존은 다른 무법자들에게 마리안의 생각을 말했다. 그러고 나서 그들은 근처 동굴로 들어가서 금이 든 자루 하나를 가지고 돌아왔다. 그들은 놀란 기사 앞에서 금을 세기 시작했다. 그 자루 안에는 400파운드의 금화가 들어 있었다.

"우리에게서 이 대부금을 가져가시오. 그리고 주교에게 빚을 갚으시오." 로빈이 말했다. "이제 당신은 주교 대신 우리에게 빚을 졌소. 어쩌면 우리가 더 너그러울지 모르겠소."

리처드 경의 눈에는 정말 눈물이 글썽였다. 방앗간 주인의 아들 머치가 동굴에서 옷감을 좀 끌고 나왔다. "기사는 자기 지위에 걸맞은 옷을 입어야 하오."

"이분께 좋은 말도 드려." 마리안이 속삭였다. "이분은 훌륭한 분이셔. 내가 이분을 잘 알아."

그래서 말도 주어졌고 로빈은 아서 아 블랜드에게 기사의 성까지 동행하라고 말했다.

p.201 기사는 더 이상 슬퍼하지 않았다. 다음날 아침 기사는 새 말을 타고 집으로 돌아갔다.

"우리는 오늘부터 열두 달 후 바로 이곳에서 당신을 기다리겠소." 로빈은 말하고 기사와 악수했다. "그때 당신은 우리에게 빌린 돈을 갚으시오."

주교가 무법자들과 식사한 이야기

p.202 리아 성의 리처드 경이 셔우드 숲에 온 지 며칠이 지나지 않아 로빈 후드의 귀에 헤어포드의 주교가 곧 그 길로 말을 타고 올 것이라는 소식이 들렸다.

"자 동지들, 잘 자란 살찐 사슴 한 마리를 죽이게. 헤어포드의 주교가 오늘 나와 함께 식사를 할 거네. 그리고 그는 그가 대접 받은 음식에 후하게 보답해야 할 거야."

p.203 "보통 때처럼 여기에다 음식을 준비할까?" 방앗간 주인의 아들 머치가 물었다.

"아니, 큰길가에 준비하세. 그리고 주교를 잘 지켜보세."

그렇게 로빈은 명령을 내렸고, 대부분의 부하들은 다른 길들을 지켜보려고 윌 스튜틀리와 리틀 존의 지휘 아래 숲의 다른 장소로 갔다. 로빈 후드 본인은 윌 스칼렛과 머치를 포함한 부하 여섯 명을 데리고 중앙 도로가 훤히 보이는 곳에 자리를 잡았다. 이 적은 수의 무리는 목동으로 변장했다. 그들은 옷 위로 누더기를 걸치고 얼굴에는 흙을 묻혔다.

그들은 재빨리 사슴 한 마리를 잡아 그것을 작은 불 위에 요리하기 위해 많은 준비를 했다. 곧 그들은 주교와 무장을 한 열 명의 부하를 보았다. 주교는 목동들을 보자마자 그들 쪽으로 곧바로 왔다.

p.204 "어이, 너희는 누구냐? 누가 전하의 사슴을 요리하고 있는 거지?" 주교가 날카롭게 물었다.

"우리는 목동입니다." 로빈 후드가 대답했다.

"너희는 상당히 질이 안 좋아 보이는군. 왜 양고기를 먹고 있지 않는 건가?"

"오늘은 우리의 잔칫날 중 하루라서 많은 사슴들 중 한 마리를 먹기로 했지요."

"전하께서 이 소식을 듣게 되실 것이다. 누가 이 짐승을 죽였지?"

"먼저 당신이 누군지 말씀해 주시지요." 로빈이 고집스럽게 말했다.

"이분은 헤어포드의 주교님이시다!" 경호원 중 한 명이 사납게 말했다. "경의를 표하라."

"너희는 모두 예의범절이 형편없군. 나랑 같이 가자. 그리고 내가 너희를 노팅엄의 주 장관에게 데리고 가야겠다."

"성직자이시니 우리를 불쌍히 여기실 수는 없나요?"

p.205 "나는 너희 모두가 교수형 당하는 것을 보고 말겠다! 저들을 잡아라!"

하지만 로빈은 이미 나무에 등을 대고 펄쩍 튀어 올랐다. 그리고 그의 누더기 망토 아래에서 자신의 믿음직한 뿔피리를 꺼내 세 번 불었다.

이제 주교는 그가 누구인지 알았다. 주교는 도망치려고 했지만 리틀 존의 부하들이 한쪽에서 나왔고 윌 스튜틀리의 부하들은 반대쪽에서 나왔다. 훌륭하신 주교는 이제 자신이 죄수임을 알았다.

"나를 놓아줘!" 주교가 외쳤다.

"당신을 보내 주지는 않을 것이오. 하지만 당신이 내게 대접해 준 것보다 당신을 잘 대접해 주겠소. 나는 벌써 오늘 당신이 나와 식사를 하도록 계획을 잘 짜 놓았소."

로빈과 그의 무리는 그 일행 전체를 책임지고 바네스데일 근처의 공터에 다다를 때까지 숲을 통과하도록 안내했다.

p.206 이곳에서 그들은 쉬었고 로빈은 주교에게 자리를 권했다. 방앗간 주인의 아들 머치는 사슴고기를 굽기 시작했고, 한편 더 살이 찐 다른 사슴 한 마리가 불 반대쪽에서 요리되었다. 주교는 맛있는 사슴고기 냄새를 맡았다. 아침부터 말을 타서 그는 배가 고팠다. 로빈은 자기 옆의 가장 좋은 자리를 주교에게 내주었다.

"우리 수도사가 오늘은 우리와 함께 있지 않소. 당신이 친절하게 우리를 위해 감사 기도를 해 주겠소?"

주교는 얼굴이 붉어졌지만 라틴어로 재빨리 감사 기도를 했다.

부하들은 웃으며 농담을 하기 시작했다. 심지어 주교까지도 몇 가지 농담을 듣고 웃었다. 날이 저물어 감에 따라 땅거미가 질 때까지 주교는 점점 더 마음이 느긋해졌다.

"이제 늦었소, 그리고 이번 접대비가 내가 가진 것보다 더 많을 것 같아 무섭군." 주교가 로빈에게 말했다.

"나는 당신과 함께한 것이 아주 즐거워서 어떻게 값을 매겨야 할지 모르겠군요." 로빈이 대답했다.

p.207 "주교님의 지갑을 저한테 빌려주시지요." 리틀 존이 말했다. "그러면 내가 얼마를 내야 할지 주교님한테 알려드리지요." 주교가 몸을 덜덜 떨었다. 주교는 바로 그날 아침 리처드 경의 빚을 수금해서 그때 집으로 가져가던 중이었다.

"나한테는 겨우 은화 몇 개 밖에 없어." 주교가 우는 소리를 했다. "내 말안장 주머니에 들어 있는 금으로 말하자면 그것은 교회 거네. 자네들은 교회에서 강탈을 하지는 않겠지?"

하지만 리틀 존은 벌써 가방을 열고 돈을 쏟아 놓았다. 그것은 400파운드였다!

"이것이 교회의 재산이라니까 그 돈은 좋은 대의명분을 위해 쓰겠습니다. 우리 친구가 성직자에게 많은 돈을 빚졌거든요. 우리는 이 돈을 그 친구를 돕는 데 쓰겠습니다."

p.208 "아니 안 돼. 우리가 전하의 고기를 먹지 않았나? 더구나 나는 불쌍한 사람이야."

"당신은 헤어포드의 주교이고 온 나라가 당신의 압제에 대해 말하지 않소이까? 가난하고 무지한 사람들에게 하는 당신의 잔인한 짓거리를 모르는 자가 누가 있겠소? 당신은 사람들에서 훨씬 더 많은 돈을 훔쳐 왔소! 당신은 내 아버지의 목숨을 다하게 하는 데 일조했지! 내가 당신에게 돈을 빼앗긴 모든 사람들을 위해 당신의 돈을 갖겠소. 그리고 당신이 가지고 있는 것보다는 더 잘 쓰겠소."

리틀 존은 주교를 마치 나무토막처럼 들어 올려 그의 말에 옮겨놓았다. 그들은 주교를 말에 묶어 노팅엄으로 가는 길로 그를 보냈다.

주교가 무법자 사냥을 하러 간 이야기

p.209 마지막으로 주교와 만나고 난 후 로빈은 약간 부주의해졌다. 로빈은 걸어서 혼자 큰길로 나갔다. 하지만 로빈은 반 마일도 채 못 나가서 주교를 다시 만났다.

p.210 주교는 주 장관의 부하들로 이루어진 대규모 군대와 함께 왔다. 이 사람들이 지금 로빈을 쫓고 있었다. 왔던 길로 물러나기에는 너무 늦어 버렸지만 로빈은 섬광처럼 빨리 길 한쪽으로 튀어 나가 덤불숲 아래로 피해 몸을 숨겼다.

"저자를 쫓아라!" 주교가 외쳤다. "너희 중 일부는 저자 주변의 숲을 살펴보고, 나머지 우리는 주요 도로로 계속 전진해 반대편에서 저자를 기다리겠다!"

이 숲 지역의 반대편으로 1마일쯤 떨어진 곳에 오두막이 한 채 있었다. 그곳은 과부가 사는 곳이었다. 로빈은 그 오두막이 생각났고 도망갈 유일한 기회를 보았다. 로빈은 덤불숲을 통과해 펄쩍펄쩍 뛰어 열린 창문을 통해 오두막 안을 들여다보았다.

물레질을 하고 있던 과부는 놀라서 소리를 지르며 일어났다.

p.211 "조용히 하세요, 아주머니! 접니다. 로빈 후드예요. 세 아드님들

은 어디에 있어요?"

"그 아이들은 로빈 자네와 함께 있어야지."

"주교가 부하들을 많이 데리고 저를 쫓고 있어요."

"내가 주교와 모든 사람을 다 속일게!" 여인이 재빨리 외쳤다. "자 로빈, 나와 옷을 바꿔 입어. 그리고 주교가 그녀를 보고 늙은 여인을 알아볼지 어디 보자고."

"좋아요!" 로빈이 말했다. "아주머니의 회색 망토를 창밖으로 건네세요. 그리고 물렛가락이랑 꼰 실도 같이요. 그리고 저는 제 초록 외투를 드리고 활과 화살에 이르기까지 나머지 전부를 내려놓을게요."

그래서 두 사람은 옷을 바꾸어 입었다.

주교와 그의 부하들이 오두막에 도착했고 늙은 여인은 멈춰 섰다. 늙은 여인은 지팡이에 심하게 의지하고서 반대쪽 팔에는 물렛가락을 들고 힘들게 절뚝거리면서 걷고 있었다. p.212 주교는 부하 중 한 명에게 그 여인을 심문하라고 명령했다. 군인은 여인의 어깨에 손을 얹었다.

"나를 건드리지 말게!"

"자 진정하세요, 아주머니." 군인이 말했다. "아주머니를 해치지는 않을 거예요. 하지만 무법자 로빈 후드를 보신 적이 있나요?"

"그런데 내가 그를 보면 왜 안 되는 거야?" 여인이 우는 소리를 했다. "착한 로빈이 나를 보러 와서 음식을 갖다 주지 못하게 할 왕이나 법이라도 있는 거야? 그건 주교가 하려는 것보다 더 대단한 일이야!"

"조용히 해, 이 여자야!" 주교가 매섭게 말했다. "우리는 당신의 의견 따위는 하나도 필요 없어. 하지만 당신이 로빈 후드를 언제 마지막으로 봤는지 우리에게 즉시 말해 주지 않으면 당신을 바네스데일로 끌고 가서 마녀로 치부해 화형시키겠어."

"로빈은 지금 내 오두막에 있지만 당신들은 그를 절대 생포하지 못할 거요."

p.213 "그건 두고 보지." 주교가 외쳤다. "여봐라, 오두막으로 들어가라. 필요하면 불을 질러라!"

풀려난 후 늙은 여인은 천천히 가던 길을 갔다. 하지만 여인이 그 사람들에게서 멀어져 숲 언저리 쪽으로 가까이 갈수록 더 빨리 걷는다는 것을 들킬 수도 있었다. 일단 숲의 피난처 안으로 들어가자 여인은 달리기 시작했다.

'누가 여기로 오는 거지?' 화살을 쏠 준비를 하고 있던 리틀 존은 생각했다. '저렇게 빨리 달리는 마녀인지 여자인지는 처음 보네.'

"멈춰! 나 로빈 후드야. 부하들을 불러서 내게 빨리 돌아와 줘. 주교가 여기 숲 속에 있어."

p.214 웃다가 숨을 고를 수 있게 되었을 때, 리틀 존은 뿔피리를 불었다.

"우리를 주교에게 안내하게. 우리는 자네를 따르겠네."

한편 과부의 오두막에 돌아간 주교는 시시각각 더 격분하고 있었다. 주교와 부하들은 집의 튼튼한 문을 부술 수가 없었다.

"문을 부수어라! 문을 부수어!" 주교가 외쳤다.

마침내 문이 집 안으로 쿵 하고 넘어졌고 주교의 부하들은 보초를 섰다. 하지만 날카로운 화살이 중도에서 자신을 맞을까 봐 두려워 감히 아무도 들어가지 못했다.

"여기 그자가 있습니다!" 군인 한 명이 안을 들여다보며 외쳤다. "그자가 찬장 옆 구석에 있는 것이 보입니다. 놈을 죽일까요?"

"안 돼." 주교가 말했다. "할 수 있으면 생포하라. 제일 큰 공개 교수형에 이자를 쓸 테니."

하지만 로빈을 잡은 것에 대해 주교가 느끼는 기쁨은 잠시였다. 길 아래쪽으로 늙은 여인이 다시 왔다. p.215 그녀는 오두막 문이 집 안쪽에 산산조각 부서진 것을 보았을 때 매우 화를 냈다.

"모든 마귀들이 늙은 여인의 오두막을 망가뜨린 너희를 잡아가기를. 거기 서라, 내가 말하잖아!"

"닥쳐!" 주교가 명령했다. "이 사람들은 내 부하들이고 내 명령을 수행하고 있는 중이다."

"이러지 않고는 주교님 부하들 전부가 딱한 숲 사람 한 명을 못 잡는다는 말이오? 자 어서! 지금 당장 여기에서 나가요, 안 그러면 당신들 모두를 먹을 때나 마실 때나 잘 때나 저주할 것이오!"

"노파를 잡아라!" 주교는 말을 할 수 있게 되자마자 소리쳤다. "어디 마녀의 저주에 대해 알아보자. 이 여인을 로빈 후드와 나란히 시내로 데려가겠다."

"그렇게 성급하게 굴지 마시오, 주교님!" 여인은 박수를 치며 말대꾸를 했다.

p.216 그리고 그 신호에 남자들이 오두막의 사방에서 위협적으로 활을 뒤로 당기며 튀어나왔다. 주교는 자신의 부하들이 다시 함정에 빠진 것을 보았다. 그러나 그는 싸우기로 결심했다.

"너희 중 하나라도 움직이면 그것으로 너희 대장, 로빈 후드는 죽음을 맞을 것이다! 내 부하들이 여기 무기 아래에 그자를 잡고 있고 내가 그들에게 그자를 가차 없이 죽이라고 명령할 것이다."

"나는 당신이 잡았다는 로빈을 보고 싶소." 과부의 어깨 망토 아래에서 맑은 목소리가 들렸다. 무법자는 과부의 어깨 망토를 벗고 미소 지었다. "나 여기 있소, 주교님. 그러니 당신들이 누구를 그렇게 잘 지키고 있는지 봅시다."

로빈 후드의 옷을 입고 있던 늙은 여인은 오두막에서 조용히 누워 있다가 벌떡 일어났다. 그녀는 문간으로 나와 주교에게 절을 했다.

"주교님, 왜 여기에 계세요?" 과부가 물었다. p.217 "저에게 돈을 주시려고 오셨나요? 아니면 축복을 해 주시려고 오셨나요?"

"그의 말안장 주머니에 이 산산조각으로 부서진 문을 변상할 만한 돈이 있는지 봅시다." 로빈이 대답했다.

"나는 절대……." 주교가 말하기 시작했다.

"조심하시오. 내 부하들이 모두 당신을 지켜보고 있소." 로빈이 말을 막았다. "교회에 어긋나는 짓은 아무것도 하지 마시오. 우리가 이 문을 변상할 값을 지불하도록 당신 지갑을 내게 주시오."

"네가 교수형 당하는 꼴을 내가 제일 먼저 보겠다!" 주교가 화가 나서 발광했다.

"그만!" 로빈이 대꾸했다. "우리가 당신을 어떻게 처분하는지 보시오." 그리고 갑자기 화살을 조준해 주교의 머리와 아주 가깝게 쏘는 바람에 그의 모자가 날아갔다.

그 성직자는 자신의 빛나는 대머리처럼 하얗게 질렸다. 그는 자신이 죽었다고 생각했다.

p.218 "도와줘! 살인이다!" 주교가 숨을 헐떡였다. "다시 쏘지 말게! 여기 금화가 들어 있는 지갑이 있네!"

그리고 더 이상의 말을 기다리지 않고 주교는 길을 달려 도망쳤다. 지휘관 없이 남겨진 그의 부하들은 주교를 따라 물러가는 것 밖에 달리 아무것도 할 수가 없었다.

주 장관이 또 한 번 활쏘기 대회를 연 이야기

p.219 이제 주 장관은 로빈 후드의 늘어가는 세력 때문에 마음이 몹시 불편해서 아주 어리석은 짓을 했다. 그는 왕에게 불평을 하여 1대대의 군인들을 데려오기 위해 런던 시로 갔다. p.220 리처드 왕이 아직 성지에서 돌아오지는 않았지만 존 왕자가 주 장관의 말을 들어주었다.

"푸하!" 존 왕자는 어깨를 으쓱하며 말했다. "내가 이런 일 전부에 대해 무슨 일을 해야 하는 건가? 그들을 잡는 일은 그대의 일이 아닌가? 무법자들을 잡을 때까지 그대는 다시는 내 눈앞에 나타나지 말게."

그래서 주 장관은 떠났고 그는 이제 로빈을 잡고야 말겠다고 더 굳게 결심했다.

주 장관의 딸이 집으로 돌아오는 아버지를 마중했다. 그녀는 그에게 그토록 어리석게 군 것에 대해 소리를 질렀다.

"올해 장날에 활쏘기 대회를 한 번 더 여는 것은 어떤가요?" 딸이 제안했다. "상으로 모든 죄를 사면해 준다고 하면 되잖아요. 누구든 참가하고 싶은 자들에게 그 대회를 열어 주는 거예요."

"그럼 로빈과 그의 부하들이 오겠군! 우리는 그들이 승자 진출전에 참여하기 전에 그놈들을 잡을 수 있을 거야."

그래서 주 장관은 장날을 준비하기 시작했다. 더욱이 머리는 황금으로 만들어지고 대는 은으로 만들어진 화살이 승자에게 주어질 것이었다. p.221 승자는 북부 지역에서 제일가는 궁수로 알려질 예정이었다.

"자, 모두 준비하게." 로빈은 이 경합에 대해 들었을 때 말했다. "우리 모두 승자 진출전에 참가할 것이다."

그 말에 유쾌한 구두 수선공 돈캐스터의 데이비드가 앞으로 나왔다.

"대장, 이런 말을 해서 유감이지만 이 시합이 함정이라는 것을 나는 잘 알고 있어요. 나는 대장과 함께 가지 않겠어요."

"겁쟁이 같은 소리를 하는군. 어쨌든 나는 승자 진출전에 나갈 거야."

"모두 우리의 초록 옷을 두고 가세. 대신에 우리를 알아보기 힘들게 다른 색깔 옷을 입는 게 좋겠어." 리틀 존이 제안했다. 그래서 마리안과 데일 부인은 수도사 터크의 도움을 받아 여러 가지 색깔의 옷을 준비했다. 그래서 백사십 명의 남자들은 모두 다른 색깔로 된 옷을 입었다.

p.222 그들은 노팅엄으로 떠났고 큰길에서 승자 진출전에 출전하려고

지방에서 오는 다른 남자들과 섞였다. 그들이 도시의 성문을 걸어서 통과할 때 경비대가 숲 사람들을 찾았지만 경비대는 누가 로빈 후드의 무리인지 구별할 수가 없었다.

마침내 활쏘기 시합이 시작되었다. 로빈은 자신과 같이 쏠 다섯 명의 부하를 택했고 나머지 부하들은 다른 군중과 섞여 성문도 지켜보기로 되어 있었다. 이 다섯 명은 리틀 존, 윌 스칼렛, 윌 스튜틀리, 머치, 앨런 아 데일이었다.

다른 출전자들은 첫 번째 라운드에서 잘 쏘았는데, 특히 화이트 핸드의 길버트가 그랬으며 그는 시합에 참여해서 이보다 더 잘 쏜 적이 없었다. 후반부 시합은 길버트와 로빈 사이의 경쟁으로 좁혀졌다. 주 장관은 시합의 초반부 동안에는 혼동이 되었다. p.223 로빈과 그의 부하들은 어디에 있었을까?

'곧 로빈 후드가 여기에 있는지 없는지 알게 될 것이다!' 주 장관은 속으로 생각했다.

한편 활쏘기는 계속되었고 로빈의 부하들은 아주 잘해서 대기는 함성으로 가득했다. 사람들은 그들의 재킷 색깔을 소리쳤다. 로빈은 빨간색을 입었고 사람들은 로빈을 지지했다.

그렇게 활쏘기 대회의 두 번째 라운드가 진행되었고, 그렇게 세 번째 라운드와 마지막 라운드로 이어져 화이트 핸드의 길버트마저 패할 때까지 계속되었다. 이 활쏘기가 계속되는 동안 로빈과 그의 부하들은 완전히 모르는 사람들처럼 행동했다. 하지만 그들이 활을 아주 잘 쏘았기 때문에 그들이 누구인지는 명백해졌다.

주 장관은 황금 화살을 탈 사람 중에 누가 로빈 후드인지 발견했다고 생각했다. p.224 그래서 주 장관은 비밀스럽게 그의 군인들에게 그 집단 주변에 접근하라고 전언을 보냈다. 하지만 로빈의 부하들 역시 그 계획에 대해 들었다.

체면치레를 하기 위해 주 장관은 원을 형성하도록 군중을 불렀다. 가능한 한참 시간을 끈 후, 화살이 수여되었다. 시간 지체는 군인들이 포위할 충분한 시간을 제공했다. 로빈은 상을 받을 때 어설프게 절을 하고 돌아섰다. 주 장관은 그의 목덜미를 움켜잡고 반역자를 체포하라고 부하들에게 요구했다.

하지만 주 장관이 로빈을 건드린 순간 리틀 존이 그의 머리를 때렸다.

"아, 그린리프, 이제야 너를 잡는구나!" 주 장관이 외쳤다.

"이것은 당신의 헌신적인 하인들 중 또 다른 한 명한테서 나온 겁니다!" 어떤 목소리의 주인공이 말했고 주 장관은 그것이 방앗간 주인의 아들 머치의 목소리라는 것을 알았다. 머치가 주 장관의 뺨을 철썩 때리자 그는 땅에 쓰러졌다.

p.225 이 무렵 싸움은 더 커졌다. 군인들은 무법자들이 보통 사람들처럼 옷을 입었기 때문에 누구를 공격해야 할지 알 수 없었다. 군중 뒤쪽에 있던 다른 무법자들이 군인들을 공격해 그들을 혼란에 빠뜨렸다.

잠시 동안 그들은 격렬하게 싸웠다. 그러고 나서 로빈이 뿔피리를 불고 후퇴를 명령했다. 제일 가까운 성문에 있던 두 명의 보초가 문을 닫으려고 했지만 그들은 화살을 맞고 죽었다. 돈캐스터의 데이비드가 세 번째 군인을 해자로 던졌다. 그런 다음 무법자들은 성문 밖으로 나가려고 달렸다.

하지만 군인들이 잘 싸웠고 후퇴하는 무법자들을 바싹 뒤쫓아 왔기 때문에 이날 싸움은 쉽게 끝나지 않을 듯 했다. 주 장관의 부하들은 적어도 다섯 명 이상 죽고 열두 명이 부상당했다. p.226 로빈의 부하들 중 네 명은 심한 자상을 입어 피를 흘리고 있었다.

그때 대장 곁에서 싸워 왔던 리틀 존이 갑자기 약한 신음 소리를 내며 앞으로 쓰러졌다. 화살이 그의 무릎을 꿰뚫었다. 로빈은 거구의 남자를 붙잡고 그를 등에 업고 날랐다. 결국 아서가 그의 사촌을 로빈에게서 받아 숲 속으로 데리고 갔다. 일단 그곳에 이르자 주 장관의 부하들은 따라오지 않았다. 그들은 부상당한 사람들을 수도사 터크에게 데려갔다. 리틀 존의 상처는 최악이었지만 2~3주 후에 그는 다시 걸을 수 있을 것이었다.

그날 저녁 마리안과 윌 스튜틀리가 없어진 것이 발견되었다. 로빈은 걱정이 가득했다. 그는 마리안이 그날 장에 갔던 것을 알았지만 그녀가 무사했을 거라고 생각했던 것이다. 만약 스튜틀리가 잡혔다면 주 장관은 가차없이 그를 빨리 교수형에 처할 것이었다.

p.227 무리의 나머지 사람들은 아무 말도 하지 않았지만 그들의 대장의 걱정거리를 함께 나누었다. 만약 윌이 잡혔다면 다음날 또 다시 전투를 치러야 한다는 것이며 윌은 어떤 대가를 치르고라도 구조되어야 한다는 것을 그들은 알고 있었다.

그날 저녁 주 장관과 그의 아내와 딸이 저녁 식사를 하는 동안 주 장관은 자신이 잡은 스튜틀리를 어떻게 본보기로 삼을지에 관해 떠벌렸다.

"이제 로빈 후드의 부하들은 도망치고 있고 우리는 곧 누가 이 숲의 주인인지 알게 될 것이다. 나는 그저 우리가 그들에게 황금 화살을 갖게 해준 것이 유감일 뿐이다."

주 장관이 말할 때 화살 하나가 창으로 날아들었다. 그것은 전갈이 묶인 황금 화살이었다.

그것에는 이렇게 적혀 있었다.

p.228 "이것은 거짓말쟁이로부터는 어떤 선물도 받지 않을 사람으로부터 보내진 것이다. 이제 봐주지 않겠다. R.H."

윌 스튜틀리가 구출된 이야기

p.229 다음날은 날씨가 환하고 화창했다. 주 장관이 윌 스튜틀리의 교수형을 방해받지 않으려고 작정했기 때문에 이날은 성문이 열리지 않았다. 그래서 외부에서 온 사람은 누구도 정오에 교수형이 끝날 때까지 입장이 허용되지 않을 예정이었다.

p.230 이날 일찍 로빈은 부하들을 동쪽 성문으로 이르는 길로 데리고 갔다. 부하들이 초록 옷을 입고 있는 반면 로빈은 붉은 옷을 입고 있었다. 그들은 날이 넓은 검으로 무장을 하고 제각기 화살을 들고 새 화살이 든 화살집을 메고 있었다.

"문이 열려 있지 않다면 성문 근처에서 기다리는 것은 소용없어." 로빈이 말했다.

"보게, 순례자가 있어. 내가 그에게 시내에서 무슨 일이 벌어지고 있는지 물어볼까?" 과부의 아들 한 명이 물었다.

"가 보게." 로빈이 대답했다.

그래서 다른 이들이 몸을 숨기고 기다리는 동안 스타우트 윌이 무리에서 밖으로 나갔다. 순례자는 젊고 마른 남자처럼 보였다.

"실례하겠소만 오늘 무법자가 교수형에 처해질지 아닐지 말씀해 주시겠소?" 스타우트 윌이 말했다.

"그럴 겁니다." 순례자는 슬퍼하며 대답했다. "나는 그가 죽는 것을 보는 것을 참을 수가 없어서 도시를 떠난 겁니다."

p.231 순례자는 낮은 목소리로 말하고 옷에 달린 모자를 머리에 뒤집어써서 스타우트는 그가 어떤 자인지 알아볼 수 없었다. 어깨 위에 그는 길

이가 긴 봉을 가지고 다니고 있었다. 스타우트는 그의 발이 매우 작고 흰 것을 알아차렸다.

"당신이 떠나면 누가 그를 위해 기도하는 거요?" 윌이 물었다.

그 질문은 순례자의 머리에 새로운 묘안을 집어넣은 듯 했다.

"당신은 내가 돌아가서 그를 위해 기도해 주어야 한다고 생각하나요?"

"당연하지요! 아니면 누가 그렇게 하겠소? 주교가 거기 있을지는 모르지만 아무도 그의 영혼을 위해 기도를 드리지 않을 거라오."

"하지만 나는 가난한 순례자일 뿐인데요." 순례자가 대답했다.

"그래도 당신의 기도가 다른 누군가의 기도만큼 훌륭하고 심지어 더 낫소." 스타우트 윌이 대답했다.

p.232 "내가 그를 위해 기꺼이 기도드리겠습니다만 성문이 잠겼어요."

"나와 같이 갑시다." 스타우트 윌이 말했다. "우리 대장이 당신이 성문을 통과하는 것을 볼 거라오."

그래서 순례자는 망토를 훨씬 더 바싹 당겨 입고서 로빈 후드 앞으로 안내받았다. 순례자는 도시로 들어가고 싶어 하는 이유를 설명했다.

"감사합니다, 친절한 순례자님. 당신의 제안은 훌륭하군요. 우리는 멀리 있는 쪽의 성문으로 들어갈 것입니다."

그래서 로빈 일당은 서쪽 성문 근처에 이를 때까지 조용하면서도 빠르게 행진했다. 그러고 나서 아서 아 블랜드가 정찰병 역할을 하면서 앞서 갈 것을 요구받았다. 조용히 그는 성문 옆에 있는 탑 아래 지점까지 갔다. 이때는 평화로운 시기라 이쪽의 해자는 말라 있었다. 아서는 벽을 타고 넘어가기 위해 포도덩굴 줄기를 이용했다.

p.233 아서는 창문으로 슬쩍 들어갔고 잠시 후 보초 위로 뛰어 내려 그의 목을 움켜잡았다. 보초는 말할 기회도 없이 곧 묶이고 재갈이 물린 채 바닥에 쓰러졌다. 아서 아 블랜드는 그의 군복을 입고 열쇠를 잡았다.

아서는 재빨리 성문을 열었고 로빈의 무리는 아주 조용히 도시 안으로 몰래 들어와 아무도 그들이 오고 있다는 것을 몰랐다. 바로 이때 사형수의 행진을 위해 감옥 문이 열렸고 모든 군인들이 그가 지나가는 것을 보려고 하던 일을 멈추었다.

윌 스튜틀리가 나왔다. 그는 간절히 좌우를 보았지만 그의 무리에 속한 그 누구도 보지 못했다. 윌의 손은 등 뒤로 묶여 있었다. 윌은 군인들이 늘어선 열 사이를 행진했고 주 장관과 주교가 말을 타고 그를 뒤따랐다.

p.234 주 장관은 군인들에게 만족하여 미소를 지었다

그들이 교수대가 있는 형장에 도착했을 때 윌은 멈춰 서서 주 장관을 쳐다보았다.

"장관 나리, 부탁 하나만 들어 주시오." 윌 스튜틀리가 부탁했다. "내게 검을 주고 당신 부하들과 싸우다가 죽게 해 주시오."

하지만 주 장관은 윌의 요구 사항을 들으려고 하지 않았다. 윌은 용감한 죽음이 아닌 수치스런 죽음을 맞게 될 것이었다. 주 장관은 부하들에게 교수대를 준비하라고 시켰다.

하지만 바로 그 순간 약간의 방해가 있었다. 소년처럼 보이는 순례자가 앞으로 나왔다.

"장관님, 부디 제가 이자의 영혼을 위해 최소한 기도라도 드리게 해 주십시오."

"안 돼!" 주 장관이 고함쳤다. "저자가 개죽음을 맞게 두어라!"

"이것은 잘못된 일입니다." 수도사가 단호하게 말했다. p.235 "주교님께서는 이 잘못된 일을 수수방관하시면서 이런 일이 행해지도록 보고 계실 리는 없으시겠지요."

주교는 망설였다. 주 장관과 마찬가지로 그도 지체되는 것을 원하지 않았지만 구경하는 사람들은 불편함을 느끼며 숙덕거리고 있었다. 주교는 주 장관에게 몇 마디 말을 했다.

"당신의 임무를 행하시오, 신부. 하지만 빨리 끝내시오!" 주 장관은 결국 말했다. "이 순례자를 지켜보아라." 주 장관은 명령했다. "이자가 어쩌면 무법자들을 돕고 있는 것인지도 모른다."

순례자는 기도문을 읊기 시작했다. 하지만 그는 윌을 묶은 밧줄을 건드리지 않았다.

그때 군중 속의 누군가 다른 사람이 움직였다.

"윌, 네가 죽기 전에 네 친구들 모두에게 작별 인사를 하기를 기도하네!" 방앗간 주인의 아들 머치의 친숙한 목소리가 외쳤다.

p.236 그 말에 순례자가 갑자기 뒤로 물러서서 한쪽을 보았다. 주 장관 역시 말한 사람을 알았다.

"저놈을 잡아라!" 주 장관이 외쳤다. "로빈 후드의 부하 중 하나다!"

"그렇게 성급하게 굴지 마시오, 장관님." 머치가 대답했다. "먼저 당신의 부하를 잡은 다음 그를 교수형에 처하시오. 하지만 그동안 나는 당신에

게 내 친구를 좀 빌리고 싶소."

그리고 머치는 자신의 사냥칼을 한 번 휘둘러 죄수의 팔에 감겨 있던 매듭을 잘랐고 스튜틀리는 수레에서 뛰어나왔다.

"저들을 잡아라!" 주 장관이 외쳤다.

그렇게 말하며 주 장관은 검을 들고 말을 타고 앞으로 돌진해 머치의 목을 치려고 애썼다. 하지만 그의 옛 요리사는 요리조리 피했다.

"내가 당신한테 빌린 친구를 위해서 당신의 검까지도 빌려야겠소." 머치가 말했다.

머치는 주 장관의 손에서 무기를 낚아챘다.

p.237 "여기, 스튜틀리! 장관 나리께서 너에게 자기 검을 빌려줬어. 같이 싸우자!"

한편 병사들은 순식간에 벌어진 놀라운 일에서 회복되어 싸우기 시작했다. 누군가 나팔을 크게 불었다. 로빈의 부하들이 변장한 것과 망토를 벗어 던졌다.

"구출이다!" 사람들이 외쳤다.

싸움이 시작되었다. 군인들은 머치와 윌을 놓치지 않으려고 굳게 결심했으므로 그들은 가까이 한데 모여 로빈의 부하들이 그들을 데려가지 못하게 하려고 했다. 많은 사람들이 다쳤다. 주 장관을 오랫동안 미워하던 시민들 몇 명은 로빈의 부하들을 돕기 시작했다.

로빈이 마침내 군인들을 밀치고 형장에 뛰어올라 갔다. 군인 한 명이 막 순례자를 찌르려는 참이었다. 로빈은 군인의 무기를 쳐서 그의 손에서 무기가 빠져나가게 했다.

p.238 "신의 가호가 있기를, 대장!" 윌 스튜틀리가 기뻐하며 외쳤다. 대장 얼굴을 다시는 못 보게 될까 봐 두려워지기 시작했었거든."

"구출이다!" 사람들이 다시 외쳤다. 하지만 싸움은 아직 이기지 못했다. 로빈의 부하들은 가장 가까운 성문으로 달리는 척했지만, 그때 그들은 서쪽 성문으로 향했는데 아서 아 블랜드가 여전히 그곳을 지켰다. 군인들은 적이 함정에 빠졌다고 생각했다. 군인들은 그들을 쫓아 아래로 돌진했지만 무법자들은 곧 성문을 통과해 아서 아 블랜드가 내려놓은 다리 위로 올라갔다.

군인들이 너무나 바싹 뒤따라왔기 때문에 아서는 성문을 다시 닫거나 다리를 올릴 시간이 없었다. 그래서 아서는 열쇠를 집어던지고 동료들과 함께 달아나기 시작했다.

도시의 이쪽 편에서는 숲으로 이르는 길이 멀고 거의 보호를 받지 못했다. 양쪽은 서로에게 화살을 쏘았다. p.239 스튜틀리는 동료들과 함께 있었다. 순례자도 역시 그곳에 있었다. 그는 로빈 옆에 가까이 있었다.

로빈이 뿔피리를 입술에 대었는데 그때 적으로부터 날아온 화살이 그의 손을 뚫었다. 순례자는 작게 비명을 지르며 앞으로 튀어 나왔다. 말을 타고 부하들과 함께 바싹 붙어 뒤쫓던 주 장관도 또한 그 상처를 보았다.

"하! 너는 이제 한 철은 더 이상 활을 못 쏘겠군, 무법자 대장!" 주 장관이 외쳤다.

"당신은 거짓말을 하는군! 오늘 하루 온종일 당신을 위해 한 발을 남겨두었지. 자, 그거나 받아라!"

그러고 나서 로빈은 자신을 쏘았던 바로 그 화살을 준비해 주 장관의 머리 쪽으로 날렸다. 주 장관은 몸을 숙이려고 애썼다. 날카로운 화살 끝은 주 장관의 두피를 깊게 찔러 그를 거의 죽일 뻔했다.

이것은 로빈의 부하에게 도망갈 기회를 주었다. p.240 순례자는 작은 하얀 손수건을 꺼내 로빈의 부상을 막으려고 애썼다. 순례자의 손을 보고 로빈은 그의 두건을 뒤로 제쳤다.

"마리안!" 로빈이 외쳤다.

그것은 정말 마리안이었고, 그녀는 윌을 구하는 것을 도왔다.

"로빈, 나는 와야 했어." 마리안은 간단히 말했다. "당신이 나를 못 오게 할 줄 알고 있었거든. 그렇지 않았다면 말했겠지."

"우리 함정에 빠졌어!" 윌 스칼렛이 외쳤다. 그는 언덕 꼭대기의 성을 가리켰다.

그곳의 회색 성에서부터 더 많은 군인들이 창과 도끼로 무장하고 쏟아져 나왔다. 그들은 로빈의 무리 쪽으로 달려왔다. 하지만 그때 그들은 리아의 리처드 경을 알아보았다. 리처드 경은 이제 미소 짓고 있었고 몹시 흥분해 있었다. 로빈의 무리는 그들의 새 친구들을 맞으러 달려 올라갔다. 그들은 리처드의 성으로 철수했다. 그들이 들어간 후 리처드의 성에 이르는 다리는 다시 폐쇄됐고 주 장관과 그의 부하들에게는 꽉 닫혔다.

리아 성의 리처드 경이 그의 빚을 갚은 이야기

p.242 "성문을 열어라!" 주 장관이 외쳤다.

"누구냐?" 리처드 경이 대답했다.

"나를 잘 알 텐데, 이 반역자 기사야!" 주 장관이 말했다. "이제 나를 들여보내라."

"나는 오직 전하께만 대답한다. 내 영지에서 나가라."

"나 역시 전하를 모신다. 네가 무법자들을 포기하지 않으면 네 성을 태워 버리겠다."

p.243 "먼저 영장을 내게 보여 주어라." 리처드 경이 말했다.

"내 말이면 충분하다! 내가 노팅엄의 주 장관이 아니냐?"

"전하께서 주신 영장이 없다면 당신은 여기서 아무 권한이 없다."

주 장관은 그저 조금 더 기다리다가 떠났다.

'리처드 전하께서 성지에서 막 돌아오셨구나.' 주 장관은 생각했다. '내가 전하께 영장을 받으러 가야지.'

한편 기사는 로빈 후드에 돌아갔고, 두 사람은 서로에게 인사했다.

"나는 당신한테 진 빚을 갚으려고 노력했소." 리처드 경이 말했다.

"그러면 당신은 빚을 갚은 겁니다." 로빈이 대답했다.

"별것 아니었소." 기사가 말했다. "나는 여전히 당신에게 빚을 갚아야 하오."

p.244 "다 지불되었습니다. 주교가 직접 나에게 그 돈을 주었으니까."

"정확한 금액을?" 기사가 물었다.

"정확한 금액이오." 로빈이 대답했다.

리처드 경은 미소 지었지만 그때는 더 이상의 말을 하지 않았다. 로빈과 다른 이들은 휴식을 취하게 되었고 그들의 부상은 치료를 받았다. 저녁 식사 때 리처드 경은 로빈에게 자신의 부인과 아들을 소개했다. 부인은 마리안에게 친절하게 대해 주었는데 부인은 마리안이 어릴 적부터 그녀를 알고 있었다.

잔치는 즐거운 행사였다. 두 개의 긴 식탁이 있었고 이백 명의 사람들이 그 식탁에 앉아서 먹고 마시고 나중에는 노래를 불렀다. 다음날 아침 로빈과 그의 부하들은 길을 떠났다. 리처드 경은 로빈에게 400파운드를 갚으려고 했지만, 로빈은 거절했다.

리처드 경은 로빈에게 감사하고 그와 그의 부하들 전부에게 떠나기 전에 무기고에 들르라고 했다. 그들은 그곳에서 백 개의 새 활과 공작의 깃털이 달린 은 화살들을 보았다.

p.245 주 장관은 그 다음 주에 왕과 이야기하기 위해 말을 타고 런던으로 갔다. 이번에 그는 바로 사자의 심장 리처드 왕 본인을 만났다.

그러고 나서 주 장관은 왕에게 로빈 후드에 대하여 장황하게 말했다. 수개월 동안 무법자들이 왕을 무시하고 왕의 사슴들을 죽였다고 고했다. 로빈은 전국에서 가장 우수한 궁수들을 모았다고 했다. 그런 다음 주 장관은 마침내 왕에게 리처드 경에 대해 이야기했다.

"짐도 바로 그 로빈 후드와 그의 부하들에 대한 이야기를 들었소. 이 무법자들이 핀스베리의 왕실 경기장에서 활을 쏘지 않았소?"

"그랬습니다, 전하."

"어떻게 그들이 노팅엄 시에서 열린 지난번 축제에 온 것이오? p.246 몰래?"

"그렇습니다, 전하."

"그대가 그들을 못 오게 했소?"

"아닙니다, 전하."

"고하시오!"

"국가의 이익을 위하여 저희는 우승자는 죄가 사면될 거라고 공표했습니다만."

"그러니까 그대가 약속을 어긴 것이오? 왜 그들이 여전히 무법자들인 것이오?"

주 장관은 두려움과 수치심으로 입을 다물었다.

"하지만 주 장관, 우리가 이 문제를 자세히 살펴보겠다고 약속하오. 그 무법자들은 영국에 오직 한 명의 왕만 있다는 것과 그 왕이 곧 법을 의미한다는 것을 배워야 하오."

그렇게 주 장관은 매우 복잡한 심정으로 물러나서 노팅엄 시에 있는 집으로 돌아갔다. 2주 후 왕은 기사들로 이루어진 소부대를 이끌고 리아 성으로 갔다. 왕의 친구이기도 한 리처드 경은 왕을 맞았다. p.247 그들은 성지로 함께 여행한 바 있었다.

왕은 리처드 경과 함께 성으로 들어갔다. 왕은 휴식을 취하고 식사를 한 후에 로빈 후드에 대한 이야기를 꺼냈다.

"자네가 도와주고 있는 무법자들에 관한 이야기가 들리는데 이것이 무슨 일이지?"

리아 성의 리처드 경은 왕에게 그의 사연을 설명했다. 왕은 그 이야기가 마음에 들었다. 왕은 로빈 후드에 대해 다른 질문들을 했고 그의 인생 이야기를 알게 되었다.

"내가 직접 이자를 만나야겠네!" 왕이 리처드 경에게 말했다. "그에게 인사하기 위해 나는 말을 타고 숲으로 들어가겠네!"

리처드 왕이 셔우드 숲에 온 이야기

p.248 수도사 터크는 리틀 존의 부상당한 무릎을 매우 솜씨 좋게 간호해서 그의 무릎은 이제 나았다. 존은 오랫동안 누워 있어야 했기 때문에 치료받는 내내 몸부림을 쳤다. 마침내 존은 다시 걷는 것을 허락받았다. 그들은 무리의 나머지 사람들과 합류해 함께 식사를 했다. 그날 밤에는 비가 내렸고 수도사는 자신의 개들과 함께 난롯가에 앉아 있으려고 집으로 갔다. p.249 갑자기 수도사 터크는 문을 두드리는 소리를 들었다. 그의 개들이 벌떡 일어나 짖기 시작했다.

"왜 이렇게 늦게 이곳에 와서 내 저녁 식사를 망치고 있는 거요?" 수도사가 화를 내며 말했다.

"문을 열어 주시오!"

"조용히 당신 갈 길을 가시오! 나는 당신에게 아무것도 해 줄 수가 없어요. 길을 안다면 게임웰까지는 고작 몇 마일밖에 안 된다오."

"하지만 나는 길을 모르오! 들어가게 해 주시오."

그래서 수도사는 길손을 안으로 들이는 것을 허락했다. 수도사는 횃불을 켜고 누구인지 보러 갔다.

검은 갑옷을 입은 키가 큰 기사의 모습을 한 사람이 수도사 앞에 서 있었다.

"저녁 식사는 없소, 수도사님?" 검은 기사가 물었다. "어쩔 수 없이 나를 여기서 재워 달라고 사정해야겠습니다."

p.250 "기사 양반한테 적당한 좋은 방이 나한테는 없소."

"부탁입니다. 수도사님께서 맛있는 음식을 요리하고 있는 냄새가 납니다. 나를 머물게 해 주시면 교회에 돈을 좀 내놓겠습니다."

그리고 기사는 더 이상 말을 하지 않고 대담하게 터크와 그의 개들을 지나쳐 집으로 들어왔다.

"앉으시오, 기사 양반, 그럼 내가 당신 말을 보살피지요. 오늘 밤 내 침대와 집의 절반이 당신 것이오. 하지만 내게 명령하지는 마시오."

"내가 수도사님과 싸울 수도 있고 아니면 금화를 낼 수도 있다는 것을 아실 텐데요."

그러고 나서 수도사는 난롯가에 탁자를 놓았다.

"자 기사 양반, 투구는 벗는 게 어때요?"

기사는 들은 대로 했다. 그는 푸른 눈을 가진 금발의 잘생긴 남자였다.

그들은 함께 식사하기 시작했다. 그 기사는 몹시 배가 고팠던 것이 분명했다. p.251 포도주와 방 안의 온기가 그들 두 사람 모두의 기분을 북돋았다. 그들은 곧 웃으며 서로에게 이야기를 하고 있었다. 검은 기사는 여기 저기를 다 여행한 듯했다. 그는 십자군 전쟁에도 나갔으며 수감된 적도 있었고 종종 곤경에 빠지기도 했다. 하지만 이제 그는 그것을 가볍게 말하며 웃어넘겼다. 그렇게 시간이 흘러 밤이 깊었고 두 사람은 잠이 들었다.

아침에 수도사 터크가 일어나서 보니 검은 기사가 벌써 씻고 아침 식사를 만들고 있었다.

"어젯밤에 내가 무례하게 군 것은 미안합니다." 수도사 터크가 말했다. "나는 기사님의 금화는 필요 없어요. 기사님은 어디로 가고 싶습니까?"

"로빈 후드를 어떻게 하면 찾을 수 있지요? 어제 하루 종일 나는 그를 찾았지만 찾지 못했습니다."

p.252 "나는 평화를 사랑하는 사람입니다, 기사님. 나라면 로빈과 그의 부하들을 만나지 않을 거예요."

"나는 로빈 후드를 해치고 싶지는 않아요. 다만 그와 이야기를 나누어야 하거든요."

"음, 그게 다라면 내가 기사님한테 그가 사는 곳을 알려줄 수 있어요."

"당신과 함께 가겠습니다, 수도사님." 검은 기사가 말했다.

그래서 그들은 함께 숲 속으로 갔다.

그날은 날씨가 시원하고 맑았으며 화창했다. 숲 속의 모든 동물들은 기운차게 눈을 떴다.

그들이 곱슬머리 젊은이를 만났을 때는 겨우 3~4마일쯤 갔을 때였다.

그 사람은 로빈 후드였다. 로빈 후드는 수도사 터크를 보았다. 터크는 로빈을 모르는 체했다.

"멈추시오!" 로빈이 외쳤다. "내가 오늘 이 큰길을 맡고 있고 돈을 좀 걸어야 하오."

"당신은 누구시오? 나는 장정 한 명 때문에 발걸음을 멈추지는 않을 거요."

p.253 "그럼 우리 모두를 위해 멈춰 서면 되겠군." 로빈은 손뼉을 치며 말했다. 열 명의 남자들이 숲에서 나왔다.

"우리는 이 숲의 사람들이오, 기사님." 로빈이 말을 계속했다. "우리는 뚱뚱한 영주들과 성직자들이 우리한테 모든 것을 빼앗아가서 아무것도 가진 것이 없소. 그러니 우리는 당신에게 그것의 일부를 도로 가져가야겠소."

"저는 그저 가난한 수도사일 뿐이에요, 나리!" 수도사 터크가 우는 목소리로 말했다.

"그냥 잠시 머물면 가게 해 줄 것이오." 로빈이 미소를 지으며 말했다.

"하지만 우리는 전하의 전령입니다. 전하께서 로빈 후드와 이야기하고 싶어 하십니다."

"나는 전하께 충성하오. 전하께 대항한 내 유일한 죄는 살아남기 위해 전하의 사슴 중 몇 마리를 먹고 있다는 것뿐이오. 나의 주된 싸움은 가난한 사람들을 강탈하는 영주와 주교를 상대하는 것이오. p.254 그러니 오늘은 와서 우리 무리와 어울립시다."

"이 일로 내가 얼마를 내야 하오?"

"당신 주머니에 돈이 얼마나 있소?"

"금화 40개 밖에 없소." 기사가 대답했다.

로빈은 40파운드를 가져가 그것을 세어 보았다. 로빈은 반을 자기 부하에게 주며 그들에게 그것으로 왕의 건강을 위해 건배하라고 명령했다. 나머지 반은 기사에게 다시 건넸다.

"기사님, 당신의 정직함의 대가로 이것은 가지시오."

"당신 집으로 나를 안내하시오."

그래서 로빈은 기사의 말 이쪽으로, 수도사 터크는 저쪽으로 갔고 그들은 바네스데일의 동굴로 갔다. 그러고 나서 로빈이 뿔피리를 세 번 불었다. 백 사십 명의 부하들이 숲에서 나왔다. 그들 모두 초록 옷을 입고 자리에 앉기 전에 로빈 후드에게 인사를 했다.

p.255 잘생긴 검은 머리의 젊은이가 로빈의 포도주와 기사의 포도주를 따라 주기 위해 로빈의 오른쪽에 섰다.

"로빈 후드의 이 부하들은 내 부하들이 내게 하는 것보다 더 복종하는

군요."

로빈의 신호에 저녁 식사가 시작되었다.

"전하가 보내신 자를 예우해 줍시다!" 수도사 터크가 말했다.

손님은 이 건배에 진심으로 답했다.

잔치가 끝난 후 로빈은 손님에게 돌아섰다.

"이제 당신은 전하께 좋건 나쁘건 충실하게 보고할 수 있도록 우리가 어떤 삶을 영위하는지 보게 될 것이오."

그래서 부하들은 버드나무 가지 과녁을 세우고 그들의 활쏘기 실력을 뽐냈다.

p.256 "그러니까 당신이 터크 수도사로군!" 기사는 터크가 활을 쏘는 것을 본 후 말했다.

"아니라고는 안 했지요." 터크가 대답했다. 화환 한 개가 먼 곳의 나무에 설치되었다. 장정들은 한 사람 한 사람 모두가 화환 가운데로 화살을 쏘려고 했지만, 그들 모두가 실패했다.

마침내 로빈의 차례가 왔다. 로빈은 신중하게 쏘았지만, 온전히 손가락 세 마디만큼 화환을 빗맞혔다. 로빈이 과녁을 빗맞히는 것은 좀처럼 볼 수 없기 때문에 사람들은 환호했다.

"저 화살은 엉망으로 만들어졌군!" 로빈이 화를 내며 말했다.

그러고 나서 갑자기 자신의 활을 다시 잡더니 할 수 있는 한 최대로 빨리 화살 세 개를 쏘았고 화살들은 모두 화환을 깨끗하게 통과했다.

'저렇게 활을 쏘는 사람은 아무도 본 적이 없어!' 왕은 생각했다.

갑자기 그 사내들은 사람들이 다가오는 소리를 들었다. 리처드 경이 자신의 부하들과 도착했다. p.257 리처드 경은 검은 기사를 보았을 때 절을 했다.

"전하, 안녕하십니까." 리처드 경은 겸손하게 말했다.

"전하다!" 윌 스카렛이 외쳤다.

로빈 후드와 마리안이 결혼한 이야기

p.258 "부디 저희의 죄를 용서하십시오, 전하!" 로빈 후드가 말했고 그와 그의 모든 부하들이 무릎을 꿇었다. "저희들은 선택만으로 무법자가 된 것이 아닙니다." 로빈이 말을 이었다. "저희는 압제 때문에 무법자가 된 것

입니다. 저희에게 은혜를 베푸시고 왕실의 보호를 받게 해 주십시오. 그러면 저희는 셔우드 숲을 떠나 전하를 따를 것입니다!"

p.259 리처드 왕은 그들을 한 명 한 명 바라볼 때 눈이 반짝였다.

"자네, 로빈 후드, 그리고 자네의 부하들 모두 오늘부터 짐을 받들겠다고 맹세하게!"

"맹세합니다!"

"그럼 일어나라." 리처드 왕이 말했다. "짐은 너희 모두를 특별 사면하겠다. 너희처럼 아주 훌륭한 궁수들을 죽이는 것은 애석한 일이 될 것이다. 하지만 너희가 숲을 돌아다니며 짐의 사슴을 사냥하는 것은 허락할 수 없다. 그러므로 짐은 너희를 왕실 궁수이자 내 특별 경호원으로 임명한다. 우선적으로 해결해야 할 문제가 한두 개 있는데, 짐은 너희의 도움이 필요하다. 그 후에 너희 중 절반은 왕실 삼림관의 자격으로 이 숲으로 돌아오게 될 것이다. 자, 리틀 존이라고 알려진 무법자는 어디에 있느냐? 앞으로 나와라!"

p.260 "여기 있습니다, 전하."

"훌륭한 대장 리틀 존, 그대는 오늘부터 노팅엄의 주 장관이다. 그대는 그대가 대신하는 그자보다 더 좋은 주 장관이 되리라고 짐은 믿는다."

"최선을 다하겠습니다, 전하." 리틀 존은 깜짝 놀라서 말했다.

"스칼렛 대장, 짐은 자네의 이야기를 어느 정도 들었네. 그리고 자네의 아버지는 선왕 폐하의 친구였네. 그러므로 이제 왕실 특사를 받고 자네의 성으로 돌아가게. 자네의 부친께서 분명 연로해지고 계실 테니."

마찬가지로 왕은 윌 스튜틀리를 불러 그를 왕실 궁수 대장으로 삼았다. 그리고 왕은 수도사 터크를 불렀다.

"그래, 짐이 지난밤의 환대에 대한 대가로 무엇을 해 줄 수 있겠소?"

"저는 오직 이번 생의 평화를 바랄 뿐입니다. 제게 그날그날 먹고 살 만한 좋은 식사와 건강, 돈이 있다면 더 이상 바랄 것이 없습니다."

p.261 "짐의 생각에 그것은 그대와 하느님 사이의 문제인 것 같네. 하지만 그대가 필요한 것이 있으면 짐에게 요구하게. 자네들 중 누가 앨런 아 데일인가? 자네는 신부를 훔친 것에 대한 변명이 있나?"

"제가 그녀를 사랑하고 그녀가 저를 사랑한다는 것뿐입니다, 전하." 앨런이 간단히 말했다.

"짐은 주교한테서 자네 부인에게 땅을 되찾아 주겠네." 왕이 계속해서 말했다. 그리고 나서 왕은 로빈 후드에게 돌아섰다. "자네한테는 한때 왕궁에서 지내던 연인이 있지 않았나? 마리안이었지? 그녀를 잊었나?"

"아닙니다, 전하." 한 젊은이가 앞으로 나오며 말했다. "로빈은 저를 잊지 않았습니다!"

"그렇군!" 왕은 말하고 그녀의 작은 손에 입을 맞추려고 몸을 구부렸다. "하지만 그대는 고인이 된 헌팅던 백작의 외동딸이 아닌가?"

"맞습니다, 전하. 하지만 로빈 후드의 아버님이 원래는 헌팅던의 정당한 백작이라고 하는 사람들이 일부 있습니다. p.262 어찌 되었든 간에 주교가 저희의 땅을 차지했습니다."

"그럼 그 땅은 그대들에게 되돌아갈 것이다!" 왕이 외쳤다. "그 땅은 그대 두 사람이 받게 될 것이다. 앞으로 나와라 로빈 후드."

로빈은 나와서 왕 앞에 무릎을 꿇었다. 리처드 왕은 검을 빼어 로빈의 어깨에 댔다.

"일어나라, 로버트 피츠우스, 헌팅던 백작! 내가 내리는 첫 번째 명령은 백작이 마리안과 결혼하는 것이다."

왕은 말을 이었다.

"예식은 내일 열릴 것이다. 그리고 이 아가씨는 기꺼이 그렇게 하겠지."

그리고 왕은 다른 숲 사람들과 이야기를 나누었고 그들은 먹고 마시고 밤새 음악을 연주했다. 로빈은 그것이 숲에서 보내는 마지막 밤이라고 생각하니 약간 슬펐다. 그들은 모두 마침내 별 아래에서 잠들었다.

p.263 아침에 일행은 일찍 일어나 노팅엄으로 길을 떠났다. 제일 앞에는 사자의 심장 리처드 왕이 말을 타고 갔다. 그 다음으로 리아 성의 리처드 경이 여든 명의 기사들과 함께 갔다. 그리고 그들 뒤로 로빈 후드와 마리안이 백마에 올라타고 갔다. 앨런과 그의 부인 그리고 백 사십 명의 숲 사람들이 그들 뒤를 따랐다.

노팅엄 시의 성문 밖에서 그들은 멈춰 섰다.

"누가 온 것이오?"

"영국의 왕에게 문을 열어 드려라!" 분명한 대답이 되돌아왔고 성문이 열리고 다리가 내려졌다.

일행이 해자를 거의 다 건너기도 전에 그 소식은 삽시간에 도시 전역에 퍼졌다.

p.264 "전하께서 이곳에 오셨다. 전하가 여기에 계시며 로빈 후드를 데

리고 오셨다!"

도처에서 사람들이 이 일행이 지나가는 것을 보려고 왔다.

주 장관은 왕을 알현하려고 서둘렀다.

"장관, 짐은 약속한 대로 무법자들의 주를 없애러 왔소. 모두가 이제는 짐에게 충성을 맹세했기 때문에 남은 무법자들은 한 명도 없소. 리틀 존 대장이 이제부터 노팅엄의 주 장관이며 그대는 그에게 열쇠를 넘기도록 하시오."

주 장관은 말없이 절을 했다. 그리고 나서 왕은 헤어포드의 주교에게 돌아섰다.

"그대는 그대가 훔친 땅을 내놓게. 하지만 이 문제에 대해서는 나중에 이야기하지. 오늘 오후에 주교는 우리와 함께 두 사람을 결혼시키게."

주교도 절을 하고 떠났다.

오후에 맨션 하우스에서 노팅엄 교회로 가는 길에는 결혼식을 치를 일행이 지나갈 때 환호하는 사람들이 줄지어 섰다. p.265 로빈은 이제 아주 유명해졌다.

사람들이 꽃을 던지며 환호할 때 유일하게 불행한 사람은 주 장관과 그의 딸뿐인 것 같았다. 마침내 일행이 교회에 도착했다. 윌 스칼렛이 신랑의 들러리였고 데일 부인이 신부의 들러리였다. 교회 안에서 그들은 주교와 수도사 터크를 발견했다.

왕이 신부를 신랑에게 인계했다. 그리고 나서 로빈과 마리안은 부부가 되어 교회를 떠났다.

그들은 밖으로 나가 환호하는 거리를 지나갔다. 그리고 나서 전체 일행이 게임웰 산장으로 내려갔는데, 그곳에서 늙은 대지주 조지는 아들과 왕과 결혼식을 보게 되어 기쁜 마음에 흐느껴 울었다. 그날 밤 그들은 그곳에서 시간을 보내며 잔치를 했다. 그렇게 로빈과 마리안은 그들의 새 삶을 시작했다.

로빈 후드가 죽음을 맞은 이야기

p.266 몇 년 후 로빈 후드와 이제 왕실 궁수가 된 그의 부하들은 사자의 심장 리처드 왕과 함께 여러 귀족 가문들과의 어떤 개인적인 쟁의를 해결하며 영국을 돌아다녔다.

왕실 궁수들은 이제 두 무리로 나뉘었고 그들 중 절반은 런던에 있었고 반면에 나머지 반은 셔우드와 바네스데일로 돌아갔다. p.267 로빈은 런던에 살아야 했는데 그는 그것을 싫어했다. 로빈은 숲의 신선하고 깨끗한 공기를 간절히 원했다. 로빈은 몇 명의 소년들이 활쏘기 연습을 하는 것을 보며 숲 속 생활을 그리워했다.

마침내 로빈은 외국으로 여행하기 위해 휴가를 신청했고 이 요청은 받아들여졌다. 로빈은 마리안을 데려갔고 같이 여러 신기한 나라들을 돌아다녔다.

마침내 어떤 동쪽 나라에서 마리안은 전염병에 걸려 앓다가 죽었다. 그들은 겨우 5년간 결혼 생활을 해 왔고 로빈은 그의 삶에서 모든 빛이 꺼진 것처럼 느꼈다.

로빈은 슬픔을 잊으려고 애쓰며 몇 달 더 세계를 돌아다니다가 런던으로 돌아왔다. 하지만 불행히도 리처드 왕은 다시 모험에 나갔고 존 왕자는 로빈을 결코 좋아하지 않았다.

p.268 "다시 숲으로 돌아가서 짐의 사슴들을 좀 더 죽이는 것이 어떤가?" 존 왕자는 로빈을 조롱했다.

로빈은 화를 내며 왕자에게 대답했고 왕자는 경비에게 로빈을 탑에 가두게 했다.

그곳에서 몇 주 동안 누워 있다가 로빈은 충성스러운 스튜틀리와 남아 있는 왕실 궁수들에 의해서 풀려났고 모두 다 같이 도시에서 탈출해 무법자가 되었다. 그곳에서 로빈은 예전의 친숙한 뿔피리를 불었다. 왕실 삼림관이었던 무리의 나머지 사람들이 달려 나왔다. 그들은 존 왕자를 위해 일하는 것을 그만두고 리처드 왕이 돌아오기를 기다렸다.

하지만 리처드 왕은 외국에서 죽고 존이 대신 통치했다. 이때 리틀 존은 주 장관의 지위를 잃었다. 왕은 무법자들에 대해 전투를 벌여서 로빈과 그의 부하들은 숲 밖에 있는 성에 숨어야 했다.

p.269 하지만 마지막 전투 중 하나에서 로빈은 부상을 당했다. 베인 상처는 심각해 보이지 않았고 나았지만, 곧 열병에 걸렸다. 날마다 로빈의 힘은 그를 빠져나갔다.

어느 날 말을 타고 가다가 로빈은 거의 기절할 뻔했다. 로빈은 수녀들이 살고 있는 근처의 수도원 문을 두드렸다. 한 여인이 문간으로 나왔다.

"누구세요?" 그녀가 말했다. "남자들은 아무도 안으로 들어올 수 없습니다."

"저는 로빈 후드인데 열이 나고 아픕니다."

로빈 후드라는 이름을 듣고 여인은 충격을 받았지만 그녀는 로빈을 안으로 들어오게 해 주었다. 그녀는 로빈이 씻는 것을 도와 준 다음 열을 내리기 위해 로빈에게 피를 흘리게 했고 로빈은 혼절했다. 깨어났을 때 로빈은 피를 잃어서 몹시 약해졌음을 느꼈다.

p.270 로빈은 도와 달라고 외쳤지만 아무 대답이 없었다. 로빈은 간절히 창밖으로 숲의 녹음을 보았다. 그는 도움을 청하기 위해 미약하게나마 뿔피리를 불어 보려고 했다.

리틀 존이 근처 숲 속에 있었고, 뿔피리 소리에 대답하려고 뛰어올랐다.

"워워!" 그가 울부짖었다. "대장이 다 죽어 가는 것 같아 겁이 나는구나. 대장이 아주 힘들게 뿔피리를 불고 있잖아!"

그래서 리틀 존은 수도원의 문으로 달려와 큰 소리를 내며 문을 두드렸다. 마침내 리틀 존은 문을 부수어 열고 로빈의 곁으로 갔다.

"우리가 배신당한 것 같아! 내가 이 수도원을 태워 없애야겠어."

"아닐세, 동지," 로빈 후드가 온화하게 말했다. "우리는 우리의 적을 용서해야 해. 더구나 자네도 알다시피 나는 평생 여자한테 해코지를 한 적이 없어."

로빈은 눈을 감고 뒤로 쓰러져서 그의 친구는 그가 죽어 가고 있다고 생각했다.

p.271 "나를 일으켜 주게, 리틀 존. 다시 한 번 좋은 숲의 공기 냄새를 맡고 싶어. 내가 화살을 한 번 더 쏘게 해 주게. 그 화살이 떨어지는 곳에 내 무덤을 파게 해 주게." 로빈이 힘없이 말했다.

그리고 마지막 온 힘을 다하여 로빈은 열린 창밖으로 화살을 똑바로 곧장 쏘았고 마침내 그것은 가장 큰 참나무에 꽂혔다. 그리고 나서 로빈은 쓰러져 그의 헌신적인 친구에게 털썩 몸을 기댔다.

무리는 로빈을 그의 마지막 화살이 떨어진 곳에 묻었다.

그렇게 로빈 후드의 육신은 죽었지만 그의 정신은 그를 노래하는 불사의 시와 자유를 사랑하는 사람들의 마음속에 시간을 초월해 살고 있다.